中国社会科学院创新工程学术出版资助项目

刑事和解的精神

李卫红◎著

THE SPIRIT OF CRIMINAL
RECONCILIATION

社会科学文献出版社
SOCIAL SCIENCES ACADEMIC PRESS (CHINA)

内容摘要

本书运用演绎法及实证法研究刑事和解的实体性与程序性，阐明刑事和解的意蕴，从多个维度体现刑事和解的精神。刑事和解的原本价值是以"恢复"取代"报应"，其真正价值在于人道主义在司法领域的实现；刑事和解与罪刑法定、刑事和解与罪责刑相适应、刑事和解与刑法面前人人平等及刑事和解与无罪推定等，虽然在形式上相互矛盾，但在实质上，它们在不同的刑事司法模式内，各自实现各自的价值。

中国古今刑事和解殊途异归；当下中外刑事和解殊途同归；刑事和解是人性中当事人双方趋利避害的选择；其理论的核心根据在于契约论、正义论、商谈理论；刑事和解的价值蕴含着自由与平等、友善与人道、公正与效率、宽容与宽恕；契约精神是刑事和解的内在品格，私有财产为刑事和解提供了经济保障；市场经济的发展与市民社会的发达促使国家权力的让渡与公民个人权利的扩张，由此奠定了实现刑事和解的权利基础。

刑事和解的实体性在于，它是行为人承担刑事责任的一种方法，也是一种酌定量刑情节；刑事和解的程序性在于以国家司法为主，以协商性司法、恢复性司法为辅的三种司法模式并存或交叉的追究犯罪流程；探讨现行刑事和解司法解释存在的问题及完善路径；通过比较，论证认罪认罚从宽与刑事和解对接后的量刑；在探讨认罪认罚程序下的量刑建议制度后，拓深与拓宽刑事和解的研究。

所有制度被更新或被变革的主旨最终是以人为本，最大限度地实现每一个人充分行使本应享有的各项权利。刑事和解的结果使当事人的地位发生了根本性的改变，被告人、被害人及其他人从被动到主动地与国家司法机关共同解决与自己相关的犯罪问题。

关键词：刑事和解　实体性　程序性　恢复性司法　司法解释

Abstract

This book builds heavily on the substantive and procedural reality of criminal reconciliation with the method of deduction and empirical research. It proposes the implication and spirit of criminal reconciliation. Criminal reconciliation's original value is to replace "retribution" with "recovery", and a harmonious society is its added value. Although there is an obvious difference between criminal reconciliation and the basic principles of criminal law, criminal reconciliation can be achieved in a specific field of criminal justice.

What we find is that criminal reconciliation system at all times and in all countries takes a different path toward the very same goal. It is human nature to seek profits and avoid disadvantages. Criminal reconciliation is the objective choice for the parties to a case. The theoretical basis of criminal reconciliation is enlightenment right of Contract Theory, Rawls's Theory of Justice and Habermas's Discourse Ethics. Consequently, the value of criminal reconciliation contains freedom and equality, fraternity and humanity, justice and efficiency as well as tolerance and forgiveness. The spirit of contract is the inherent character of criminal reconciliation. Private property is the economic security of criminal reconciliation. Advanced market economy and civil society contribute greatly to the demisability of state power and expansion of civil rights. If separation of power becomes inevitable, real source and legal safeguard will be provided to criminal reconciliation.

Criminal reconciliation is a method of solving crime has occurred andpart of discretionary circumstances of sentencing. State justice is the main way to cope with crime, while negotiated and recovery justice is just a kind of auxiliary means. Actually, those three modes could coexist and the legislation should expand applicable objects. The analysis of judicial interpretations of criminal reconciliation made by the Supreme Court and the Supreme Procuratorate and its applicable situation shed much light on solution method. By comparing sentencing criterion and sentencing proposal system from the perspective of Leniency for Pleading Guilty and Accepting Punishment, the research on criminal reconciliation will be deepened and broadened.

People oriented, which can maximizing the exercise of human's origin right, is the purport of all system renewal and reform. The outcome of criminal reconciliation changes the litigant's status radically, so defendant and victim will solve the crime problem together with state initiatively.

Keywords: Criminal Reconciliation, Substantive Reality, Procedural Reality, Restorative Justice, Authoritative Interpretation

序

　　李卫红 2013 年 9 月入学中国政法大学刑事司法学院，成为我的论文博士生，经过两年半时间的刻苦学习，以优秀博士论文成绩获得法学博士学位。对此，我颇感欣慰。

　　本书是在她的博士学位论文《论公诉案件的刑事和解》基础上又经过她三年多的修改、增加新内容，并定书名为《刑事和解的精神》。我认为这是她多年学术研究的总结，在刑事和解的问题研究上具有相当的创新性。

　　我国关于刑事和解的探讨最初体现在程序界面，它是对传统刑事诉讼的挑战。2012 年《刑事诉讼法》第 277 条、第 278 条、第 279 条对此作为特别程序之一予以规定，2018 年新《刑事诉讼法》的第 288 条、第 289 条、第 290 条规定的刑事和解，继续沿用未改。本书的精粹在于：在梳理基本概念、倡导基本理念后，着重讨论刑事和解的实体性与程序性这一内在的双重属性制度，弥补了以往学者单纯实体或单纯程序的片面研究的不足，全方位地体现刑事和解的精神所在。其主要观点是刑事和解的实体性不仅仅是行为人承担刑事责任的一种方法，也是一种酌定量刑情节；刑事和解的程序性在于以常态国家司法为主，以协商性司法、恢复性司法为辅的三种司法模式并存或交叉的追究犯罪流程，突破了传统刑事司法程序，拓宽了解决犯罪问题的方式方法。本书然后探讨现行刑事和解司法解释存在的问题及完善路径；在强调认罪认罚从宽制度重要作用之后，通过比较论证认罪认罚从宽与刑事和解的对接问题，从而拓深拓宽了刑事和解的研究。其中第八章是在博士学位论文基础上新增加的内容，凸显了作者对此问题不断进行深入探讨的努力。

刑事诉讼一直面临惩罚犯罪与保护人权、程序公正与实体公正的一致与矛盾的问题。没有打击犯罪，刑事诉讼法失去了其存在的前提；但保护人权同样重要，包括所有被侵害的集体人权、参与刑事诉讼的人的权利即诉讼参与人的权利，如辩护人、诉讼代理人的权利，特别是犯罪嫌疑人、被告人的权利。程序正义与实体正义的内涵要求基本是两个范畴，一般来说，实体正义就是最后结果的正义，而结果的做出以司法流程为保障。实体公正一是准确认定案件事实，二是依法准确定罪，三是量刑公平合理。程序公正不仅保障实体公正，还有其独立价值。司法作为最后一道屏障，其公信力乃是一种道义上的认同；权威性是强制力与社会认同的结合；而司法权威既要有公信力又要有强制力。反过来说，不公正不可能有公信力，因为公信力是公众内心道德上对正义的认可。

刑事和解的出现打破了上述相关规则，如本书开头的案例，检察官对一起强奸案进行和解，这本身就挑战了罪刑法定及无罪推定；再如被告人的行为构成盗窃罪，但双方和解后，被害人谅解了被告人，对行为人不判刑，其公平、公正、公信力、审判中心论等都受到质疑。本书在坚持传统刑事诉讼法学的相关规则基础上，提出符合逻辑的观点，比如刑事和解与刑法基本原则的关系——刑事和解与罪刑法定、刑事和解与罪责刑相适应、刑事和解与刑法面前人人平等；刑事和解与刑事诉讼理念的关系——刑事和解与无罪推定、刑事和解与司法公正、刑事和解与审判中心、刑事和解与化解社会矛盾促进社会和谐。上述关系从表面上看，无疑存在某种程度上的矛盾，但将它们分属在国家司法、协商性司法与恢复性司法的不同框架内，既独立存在又可和平共处、融于一体。

毋需讳言，本书还有许多需要更深入研究的问题，如制度运行的多维路径、实践操作的冲突与难点等。但本书作者还是展现了阶段性的研究成果，作者围绕学者们对"刑事和解"的各种争论，通过一些实证调研论证刑事和解制度的发展，将刑事和解的实体、程序实现及司法解释的完善立足于历史发展趋势去思考，可谓立意高远。同时，本书论证横跨哲学、社会学、政治学、经济学、法学等领域，涉猎甚广，但紧扣主题，广而不散，实属不易。本书从各个不同角度对刑事和解制度进行研究，对于我们更加深入地认识刑事和解制度具有重要意义。特别是对于刑事和解适用范围扩大之观点，为被害人、被告人及司法机关积极、主动地共同解决犯罪问题指明了可能的一条进路。该书资料旁征博引，文字深入浅出，中国特色明显，具有相当的理论价值和实践意义，为法学园地增添了一朵鲜艳的小花。

　　期待她贡献出更多更好的学术成果！

　　是为序！

陈光中

2019 年 5 月 8 日于世纪城寓所

目　录

CONTENTS

引　言

　　2018年8月在河南省鲁山县，被告小赵（16岁）强行与被害人小花（17岁）发生性关系，在检察官的介入下双方冰释前嫌。这一案件的阶段性处理结果引起轩然大波，促使人们对刑事和解进行更深度的思考。本书将以此案例开篇与结尾，条分缕析地解读刑事和解的宗旨与要义，以诠释刑事和解的精神。

　　刑事和解包括"私了"和公诉案件的刑事和解，前者不被纳入司法程序，几乎存在于犯罪黑数中，大多案件未被官方掌握；而公诉案件的刑事和解才是本书研究的重点。2018年我国新修订的《刑事诉讼法》第288条、第289条、第290条规定了公诉案件的刑事和解程序，沿用了2012年《刑事诉讼法》第277条、第278条、第279条的规定，没做任何修改。虽然司法实践中已有了六年统一适用的刑事和解的标准，可人们还是疑惑，究竟什么是刑事和解？它是否就是变相的"花钱买刑"？通过什么程序可以实现刑事和解？为什么社会发展到今天，一定要用刑事和解来界定部分被告人的全部或部分刑事责任？这些问题需要我们从理论层面进行阐述，让"刑事和解"这一概念更为清晰，让其司法适用更加凸显人道、公平与正义。

　　到目前为止，"刑事和解"一词已在全球范围内被广泛使用，不管人们对刑事和解下怎样的定义，其适用结果的一个共同点就是被告人刑事责任的民事化或部分民事化，即法定的犯罪案件通过刑事和解或不再追究刑法规定的被告人的刑事责任或减轻被告人的刑事责任。刑事诉讼法学者将刑事和解作为一个程序进行研究，取得了丰硕成果，但这只是刑事和解的一个层面，刑事和解还具有实体性。只有将刑事和解的两个层面，即实体实现性与程序实现性结合起来研究，才可准确定位刑事和解，全面体现刑事和解的精神。

第一章　导论

第一节　刑事和解的意蕴

一　刑事和解的定义

（一）词义

从字面的意思来看，"刑事"是与犯罪有关的事，是广义上的犯罪，因为它不仅仅是刑法上规定的犯罪，还包括犯罪学意义上的犯罪及刑事政策学意义上的犯罪。[①] "和"的含义从古至今一直有争议，孔子论"和"的名言是：君子和而不同，小人同而不和。[②] 荀子论和的名言是：和则一，一则多力，多力则强，强则胜物。[③] 由此可见，"和"是褒义词，"和"与"同"的区别在于：和是差异同一，即有差异事物的综合；同则是自我同一（或单纯肯定），即事物的简单重复或相加。由此观之，"和"是在不同的基础上达成一致。解，字典里有 8 种含义[④]，其中的"把系着的东西解开"、"和解"、"消除"在此比较贴切，当然本书中其主要是指

---

① 参见李卫红《刑事政策学》第 2 版，北京大学出版社，2018，第 160~172 页。
② 参见《论语·子路第十三》。
③ 参见《荀子·王制第九》。
④ 参见《古汉语常用字字典》，商务印书馆，2002，第 148 页。

解决犯罪问题。"和"字背后有着深刻的思想内涵。① 刑事和解合在一起被立法使用，既具有单一使用时的各种含义，也具有了规范上的意义。

刑事和解的英文表述为 Victim-offender Reconciliation，简称 VOR，是指被害人与加害人之间的和解。英语国家如美国、加拿大、澳大利亚、新西兰等，都在不同程度地实施刑事和解。它们的做法主要是在第三方的见证下让加害人与被害人平等、平静地坐在一起，直接会谈、协商，解决已经发生的刑事纠纷或冲突，恢复人际关系，重回社会。在其他发达国家，也有类似做法。

（二）概念

概括起来，刑事和解是一种新的解决已然犯罪的方法，它集实体实现与程序实现于一身，超越了传统的《刑法》及《刑事诉讼法》，但在现有的刑事司法模式范畴内，它无法超脱并傲然独立，其与传统诉讼黏连在一起，即便打断骨头还连着筋。刑事法学界研究的方向不同，既有对程序的探讨也有对实体的挖掘，而对刑事和解的探究主要是在程序方面进行的。② 现在比较权威的刑事和解的概念是"一种以协商合作形式恢复原有秩序的案件解决方式，它是指在刑事诉讼中，加害人以认罪、赔偿、道歉等形式与被害人达成和解后，国家专门机关对加害人不追究刑事责任、免除处罚或者从轻处罚的一种制度"③；也有部分学者在实体方面展开研究。④ 笔者经过梳理、研析后认为，从专业的角度而言，刑事和解有两个层面：一是它的实体实现性，即一种解决已然犯罪的结果；二是它的程序实现性，即刑事和解实现的过程，目前可通过三种司法方式——国家司法、协商性司法和恢复性司法实现。⑤ "刑事和解是指刑事案件中的加害人与被害人之间或通过第三方主持，双方达成谅解，以赔偿等方式，平等地、全部或部分圆满地解决已然犯罪的程序及实体方法。"⑥

---

① 参见葛琳《刑事和解研究》，中国人民公安大学出版社，2008，第12~16页。
② 参见宋英辉、袁金彪主编《我国刑事和解的理论与实践》，北京大学出版社，2009。葛琳：《刑事和解研究》，中国人民公安大学出版社，2008，第39~44页，作者认为：刑事和解是一种刑事纠纷解决途径；刑事和解是一种诉讼行为；刑事和解是一种公法契约。
③ 参见陈光中、葛琳《刑事和解初探》，《中国法学》2006年第5期。
④ 参见武小凤《冲突与对接：刑事和解刑法制度研究》，中国人民公安大学出版社，2009。
⑤ 参见李卫红《刑事司法模式的生成与演进》，中国社会科学出版社，2012。
⑥ 参见李卫红《试论刑事和解与恢复性司法的关系》，《中国青年政治学院学报》2009年第5期。

公诉案件的刑事和解是在刑事诉讼过程中实现的，它离不开国家司法模式，是恢复性司法向国家司法的渗透，以期在法定的正当程序范畴内实现和解。

（三）立法规定

在《刑事诉讼法》正式规定刑事和解之前，全国各地的司法机关，大致从 2005 年开始，基本都在试点赔偿减刑，其实这就是刑事和解制度的前奏，许多学者也对此展开了深入的研究，结果见仁见智，肯定与否定并存。其中的质疑之一就是认为刑事和解制度有违罪刑法定、罪责刑相适应、法律面前人人平等的刑法基本原则及违背无罪推定原则等程序性原则。① 其实，早在 20 世纪末，类似的刑事和解制度已经在全国各地被各级公安司法机关及社会第三方试点、推广，其时到处充斥着不同的声音，赞扬、争议与质疑不绝于耳。最为典型的就是"花钱买刑"论，至今仍有许多人如此认为，"有钱就能解决犯罪问题"。经过近 20 年的司法实践、理论探索后，2012 年《刑事诉讼法》规定了公诉案件的刑事和解制度，即第 277 条、第 278 条以及第 279 条，2018 年新的《刑事诉讼法》第 288 条、第 289 条、第 290 条沿用了上述规定，没做任何修改。这三条基本构建了我国的当事人和解的公诉案件诉讼程序，但没有对刑事和解的概念做出规定。至今，中华人民共和国刑法也没有任何关于刑事和解法律后果的专门规定，目前这个空缺只能通过其中的相关规定如刑事责任承担方式（第 37 条）、量刑规定（第 61 条、第 63 条）等与《刑事诉讼法》的刑事和解程序相对接适用来弥补，以使实体与程序对应起来。

（四）刑事和解的内容

"人的需要有两种：一种是作为有生命的生物所固有的需要；一种是作为有理智的生物所特有的需要。"② 所有生物的存活需要有基本的物质保障，人作为理智的生物还需要尊严、尊重等，刑事和解的内容从物质到精神都满足了当事人的需求。

物质层面上的赔偿损失或经济补偿在当下是刑事和解主要的、基本的内容之一，但它不是刑事和解的唯一内容和方式。理论上和司法实践中还有定时定点的到被害人家中进行劳动服务，彻底履行赡养义务直到为老年

---

① 参见陈卫东《构建中国特色刑事特别程序》，《中国法学》2011 年第 6 期。
② 参见〔英〕约翰·格雷《人类幸福论》，张草纫译，商务印书馆，1984，第 10 页。

被害人送终，履行抚养义务直到未成年人达到法定年龄可以独立生活等。还有众多的公益劳动，其内容很多，如去敬老院或临终关怀医院等地做义工，服侍或陪伴老人度过一段快乐时光，在某一路段打扫路面、捡拾垃圾或者维持秩序，在公交站及地铁站做义务引导员等，各大专院校的大学生可以做义务管理或打扫校园卫生等。

国外的社区服务也可为我们所借鉴，比如美化、净化社区环境及周边地区的各种公共劳动计划，包括公园、部分街道和人行道的打扫、清理，公共场所、电线杆、墙壁等的乱涂乱抹污染的清除等。政府或社区向被害人提供发表意见的机会，了解他们能够提供什么种类的社区服务，在什么条件下可以实现相关的社区服务。

精神层面的过程诉说、赔礼道歉、真诚谅解也是刑事和解的内容。只不过其经常被忽视，毕竟物质第一，精神第二，物质可衡量，精神深不可测。但作为人，解开心结胜于经济赔偿。在经济高度发达的国家，刑事和解的精神层面内容更加突出。但是，"人类在很大程度上是被利益所支配的，并且甚至当他们把关切扩展到自身以外时，也不会扩展得很远"。[①]虽然强调精神世界的伟大与崇高，但现实物质生活毕竟是第一需要，不能强求被害人超凡脱俗。

二　刑事和解的价值

（一）"恢复正义"替代了"报应正义"

1. 报应正义

正义是人们的永恒追求，关键是正义的内容在不断发生变化。犯罪事实发生后，人们在追求正义的实现时，走过了从报复到报应的过程：以传统刑罚制裁犯罪人，以满足人们实现正义的需求，报应刑论者主张的核心内容就是报应，血牙相还；后来发展到教育刑，即对犯罪人适用刑罚不是为了惩罚犯罪人，而是为了教育和矫正，从而使他们不再犯罪。但教育刑中也含着报应的成分，因为正义的内容并没有发生改变，报应依然可以满足人们对实现正义的期盼，认为这样可以免得使教育刑走偏，因太注重功利而失去报应公正的内涵。其根据在于，第一，传统犯罪观的沿袭，即社

---

① 参见〔英〕休谟《人性论》，关文运译，商务印书馆，2005，第574页。

会上多数人的犯罪观是：犯罪是对国家秩序及社会秩序的侵犯，虽然个人深受其害，但与国家秩序和社会秩序所受到的侵犯相比，其应退居其次。根据现行刑事法律的规定，应由国家主导刑罚权。第二，国家及其代表机关公安机关、人民检察院、人民法院通过正当程序，根据《刑法》及《刑事诉讼法》的罪刑法定、无罪推定等原则及具体规定依法对犯罪人定罪量刑后，依宣告刑的种类交付执行机关执行被判处的刑罚，如由监狱或其他劳动改造场所执行有期徒刑或无期徒刑，实现报应正义。第三，只有国家及其代表机关才有权力追究犯罪人的刑事法律责任，即国家司法权归属的特定性决定了被告人、被害人及社会上的第三方只在法定范围内享有一定的权利，但不能染指案件的处理结果，公权力与私权利界限分明。刑事诉讼的本质与最应当受到关注的被害人无关，它解决的是国家与被告人之间的刑事纠纷，当刑事案件发生后，刑事法律关系发生在国家与犯罪人之间，刑事诉讼就是国家代表机关确定被追诉人是否有罪、罪行轻重以及如何量刑的过程。

一直被多数人认为天经地义的报应正义在一个个具体案件中实现了，犯罪人受到惩罚后，无论是特殊预防还是一般预防都没有达到人们期盼的效果，虽然无实证研究的科学数据证明，但从犯罪率的一路飙升来看，犯罪并没有减少。人们开始质疑，惩罚作为一种承担责任的方式，它的正当性何在？谁有权力惩罚？惩罚的对象是谁？惩罚的边界在哪里？答案一直在寻找中。

在刑事领域，因犯罪而受到惩罚是一种因果关系，这一因果链条在逻辑上是成立的，但因果的对应也有可能发生改变。另外，司法实践中也可能出现问题，司法人员在认定谁是犯罪者时有可能将无辜者当作犯罪人，或者有人专门想做或无奈去做替罪羊，这也无法避免。既然在惩罚的适用对象上会有错误，那么，在惩罚的设置上就需要留有余地，比如，实体法上规定的死刑越来越少，这也许即是原因之一。我国《刑法修正案（八）》取消了13个死刑罪名，《刑法修正案（九）》取消了9个死刑罪名（走私武器、弹药罪，走私核材料罪，走私假币罪，伪造货币罪，集资诈骗罪，组织卖淫罪，强迫卖淫罪，阻碍执行军事职务罪，战时造谣惑众罪），这在我国的立法史上又是一个巨大进步。同时，《刑法修正案（九）》还进一步提高了对死缓罪犯执行死刑的门槛，完全依照我国宽严相济的刑事政策，当宽则宽，当严则严。减少死刑要根据社会发展阶段、犯罪情况的变化和当时的社会环境状况来决定，严格控制死刑、逐步减少死刑是中国刑法的方向。究竟死刑与什么犯罪相对应才是报应正义，一直是一个有争议的问题。

2. 恢复正义

与报应正义理论相对应，恢复正义理论认为：（1）犯罪对象直接作用于谁就是对谁的侵犯，加害人杀了张三就是侵犯了张三的权益，加害人盗窃了李四的财产就是对李四的侵犯，犯罪不仅仅侵犯国家、社会的利益，是对刑事法律规范的违反，更是对直接或间接被害人及所在社区的伤害；（2）侵犯了谁，谁就可以通过刑事司法程序最大限度地救助自己，从而恢复和弥补因犯罪行为所造成的伤害；（3）以商谈方式解决犯罪问题，反对国家独占司法权，国家应分出部分权力给被害人使之可以直接介入刑事司法程序，被害人与加害人从对抗走向合作，冲突的解决更为平和。因而从恢复正义理论角度出发，当犯罪破坏了加害人、被害人和社会之间的正常利益关系时，恢复正义的任务就是在三者之间重建这种平衡，从而使得社会恢复到以前的状态，虽然这种社会状态的恢复不可能完全实现，但至少可以做到相对和谐。

受害人在自愿的情况下，选择以经济补偿及赔礼道歉的方式解决犯罪问题，他们大多是出于本能，希望有物质保障将生活过下去，或是由于厌烦诉讼，但他们基于人性的主观选择在客观上实现了恢复性正义观。恢复性司法本质恰恰在于帮助受害者及加害人恢复心理正常状态，进而使加害人和受害人握手言和，共同重新融入社区及社会，恢复社区与社会的安全和秩序。恢复性司法是一种服务而非权威，旨在弥补报应性司法无法企及的功能与目的，通过被害人、加害人和第三方社区等的共同参与达到消弭犯罪带来的损害，以最小损失换取最大利益，服务于加害人、被害人及社区利益的目的。

当恢复正义具有目的性而不仅仅是功能性时，它应当优于报应正义。"功能一词有两种不同用法：有时它是指一种生命运动系统，而不是运动本身的后果；有时它指这些运动与有机体的某种需要之间的相应关系。而目的或意图这些词，就假设有个既定的结果，某个行为就是为了这个结果而存在的。而功能反映了惩罚的属性和相应社会需要"。① 这里无非表达功能与目的的不同，功能是客观的，不依人的主观意志为转移，目的是主

---

① 参见〔法〕涂尔干《社会分工论》，渠东译，三联书店，2000，第13页。

观的，在可预设的前提下实现预设的结果。仅就目前而言，恢复性正义可以实现刑事责任的目的。

3. 理性与情感

更确切地说应当是理性与冲动，冲动是情感的部分体现。情感是人的本能心理反应，理性是经过大脑思考后对事物的反应。人类理性的发展也在不断调整人的心理过程，从报复到报应，这是每一个正常人在受到侵犯后所具有的正常心理，以此来发泄心中的愤怒。当人们渐熄心中的怒火，以理性审慎思考时，报复与报应实为下策，不如尽可能地恢复平静、恢复被犯罪侵犯以前的平和状态。不能不说恢复正义的提出是人类又一次的自我超越，这种正义的实现有可能将所有的精神、情感及物质损失降到最小，相对于报应性正义而言是另一种升华了的正义。与理性相对应的正义是恢复正义，与情感相对应的正义是报复性或报应性正义，当然其中也有细微的演变过程。

民众的情感对报应正义有影响。以药家鑫案①为例，此类热点案件主要体现在民众愤怒情感的集中表达，但民众的数量有待实证研究，在此只能说部分人的愤怒和他们所认知或想象的司法不公有关。他们的情感和认知存在非理性成分，在冲动的感情作用下，针对该案进行指责，对受害者同情、对加害人愤怒，认为如果不严惩就没有实现公正；有些人是将平时所受的不公正待遇转嫁，以此为出口宣泄在日常生活中所面临的压力和不满，且臆断司法机关的司法行为不当，本能上对司法公正持怀疑态度，以此对司法活动形成压力。社会上的他人借助网络的传播和聚合作用展示出的民众力量，对我们司法有极强的冲击性，法院的判决是否公正以及是否能让民众更准确地感受到司法公正，都是有待探讨的问题。

与情感相对应的还有道德，道德是用来自律的，而不是自己站在道德的至高点来评价他人，从而得出他人缺德的结论。在刑事和解中，经常有这样的人对相关被害人冷嘲热讽：杀父之仇都不报，还算人吗？杀子之仇都和解，自己死了算了！从某种意义上言，道德观在不断进化，

---

① 2010 年 10 月，西安音乐学院学生药家鑫将张妙撞倒并连刺数刀致受害人死亡的事件引发舆论热议；10 月 23 日，药家鑫在父母的陪同下到公安机关投案。2011 年 4 月，西安市中级人民法院对此案做出一审判决，以故意杀人罪判处药家鑫死刑，剥夺政治权利终身，并赔偿被害人家属经济损失费；药家鑫随后提起上诉。2011 年 5 月，二审判决宣布维持原判；2011 年 6 月 7 日，药家鑫被依法执行注射死刑。2012 年 2 月，被害人家属起诉药家要求兑现微博上所说的 20 万元捐赠。

道德也有被扭曲的时候，以道德来衡量公正与否，必会出现种种误区。况且要求人人做到表面的道德高尚几乎不可能，如此则这世界会变得极不真实。与理性相对应的还有法律，法律是人们基于理性共同制定出来的行为准则，它既可用来自律也可用来对他人进行评价，结果是人人都有了外在行为的底线，如果法律对刑事和解做出规定，那么，只要依照法律规定即可。

（二）真正价值

有学者论证刑事和解或恢复性司法的价值或是刑事法治的价值所在，[①] 还有论者认为，该项制度能够促进社会关系恢复到从前的状态，甚至更好，能够使社会重新回到平静状态，化解社会矛盾，促进人与人之间的关系更加和谐，促使加害人尽快回归社会过正常人的生活，避免因监狱中的"交叉感染"所导致的重新犯罪甚或更严重的犯罪。同时，被害人的权利能够实现，被害人的利益能真正得到保障。笔者认为，刑事和解的真正价值就是实现人道主义，在解决犯罪的过程中以人为本。因为人是所有存在的唯一目的。

刑事和解的真正价值只有一个，即人道主义在刑事领域的真正实现，具体体现在将被害人与加害人都作为"人"来对待，让他们从原来极其被动的状态中走出来，变成主动状态，让他们享有更多的解决自己行为导致的结果的权利。新西兰土著毛利人仅仅是从他们本民族的传统出发，其观念是万事万物皆有联系，在我们看来毫不相关的事物，他们认为也有联系。因此，和解是解决犯罪问题的主要方法，因为行为人与被害人有联系，他们与第三者有联系，他们与社会、国家也有联系。西方发达国家在实践的基础上进行理论上的归纳总结，并在实践中继续加以推广施行，形成了一套刑事和解及与其相关的恢复性司法程序，典型如美国、加拿大、德国等，其背后的支撑是市场经济的高度发展、市民社会的坚实基础、宗教精神的兴旺发达、权力的分割与制约及其他普世价值的存在。如果没有宗教的宽容、奉献与宽恕，没有市民社会作为第三方的独立地位、国家的

---

① 其刑事法治的价值在于：第一，有效缓解程序正当化危机；第二，增强刑罚的有效性；第三，有利于减少死刑，贯彻"少杀、慎杀"的刑事政策并促进死刑制度的改革；第四，减少刑事司法腐败。参见武小凤《论刑事和解的刑事法治价值》，载陈光中主编《刑事司法论坛》第1辑，中国人民公安大学出版社，第133页。

分权，刑事和解及恢复性司法就不可能普遍盛行，其中的核心理念在于宽容与宽恕，当然自由与平等早已含在其中。刑事和解不像刑罚那样，刑罚还要背负一般预防的目的，以惩戒达到预防，而刑事和解是就事论事，消除犯罪产生的恶果，回到从前状态。

在实现人道主义的过程中，需要被害人的宽容与谅解的态度。刑事和解将被害人的地位提高到直接作为主宰案件处理结果的一方当事人的程度，那么就需要被害人尽可能地理性并宽容地对待加害自己的人，这或许有些残忍及不近人情，但却是应当提倡的态度。① 只有在被害人尽可能地原谅与宽恕加害人的行为时，才可做到刑事和解。

同样，刑事和解需要社会上的他人对犯罪现象宽容、宽恕后形成的善意环境，这种环境足以让善循环；反之，形成恶的氛围，则足以让恶循环，无论这种环境是物质的还是精神的。

另外，人们相互之间创造的环境又反过来影响人们的行为。犯罪学界有一著名的"破窗效应理论"②，无论是物质的环境还是精神或情感的环境，都应当有如此效应。本理论说的是环境对人的行为的暗示性及诱导性的作用，其后来被人们用在经济领域、政治领域、管理领域等。人为地创造好的环境，通过环境的暗示，人们自觉地规范自己的行为，社会会更加美好。即使在日常生活中，我们在善的环境里就会有善行，而在恶的环境

---

① 参见《读者》2010年第6期，第10页。"2000年4月1日，来自江苏北部沭阳县的4个失业青年潜入南京一栋别墅行窃，被发现后，他们持刀杀害了屋主德国人普方及其妻子、儿子和女儿。案发后，这4名18岁~21岁的凶手随即被捕，后被法院判处死刑。就在那年11月，在南京居住的一些德国人及其他外国侨民设立了纪念普方一家的协会。普方协会致力于改变江苏贫困地区儿童的生活状况。协会用募集到的捐款为苏北贫困家庭的孩子支付学费，希望他们能完成中国法律规定的九年制义务教育，为他们走上自主而充实的人生道路创造机会。案发后，普方先生的母亲从德国赶到南京，在了解了案情之后，老人做出了一个让中国人觉得很吃惊的决定——她写信给法院，表示不希望判4个年轻人死刑。他们的死不能改变现实。"

② 美国斯坦福大学心理学家菲利普·辛巴杜（Philip Zimbardo）于1969年做了一项实验，他找来两辆一模一样的汽车，把其中的一辆停在加州帕洛阿尔托的中产阶级社区，而另一辆停在相对杂乱的纽约布朗克斯区。停在布朗克斯区的那辆，他把车牌摘掉，把顶篷打开，结果当天就被偷走了。而放在帕洛阿尔托的那辆，一个星期也无人理睬。后来，辛巴杜用锤子把那辆车的玻璃敲了个大洞。结果呢，仅仅过了几个小时，它就不见了。以这项实验为基础，政治学家威尔逊和犯罪学家凯琳提出了一个"破窗效应"理论，认为：如果有人打坏了一幢建筑物的窗户玻璃，而这扇窗户又得不到及时的维修，别人就可能受到某些示范行为的纵容去打烂更多的窗户。久而久之，这些破窗户就给人造成一种无序的感觉，结果在这种公众麻木不仁的氛围中，犯罪就会滋生，且变得猖獗。

里，我们是否可以把持住自己不去实施恶行，很少有人可以做出肯定的回答。比如，我们到一个风景名胜区旅游，那里干净有序，大多情况下，一般人谁会去破坏这样的风景从而影响到人们的感受呢？如果一种良好的氛围在社会中弥漫并扩散，人们是否会受到天天向上的暗示？或者反向的逻辑是否也成立，即人的行为与环境形成恶性循环，这在我们的日常生活中也会得到部分场景的证明。我们善待他人，他人也会善待我们，传播开来形成善的环境，犯罪会越来越少。但我们面临的是：在犯罪已是既成事实的情况下，人们对此的态度应当是什么？

三 刑事和解的附加值

有学者论证，刑事和解有利于实现诉讼效益，其表现为从总体上提高办案速度，节省司法资源；同时，刑事和解也有利于构建和谐社会。[1] 有学者认为，"花钱买刑正在通过公诉案件的刑事和解由潜规则向明规则过渡。因为刑事和解的价值具有被害人取向，被害人大多倾向于获得赔偿，因此有可能沦为有钱人取向"。[2] 这是附加值的负面效应，但它只是一种倾向，正如任何东西、事实等都可能走样一样。而执行者的作为可以避免这种异化。

笔者认为，恢复性司法程序的适用在有些情况下提高了诉讼效率，如加害人与被害人刑事和解后不再进入国家司法程序，检察机关可以做不起诉处理，因此本案不进入审判程序，节省了国家审判资源，但有些案件并不一定减少诉讼的压力，提高诉讼效率，在第三方及司法机关工作人员做了大量的工作后，加害人与被害人依然没有达成和解协议，那就意味着重回国家司法模式，重新启动刑事诉讼程序，将会耗费更多的国家司法资源。因为，恢复性质的调解程序本身已耗用了大量的时间成本、人财物成本，一旦有过失，还可能发生证据没有及时收集或灭失的情况；如果和解未达成，不但浪费上述资源或存有司法上的风险，同时还要重新进入国家司法程序，非但没有节省资源，反倒更多地使用了司法资源。从根本上说，减少诉讼压力、提高诉讼效率，是协商性司法的宗旨。恢复性司法以

---

[1]　参见葛琳《刑事和解研究》，中国人民公安大学出版社，2008，第46~51页。

[2]　参见张建伟《刑事和解：被害人取向的复活》，中国刑事法律网，http：//www.criminallaw.com.cn/article/default.asp？id=3077，最后访问日期：2018年12月31日。

人道主义为宗旨，到目前为止，它是人类解决犯罪问题的进步，即便为此付出代价也在所不惜。毕竟权利是需要成本的①，就像法治需要成本一样，社会一直在探索着前行。

许多学者论证刑事和解化解了社会矛盾，构建了和谐社会。笔者认为，如果是这样，那也是该制度的一种附加值。因为它可以提升每一个公民的自我意识、独立判断能力、解决问题能力，从而更多地实现自治权，并提升社会团体的自主意识，区别于国家及政府公权行为，实现团体自治权。在此过程中，国家分权，垄断集中的国家司法权减弱，将一部分公权让渡给社会团体及公民个人，从而体现市民社会的精神。具体表现为如何处理国家干预主义与当事人处分主义的关系，在价值取向上应当加害人与被害人优先、国家在后。而我国传统上恰恰一直处在以国家为中心的刑事法理念的支配下，犯罪由国家的代表机关来惩罚和矫正，国家为维护国家利益，通过公安机关、人民检察院和人民法院与犯罪人直接发生关系，而使被害人、社区等其他利益相关方的利益退居其次，很少在具体的犯罪处理中予以考虑，甚至忽视他们的存在。刑事和解与恢复性司法就是将犯罪处理权交给被害人、加害人、社会上的第三方，公诉案件的刑事和解还需要国家公安机关、人民检察院、人民法院机关的司法人员主持，在此框架内进行对话、沟通、协商、交涉，共同完成对犯罪的处理。

第二节　相关概念的厘清

一　刑事和解与刑事调解

（一）刑事调解概念

1. 词义

在刑事领域，刑事调解是一种解决犯罪人刑事责任的简单程序。从词义来说，调解是指在发生争议或纠纷的双方当事人之间，由不同类型的第

---

① 参见〔美〕史蒂芬·霍尔姆斯、凯斯·R. 桑坦斯《权利的成本——为什么自由依赖于税》，毕竞悦译，北京大学出版社，2004。

三人主持或主导，通过耐心细致的劝导及协商，在双方自愿的基础上达成一致协议，解决冲突与纠纷，通常也称为第三人调解。英文"Mediation"一词，是指"调解人作为中立的第三方，以私人和非正式的名义，协助争议双方达成和解的争议解决程序，因为不具有国家权力的介入，故无强制力"。① 因此，我们可以将调解定义为：它是指由中间方或称为第三人居中说服、调停，促使双方展开商谈、协商，最终达成谅解或妥协的纠纷解决方式。因第三人的不同，调解有不同类型，如民间调解、行政调解和法院调解等，我们主要论证的是法院调解。

2. 人民法院作为主体的调解

根据《刑事诉讼法》第 206 条的规定，"人民法院对自诉案件可以进行调解"，即由法官以调解程序对案件进行处理。根据《刑事诉讼法》第 204 条的规定，"自诉案件包括下列案件：（一）告诉才处理的案件；（二）被害人有证据证明的轻微刑事案件；（三）被害人有证据证明对被告人侵犯自己人身、财产权利的行为应当依法追究刑事责任，而公安机关或者人民检察院不予追究的案件。"另外，刑事附带民事诉讼案件也可进行调解。调解是法定程序，是人民法院作为调解主体行使国家赋予的审判权的过程。其特征如同法官审判案件一样，依法定职权进行，不仅仅行使国家的公权，同时也是代表国家履行义务，律师可以拒绝接受当事人的委托代理案件，但法官不能拒绝审理，否则就是渎职行为。调解的过程与结果既要保障公平正义，又要提高诉讼效率，以此方式结案，可以快速地处理轻微的刑事案件，且在以审判为中心的改革背景下，法官可以腾出更多的精力办理大案、要案、复杂案件，防止冤假错案的发生。从这个角度讲，调解和刑事和解功能相似、作用等同。人民法院调解是在国家的司法模式之中进行的，主要目的是提升司法效率，通过绝对缩短诉讼时间，及早实现公平正义。

（二）两者的不同

刑事和解与调解的不同之处在于以下三方面。

1. 适用的案件范围不同

归纳起来，人民法院调解的案件仅限于自诉案件、被害人有证据证明自身合法权益受到侵害的轻微刑事案件和刑事附带民事诉讼这三类，理论

① 参见薛波主编《元照英美法词典》，法律出版社，2003，第 905 页。

上还应当扩大人民法院调解案件的范围。刑事和解的范围则不限于自诉案件，还包括《刑事诉讼法》第 277 条规定的案件范围及在司法实践中司法人员践行的一些刑事和解案件，其范围应大于调解的案件，或者说罪行更重的一些案件也包括其中。

2. 二者的侧重点不同

刑事和解的实质要件在于被告人与被害人的独立意志在和解协议书中得以充分体现，他们通过自愿、平等、协商的方式，最终达成解决冲突与纠纷的意愿，并产生一定的法律效果，加害人的刑事责任得到减轻，被害人得到补偿。刑事和解强调的是当事人的自愿性，其他任何个人、任何机关、团体无权干涉，只可建议，私权利重于公权力；调解强调的是法院这一公权力机关的能动作用，更侧重人民法院以积极的态度，促成双方当事人相互理解，平等协商，并最终达成谅解，法官调解后无须再审判，其突出的特点在于公权力的痕迹无处不在，仅是为了实现公正，通过效率全面体现出来。

3. 两者的明显区别在于实体与程序的不同

目前英文 "Victim-Offender Mediation" 一般被译为刑事和解，其意在于突出被害人与加害人通过双方的协商会谈或第三方调解而达成的和解状态，而不仅仅是程序。刑事和解的译法更能达意。可见，和解与调解区别的关键在于实体与程序，和解注重的是结果，调解注重的是过程；调解的过程中有第三方的参与，但过程本身并不反映结果，结果是和解的达成状态。刑事调解就是对于发生的部分刑事案件，在人民法院审理阶段，通过法官对被告人和被害人进行的说服、调停等而使双方最后和解的过程，其他诉讼阶段没有调解程序；而在刑事和解案件中，公安机关、人民检察院和人民法院中的侦查人员、检察人员、法官只起主持人的作用，或者说是被动地行使中立权利，公权力被搁置一旁而不发挥作用，真正的主角是双方当事人。

（三）共同之处

调解更多地强调过程，和解通常更强调结果。大多数情况下，经过法官的刑事调解，部分案件当事人最后可以消除愤恨，达成刑事和解，没有达成的再走刑事诉讼程序。刑事调解是途径、方法、手段、步骤，最终结果是双方和解，解决了行为人的刑事责任问题。正当程序需要通过法定全套的刑事诉讼对犯罪人定罪、量刑、刑事附带民事诉讼以实现赔偿，调解无须这样的步骤。目前，我国在刑事自诉领域存在刑事和解制度，虽然它在程序法中得以确认，但其并不是调解，而是刑事和解。我国《刑事诉讼法》第172条规定，"自诉人在宣告判决前，可以同被告人自行和解或者撤回自诉"。这一规定虽然在程序上可以看作撤回自诉的根据，但其中的理由"自行和解"大多指程序外当事人双方私下的和解，可能里面也含有法官所做的调解工作，和解后实体问题已经解决，不需要再走其他程序。另外，最高人民法院《关于执行〈中华人民共和国刑事诉讼法〉若干问题的解释》第199条规定"对于已经审理的自诉案件，当事人自行和解的，应当记录在卷"。刑事自诉案件的起诉权掌握在被害人、其法定代理人或其近亲属手中，由他们行使。被害人属于无行为能力人或者被害人死亡时，可由其法定代理人或近亲属代为行使，被害人也可以放弃自诉权，是否自诉，取决于他的意志，国家和他人不得干预。刑事自诉案件起诉到法院以后，依法有两种途径解决：一是双方当事人自行和解，法官不再干涉；二是由法院主持双方调解，经一次或多次商谈后达成调解协议。调解是过程，和解是结果，这一司法解释涵盖了刑事调解与刑事和解。

二　刑事和解与恢复性司法

（一）恢复性司法的品性

1. 含义

有学者认为，"刑事和解是恢复性司法理念的实现途径之一，是恢复性司法最直接、最清晰的表现，是对恢复性司法原则最生动的表达方式"。[①]

从字面上理解，恢复性司法的主词是司法，即是一种程序，修饰性词是恢复，意思是回到事发前状态。它是舶来品，20世纪末从西方传入我国，现在已上升为既是一种理念，也是一种程序。说它是一种理念，是因为其针对报应理念而提倡恢复理念；说它强调过程，是因为其针对国家集权司法而提倡国家分权由加害人与被害人及第三方来行使权利，从而达成结果。在此，恢复性司法应当是实现刑事和解的程序层面，与刑事和解的实体层面共同完成对法定的已然犯罪的处理。恢复含义有二：一是指对象，针对被害人、加害人及其所在的社区和全社会恢复到犯罪以前的样

---

① 参见王平主编《恢复性司法论坛》，群众出版社，2007，第109页。

态；二是指内容，包括物质损害的恢复，如财产、健康及精神损害的恢复，如人类尊严、心理状态、理性、人际关系、社区秩序、正义情感等。

2. 西方国家恢复性司法的形式

当代西方国家实施的恢复性司法程序表现形式主要有："（1）参与方包括了加害人、受害人和社区，三方共同努力（必要时，司法机关也可以介入），以受害人和加害人的自愿为前提，通过对话来理清事实，相互倾听，恢复关系，进而恢复社区的安全。具体方式包括被害人—犯罪人会谈（VOC）、家庭成员会议（family group conference）以及圆桌会议（circle）。（2）社区与被害人、加害人相互合作，通过补偿（restitution）、社区服务（community service）来帮助加害人矫正，促进加害人重建羞耻（reintegrate shaming），融入社区。"①

（二）三种司法模式

1. 三种司法模式共存

解决犯罪问题必须经过正当程序，这已为现代法治国家所普遍认可。从刑事程序层面而言，恢复性司法与国家司法和协商性司法②共存。不同司法程序对应不同的对犯罪的实体处置方式，有些发生重合，有些彻底相异即刑事民事化，具有代表性的是：与国家司法对应的是刑罚，通过刑事诉讼程序解决被告人的刑事责任，主要以刑罚方式承担，辅之以非刑罚制裁措施；协商性司法相对应的主要是不起诉，以辩诉交易为代表；与恢复性司法相对应的是刑事和解、非刑罚制裁措施、轻罪起诉并判处、轻刑等与该程序相对应的实体处置。而目前在我国的司法实践中，以国家司法即传统的刑事诉讼为主，其间加入了协商性司法和恢复性司法，刑事和解的实体实现方式与这三种程序实现方式相匹配，实现了实体与程序的对接。公诉案件的刑事和解，没有纯粹的恢复性司法模式，是将恢复性司法嵌入国家的刑事司法领域，从而形成了具有中国特色的另外一种三者并存的刑事司法模式。

下面笔者以一典型做法为例，说明刑事和解在实践中的具体适用情况。早在2007年11月，"刑事和解与程序分流"的项目就在北京市朝阳

---

① 参照霍华德·泽尔《恢复性司法》，载王平主编《恢复性司法论坛》，群众出版社，2005，第392~395页。

② 参见李卫红《恢复性司法模式中的被害人权利保护》，《西部法律评论》2009年第1期。

区人民检察院与中国政法大学诉讼法学研究院立项，两家一起联合展开研究，在朝阳区人民检察院成立了刑事和解办公室。刑事和解办公室是相对独立的刑事和解机构，脱离了公诉部门，对于符合刑事和解条件的案件，专门审查把关和组织协商，从而避免了原直接承办案件的检察官扮演双重角色的问题，即解决了追究犯罪与不以诉讼程序办理案件的矛盾，同时统一了案件的办理标准。此前，在试行这项制度时，刑事和解工作都是由案件承办人自行负责，承办人虽然很有积极性，可是角色本身的冲突会让他无所适从，检察官的立场是否能够公正客观？因为其代表国家行使追诉权的职责是追究犯罪，怎么能做犯罪嫌疑人这一方的工作而促成和解呢？而他在刑事和解工作中又得"息诉"去做被害人的工作，检察官自我角色定位出现了冲突，其心理也会受到影响。另外，检察院作为公权力机关出面主持调解，中国传统的官本位思想导致当事人双方畏惧公权力而使得检察官主持的和解对当事人形成一种无形的压力，失去更多的自由意志选择。加害人与被害人双方都担心，如果不按照承办人的要求办就会产生不利的后果，该如何自我救济？人民检察院如何监督有问题的和解协议？

随后，北京市朝阳区人民检察院出台了《刑事和解暂行规定》，对于刑事和解案件的类型及详细的工作流程都做出了明确的规定。"案件到了公诉部门后，办案人员认为符合刑事和解有关规定的案件，应当将其移交到刑事和解办公室，由其专门工作人员审查，刑事和解办公室经审查认为符合刑事和解标准的，才能决定启动刑事和解程序；启动和解程序后，由刑事和解办公室积极促成被害人与被追诉人的协商，主持并指导双方沟通各自意愿，签订谅解协议，并对谅解协议的内容是否具有合法性进行审查；当事人双方达成协议后，刑事和解办公室对于可以作不起诉处理的，会在被追诉人履行相关义务后向公诉部门提出不起诉的处理建议。"[①] "我们曾经对2003年至2007年4年来的和解案件进行了回访，其中97%的加害人赞同这一方式，被害人方则100%赞同和解。而在刑事和解结果的公

[①] 参见李松、黄洁《刑事和解办公室诞生 检察官角色尴尬不再》，京师刑事法治网，http：//ccls. bnu. edu. cn/criminal/info/showpage. asp？ ProgramID=&pkID=22346&keyword=%D0%CC%CA%C2%BA%CD%BD%E2%B0%EC%B9%AB%CA%D2，最后访问日期：2019年6月13日。

正性方面,加害人与被害人的满意率均达到了100%。"①

2. 理论预测

从目前我国发展的阶段预测,刑事和解在将来的适用中有可能更多地侧重物质赔偿,而对于双方情感、情绪及其他心理、精神的抚慰则稍嫌疏忽。这从实践中许多人认为的"花钱买刑"可窥其一斑。第一,人的需要是物质第一、精神第二,人的生物性第一,社会性第二,只有满足了被害人的基本物质需求后才可考虑精神的复原。当社会发展到高级阶段后,人的境界才会有大幅度的提升。第二,由过去的国家司法模式对被害人权利的漠视,到恢复性司法模式下过分看重对被害人利益诉求的满足,而又极端片面地忽视加害人的种种需求,刑事司法模式为改革和转化难免矫枉过正。加害人在实施完犯罪行为后,其心理与情感也受到了伤害,典型的如交通肇事案件、过失致人重伤案件,甚至故意伤害案件等,加害人也需要倾诉、需要得到被害人的谅解,其心理才能平衡,其感情才可平复。否则,他也会一直受案件场景、结果等的折磨。第三,理论上,无论轻罪案件还是重罪案件,都能适用刑事和解。轻罪与重罪没有本质的不同,正如人的错误有大小,但都是错误一样。和解与否与轻罪、重罪无关,只与加害人与被害人的态度有关,只要双方同意和解,就可和解。第四,刑事和解更多地影响量刑。刑事和解影响定罪,在确定罪与非罪上有决定性的作用,在确定此罪还是彼罪方面没有任何影响。而刑事和解对加害人量刑的意义更大些。在现有的刑事司法制度内,刑事和解既可以影响定罪,也可以影响量刑,而且主要是影响量刑。

《刑事诉讼法》第277条、第278条、第279条规定了公诉案件的刑事和解,实现刑事和解的程序需要通过三种司法模式实现,就具体案件而言,或许一种,或许两种,或许三种同时适用才可解决适用刑事和解的刑事案件。

三 刑事和解不是"私了"

(一)"私了"现状

从终极的目的上看,刑事和解就是"私了",只是在现代社会中,法

① 参见李松、黄洁《刑事和解办公室诞生 检察官角色尴尬不再》,京师刑事法治网,http://ccls.bnu.edu.cn/criminal/info/showpage.asp? ProgramID=&pkID=22346&keyword=%D0%CC%CA%C2%BA%CD%BD%E2%B0%EC%B9%AB%CA%D2,最后访问日期:2019年6月13日。

律赋予了"私了"深刻的内涵。在当今的刑事司法模式下,不能纯粹地"私了",一部分案件还必须要进入正式的国家司法程序才能解决,但在本质上,刑事案件的解决,全部或部分地体现了当事人的意志,在这一点上两者是相同的。

百姓对"私了"的理解,大致就是双方私下解决本该"公了"的事情。"私了"不是一个法律术语,任何一部法律里都没有"私了"这一概念,学理上对其归纳总结:"一般是指私人就争议事项私下协商,不通过法定机构和程序而自行息解纷争。'私了'侧重与'公了'相对……私了一词在某种程度上还带有本不可'私了'之意,尤其在描绘刑事案件的私了时。"① 本书所指的"私了"是加害人与被害人对刑事案件的"私了"。针对目前刑事案件的"私了"现象,在中国基层社会特别是乡村社会中有大量"黑数"存在,调查表明,"我国目前乡村社会中刑事案件'私了'的比例占到乡村社会犯罪总数的25%以上"②。在极其推崇公权力的时代,"私了"是不合法的,但在远离公权力中心的边远农村,"私了"仍是一部分人解决刑事纠纷的方式。

(二) 两者的差异

当下的"私了"与刑事和解的差别在于"私了"主要由当事人双方私下完成,国家根本不会知道,国家代表机关不会介入"私了";而公诉案件的刑事和解,主持的主体之一就是国家司法机关,有些案件经过司法机关的调解并最后确认达成的协议是否有效。大多情况下的"私了",最大的特征体现在程序与实体结果两方面。在程序上,刑事案件由当事人双方规避国家干涉,私下商议,根本不碰触国家法定诉讼程序,国家法律对其无用武之地。其"私了"的结果以信誉制约双方,没有经过"官方"确认,当然不具有法律效力,它只对当事人双方有约束力,一方反悔,另一方无法通过正常途径论证其纠纷解决结果的合法性。实践中,大多数"私了"也以经济赔偿为主要内容,数额经过双方协议,或多或少,只要能满足受害人的意愿即可,当然,有些个别的"私了"会出现不正当的要求,甚至是非法的要求,如某男与其朋友妻子发生性关系,朋友强烈

---

① 参见喻中《探寻"私了"之谜——一种刑事案件解决方式的法社会学考察》,载徐静村主编《刑事诉讼前沿研究》(第4卷),中国检察出版社,2005,第85页。

② 参见宋振远《乡村社会犯罪"私了"现象调查》,《小康》2004年第1期。

要求与该男妻子发生关系，当女方不同意时，双方共同协商，最后女方忍辱屈从。第一阶段是当事人之间民事上的法律关系，第二阶段是当事人之间刑事上的法律关系，如果女方不报案，后一段既是对前一段民事法律关系的"私了"，也是刑事法律关系的结束，因为受害人没能将案件诉诸司法机关。而公诉案件的刑事和解，是在进入国家司法的刑事诉讼程序以后开始的，在公安机关、人民检察院或人民法院的主持下，经过若干次的商谈后达成和解，在和解协议上虽然没有三机关的公章盖印，但有公权力主持和解人的签名，其法律上的效力成分不言而喻。在恢复性司法模式下，两者没有太大的差别，或许在内容的法定性上，刑事和解胜于"私了"。当然，刑事和解所蕴含的价值理念、所存在的社会根基、权力分割的结果（详见第三章"刑事和解的根据"）都是"私了"所不具有的。

刑事和解不是人类最好的制度，却是至今较好的制度，过去诸多已被证明的失败表明，人们的智慧还没有发现甚至不能发现最好的选择，可人性必须受到制约。因为，人类社会有了几千年的历史，外在的进步有目共睹，如卫星上天、纳米技术、生物工程、民主法治等，可人性本身有多少进化呢？2009~2010 年发生的八起"灭门案"①从某种角度说明人性的不可更改性，而法律规定的死刑②除了证明人性具有报复本能外没有任何意义。人只能在让其做好人的氛围中做好人，如果让其处在做坏人的氛围中，或许没有多少人能把持住自己不做坏人。人性中善与恶的生根、发芽、开花、结果，各自需要土壤、化肥、阳光、雨露。因此，提供善的环境，让人更多地为善；避免恶的环境，让人最大限度地不为恶。这或许是我们要做的，也是我们所能做的。

---

① 2009~2010 年的八起灭门案：2009 年李磊灭门案、2009 年张武力灭门案、2009 年艾建国灭门案、2009 年庄荣昌家灭门案、2010 年河北灵寿灭门案、2010 年祝才发灭门案、2010 年内蒙古临河区灭门案、2010 年高阳县城灭门案。

② 以集资诈骗罪的最高法定刑——死刑为例，近几年已有 4 人被判处死刑。2009 年 8 月 5 日，绰号"小姑娘"的浙江丽水美容院女老板杜益敏因集资诈骗罪被执行死刑；2009 年 12 月 18 日，被称为"东阳富姐"的吴英非法集资案在浙江省金华市中级人民法院一审判决，吴英被判处死刑。2010 年 1 月，经最高人民法院核准，亳州市"万物春"非法集资诈骗案主犯唐亚南被执行死刑。近日，浙江省台州市经济开发区原兰鑫商务酒店法定代表人王菊凤，因非法集资 4.7 亿余元，被台州市中级人民法院一审判处死刑。《刑法修正案（九）》全文于 2015 年 8 月 29 日通过，自2015 年 11 月 1 日起施行，《刑法修正案（九）》再次减少 9 个死刑罪名，包括集资诈骗罪。

第三节 刑事和解与刑法基本原则

一 刑事和解与罪刑法定[①]

（一）罪刑法定

1. 法律规定

罪刑法定的古罗马文字表述翻译过来是"法无明文规定不为罪，法无明文规定不处罚"。这一理论延续至今，在全球范围内，各国对罪刑法定的共识基本没有超出这一范畴。我国刑法的例外之处表现在其前半段的规定，《刑法》第3条规定："法律明文规定为犯罪行为的，依照法律规定定罪处刑；法律没有明文规定为犯罪行为的，不得定罪处刑。"法条的前半部分对罪与刑做了肯定性的规定，即什么是犯罪，有哪些犯罪，各种犯罪的构成条件，有哪些刑种和刑罚幅度及其适用，各个罪的具体量刑幅度等。上述有关罪与刑的内容，都由刑法事先加以明文规定。

2. 设置背景与主旨

早在1215年英国《大宪章》中就有关于罪刑法定思想法律化的规定。经过漫长的黑暗的中世纪，人类历史来到启蒙时代，理性渐渐被唤醒，针对封建刑法的等级、恣意、擅断、残酷而设置的罪刑法定原则相继被各国所确定。同时，这一原则又是对国家权力的一种限制，面对国家的强大与被告人的弱小而避免妨碍公民个人权利的正当行使，要求对于法律没有明文规定的行为不能入罪、不能惩罚。同时，在"法无明文禁止即可为"的基础上，即便法律有明文规定，也不一定对嫌疑人定罪处刑，这里实际上暗含着罪刑法定原则可以出罪与出刑，因为时代变迁，在法律来不及修订时也可依法不处罚犯罪人。而我国《刑法》对罪刑法定原则的规定与此有些出入，前半段直接否定了出罪与出刑，即只要符合犯罪的成立要件，就必须追究行为人的刑事责任，这与罪刑法定的原意不符，建议以后修改法条时将其删除。

---

① 参见李卫红《刑事和解与罪刑法定的关系》，《华东政法大学学报》2010年第2期。

（二）冲突还是同一

1. 问题

当下刑事和解与罪刑法定同时存在，如某县发生的一起案例：2014年4月5日中午，犯罪嫌疑人谢某、谢某某因工程承包问题与王某、谢军某发生争执，当日15时许，双方电话联系后相约在北京市密云县穆家峪镇九松山副坝见面，见面后见此处人多又提议换个人少的地方，后王某开车在前，谢某某开车在后来到环湖上，双方下车后犯罪嫌疑人谢某、谢某某二人手持砍刀分别与谢军某、王某打架，致使双方人员均不同程度受伤。经北京市密云县公安局司法鉴定中心鉴定，谢军某身体损伤程度属于轻伤一级，为谢某所伤；王某身体损伤程度不构成轻伤，为谢某某所致；谢某、谢某某身体所受损伤程度均属于轻微伤。对本案可能的处理结果：一是根据罪刑法定原则，谢某的行为构成故意伤害罪，对被告人应当定罪量刑；二是当事人双方刑事和解，检察机关经过审查后确认和解协议有效，根据《刑事诉讼法》第277条、第278条、第279条的规定，人民检察院做出不起诉决定；三是虽然人民检察院起诉到法院，但人民法院可以依法对被告人从宽处罚，即定罪不判刑。一个案件，可能有三种处理结果，那么，罪刑法定与刑事和解之间是否存在无法调和的矛盾[①]？如何看待两者的关系？

2. 观点

学界已对这一问题进行了极富建设性的探讨，但笔者认为，对此还需要进一步深入研究。[②] 上面论证了刑事司法的三种模式，应当将刑事和解与罪刑法定归于不同的法律框架内进行理解，因为不同的时代、不同的价值取向产生不同的制度，而制度与制度之间必须配套使用，才能相互取长补短。如果以罪刑法定衡量刑事和解或以刑事和解说明罪刑法定，必然产生逻辑上的矛盾。刑事和解与罪刑法定的共同点在于法定性、人权保障性与人道性等，这些共性让它们在多元与法治、人性与人道之路上共同前行。但是，刑事和解的达成与罪刑法定的实现，所适用

[①] 参见《新中国刑法60年巡礼》（中国2009年度刑法学年会文集卷3）刑事和解制度的刑法学探讨中的相关文章，中国人民公安大学出版社，2009。

[②] 参见《新中国刑法60年巡礼》（中国2009年度刑法学年会文集卷3）刑事和解制度的刑法学探讨中的相关文章，中国人民公安大学出版社，2009。

的程序有不同也有交叉，其前提是犯罪嫌疑人是否认罪，其次是制度的建立。与刑事和解相匹配的是恢复性司法程序，当下还得借助国家司法与协商性司法；与罪刑法定相对应的是国家司法程序，罪刑法定的实现不需要协商性司法与恢复性司法，如果说后两者的框架内也有罪刑法定的话，那一定是对传统罪刑法定的发展。但从表面看，刑事和解与罪刑法定不在同一层面上，实现罪刑法定要通过国家刑事司法，实现刑事和解主要通过恢复性司法，两者的关系只有通过它们所属的法律框架进行分析，它们之间的"矛盾"是以罪刑法定的价值理念来理解、衡量刑事和解所造成。

（三）厘清刑事和解与罪刑法定的关系

1. 罪刑法定的主导地位

罪刑法定自从被刑事立法确定以来，一直处于决定性的、不可动摇的地位。绝大多数刑事案件一旦发生，在程序上，犯罪嫌疑人就必然依法走完立案、侦查、起诉、审判、执行等整个过程，另有部分刑事案件双方当事人选择了刑事和解，死刑案件现在只在"赔偿减刑"的范畴，尚未列入正式的刑事和解范围。多数质疑者都会提出，根据现行法律规定，适用刑事和解与罪刑法定原则背道而驰，因为没有按照法定的罪与刑认定犯罪事实、犯罪性质并处罚犯罪人，却以刑事和解了事。笔者认为，即便在现有的法律框架内，一些学者也只关注了出罪的情况，即"法无明文不为罪"暗含法有明定不一定定罪，但是否可以出刑却被许多人忽视。罪刑法定的本意包含着既可以出罪也可以出刑的制度设计，理论上，罪刑法定不仅仅为出罪设计了出口，同时也为出刑设计了一扇门窗，逻辑上在现有法律框架内可以赔偿减刑，而赔偿减刑又是刑事和解的延伸。当然，刑事和解可以在罪刑法定范围内适用，但罪刑法定的主导地位不会被撼动。

2. 刑事和解的主导地位

之所以说刑事和解不是"花钱买刑"，是因为适用它必须具备相应的条件。这一制度不以被害人为唯一或中心，被害人只是一方当事人，他在选择和解的过程中，意志独立自由，不受干预或强迫。对于犯罪人而言，花钱并不能摆平其犯罪行为所带来的恶果，他首先要做的是必须真诚悔罪，然后赔礼道歉，然后赔偿损失。双方经过一次或多次的沟通与对话，最后有可能达成和解。刑事和解的实体实现内容很多，经济赔偿或受害补偿是主要方式，它最接地气，让被害人得到最直接的利益，但不是唯一，赔礼道歉也能给被害人及其家属带来安慰。实现公诉案件的刑事和解与实现罪刑法定的程序不同，前者的适用是将恢复性司法融入国家司法之中，后者只需单独适用国家司法。与刑事和解相对应的司法程序主要为恢复性司法，但公诉案件还不能单独适用恢复性司法。

刑事和解又可以分为公诉案件的刑事和解与单独适用的刑事和解，前者必须介入国家司法或协商性司法，后者实现的途径有：一是案发后，加害人与被害人双方以自己的方式自行和解，如同"私了"一样，外人不知情不介入，与国家公权力的行使没有任何关系；二是仅通过中立的第三方从中斡旋说服调解，如社区、学校、工会、共青团、报社、协会等单位，国家公权力也没有任何的介入，第三方行使的是法律赋予的权利。如果在单纯的国家传统司法模式的范畴内解决犯罪人的刑事责任，必须坚持罪刑法定，近代以来一直如此，这一刑法基本原则贯穿于刑法始终；而如果在恢复性司法模式下刑事和解，则不涉及罪刑法定，因为它已超越罪刑法定，而无须再以它来构建或套用。刑事和解取决于双方当事人的需求，主要是犯罪人与被害人双方的相互意愿，因人而异，其与刑法关于罪刑的规定没有太大的关系，只与当事人的主观意志有关。罪刑法定是法律预设，刑事和解只在法定意义上与其相同。

3. 两者交叉适用

刑事和解是一种非常理想的解决犯罪问题的方法，这一论断还在不断地被实践所验证。在具体适用中，或许有走形或跑偏的情况，但这不能代表刑事和解制度本身。就目前情况下，刑事和解面临着许多问题，因而还不能以它为主导，只能作为一种解决犯罪问题的补充，交叉在罪刑法定中适用。当加害人与被害人双方无法达到一致时，即当恢复性司法失败，需要强制性国家司法做出反应时，公共权力应当实施强制性的国家司法以最终解决犯罪问题，此时国家司法已演变成国家的义务，而不仅仅是国家的权力。刑事和解与国家司法两者完全可以在一个刑事司法体系中共生共存，互相弥补。在国家司法过程中，理论上在公权力介入的每一个阶段都可以进行刑事和解，即在立案、侦查、起诉、审判、执行的任何一个诉讼阶段，《刑事诉讼法》均规定了侦查、起诉、审判阶段侦查员、检察官及法官都可首先进行调解，争取最后达成加害方与被害方的刑事和解。刑事和解的结果影响法官对犯罪人的定罪与量刑，目前这一制度在德国及其他西方国家已有很好的适用。

　　实践中刑事和解被扭曲地适用主要源于以下几个方面。一是源于公权力的威严以及百姓对公权力的崇拜与畏惧心理。当代表国家的检察官与法官处于被动评价考核的地位，其易于出于某种目的或动机如及时结案、完成指标等而将所谓的国家意志强加给当事人的一方或双方，后者违心同意和解建议，个人的自由意志被剥夺。这种公权力起主导作用，当事人处于被动地位的制度设计，不符合刑事和解的本意。二是来自被害人的误区。被害人对被告人漫天要价远远超出其能力所及，甚至还有其他苛求。这种情况下，即便形式上达成了刑事和解，被告人满足了被害人的要求，本质上也不符合刑事和解的真意，因为被害人对被告人没有内心深处的原谅。三是源于被告人急于摆脱困境的想法。被告人为了摆脱监狱生活的命运，避免身陷其中而若干年失去自由，希望通过刑事和解的方法直接达到自由的目的。无论怎样，监狱不是自由的人们所向往的地方，大多数人的想法是能不去则尽可能不去。四是来自社会的压力。司法机关本来可以适用刑事和解但不适用，其中一个理由就是社会上的质疑，由于人们对刑事和解存有误区，一旦司法机关适用，就有"花钱买刑"、"司法人员受贿"之嫌，司法机关出于省心省力不惹事的心态，较少地适用刑事和解。

　　4. 罪刑法定具有限制国家权力的终极性

　　国家如此强大，怎能保障其不侵犯每一个弱小公民的合法权益？世界各国的警察打人事件频频见于报端，国家代表机关经常对其公权力扩张性地使用，这一现象在法治国家、在严格法律规定的情况下依然不断发生。可见公权力难以被控制的本性经常化作行为，稍不留意，立刻暴露其狰狞的本来面目。国家代表机关的工作人员行使公权力，但必须限制其对国家权力的恣意与滥用，罪刑法定的终极性意义即在于此，其硬币的另一面是保障公民个人权利不受强大的公权力的侵犯与践踏。全球范围内绝大多数国家均规定了罪刑法定原则，这不仅仅保护了犯罪嫌疑人和被告人的合法权益，其带来的益处是保障国家中每一位公民的权益不受侵害。不可能所有的公民都成为罪犯，即使没有法律，也有人不会去犯罪，但有可能发生的是：守法公民也有成为犯罪嫌疑人或被告人的潜在危险，罪刑法定保护的是社会中的这部分人甚至可扩大到社会中的每一个人，它对立法与司法的限制其实就是对国家权力的恒久牵制。

　　如果罪刑法定能够永远限制国家权力的滥用，并最大限度地保护每一位公民的合法权益，那刑事和解为什么还会出现并有不断扩大适用的趋势？从犯罪是对国家秩序的侵犯到犯罪更多地是对个人、社区及全社会的侵犯这一犯罪观的改变，使得解决犯罪问题的主体、方式、手段等不断发生变化，从过去被害人毫无诉讼地位到被害人在解决犯罪的主体中占有一席之地，其主动性和积极性必须被积极调动并予以充分肯定。从报应正义到恢复正义，这是人类自身感情与理性博弈的结果，也是挑战自我的结果与选择。法律就是提供机会，让诸多可能性变为现实，让每一个人都有找好工作、上好大学的权利，至于是否能找到好工作，上北大、清华那样的顶级高校，则又取决于多种因素，如个人智商、努力程度、地域差异等等。正如游戏规则一样，即使有些规则不公平，也需共同讨论修改，但当下必须依此进行，否则，游戏无法进行下去。

二 刑事和解与罪责刑相适应原则

罪责刑相适应源于罪刑法定，两者都是资产阶级革命初期反封建确立的刑法基本原则。该原则在立法上完美地诠释了报应刑思想，其基本含义为：重罪重刑、轻罪轻刑、罪刑相称、罚当其罪。它是适应人们朴素的公平、公正意识的一种近代法律思想在刑法中的体现，阐述了罪与刑的基本关系，罪是因、刑是果，目的是实现一般预防及特殊预防。随着时代的发展，刑事法学走过刑事古典学派、刑事人类学派、刑事社会学派及刑事人道学派，[①] 罪责刑相适应也被不断地赋予新的内容，刑事和解也部分地体现了罪责刑相适应原则。

罪责刑相适应原则的具体要求体现在三个方面。一是立法上的罪与刑对等，这在极端的情况下做不到，比如死刑的不可分割性，故意杀一人手段残忍、后果严重是死刑，故意杀十人、一百人也是死刑，执行方式的人道化要求摒弃黑暗的中世纪所采取的惨不忍睹的行刑方式，因此在立法上只能部分地实现罪责刑相适应原则，而不可能全部实现。事实上不存在绝对的罪与刑相当，虽然有时需要清晰地列举出各种对应性，如制订犯罪的社会危害程度的宏观预测和遏制手段的总体规划，但不存在客观上的绝对对应。合理、合目的、合手段的刑罚体系、刑罚幅度及个罪的法定刑都是相对的，在此有一区间，供上下浮动，刑罚的尺度必须综合考虑客观行为

---

① 参见李卫红《刑事政策学》第 2 版，北京大学出版社，2018，第 27 页。

的危害性与主观恶性相结合后的整体社会危害程度，以及犯罪主体的人身
危险性即再次犯罪的可能性，刑罚既要与已然的犯罪性质、犯罪情节相适
应，还要与未然的犯罪人的人身危险性相适应。二是只有在司法上坚持罪
责刑相适应原则，这一原则才能真正实现。量刑比定罪对于犯罪嫌疑人而
言更为重要，当罪被法官明确后，刑的多少直接影响公正执法，法定刑的
幅度可以成为法官自由裁量的依据，从而出现同罪不同刑的情况。因此司
法应以最高人民法院的量刑指南为依据，实现司法上的刑与罪的均衡协
调。三是在行刑方面实现罪责刑相适应原则，这是刑事人类学派及社会学
派对古典学派的重大发展。这要求动态地考察犯罪人的人身危险程度的消
长变化情况，而不是静态地一成不变，在行刑过程中，应合理地运用减
刑、假释等制度，使得犯罪人被矫正后的人身危险性与最后的执行刑相
适应。

　　刑事古典学派的罪责刑相适应原则已受到挑战，刑事人类学派、社会
学派的理论出现后，刑罚执行制度一直在改革，如当下各国刑法典中大多
都有缓刑、减刑、假释等制度，更有刑罚个别化及法官自由裁量权的规
定。我国《刑法》第63条第2款规定："犯罪分子虽然不具有本法规定
的减轻处罚情节，但是根据案件的特殊情况，经最高人民法院核准，也可
以在法定刑以下判处刑罚。"对这一立法规定的最典型诠释是许霆案[①]，
一审宣判判处许霆无期徒刑，舆论哗然，当事人上诉，上级法院发回重审
后，改判5年有期徒刑。为什么会有差距如此巨大的结果，一者在于案件
事实，二者在于法律适用，本法条也起了至关重要的作用。这是刑事人类
学派及社会学派对罪责刑相适应原则的发展，即不仅仅看行为人客观上造
成的危害结果，更要考察行为人的主观恶性，许霆案事出有因，其中银行
方面的过错相对明显，从而减轻了行为人的主观过错，因此，二审处罚上
与一审相距甚远。

　　基于人道主义的刑事和解比基于实证哲学的人类学派及社会学派对罪
责刑相适应的推动作用更大，甚至有些"反叛"。因为其前提就是行为人

---

① 2006年4月21日（周五）晚，在广州打工的许霆以自己余额为176.97元的银行卡到某商业银行
　自动柜员机（ATM）取款，因ATM系统升级出现异常，许霆在当晚10时至次日凌晨约3小时内
　三次持续以该银行卡取款170次，取款174000元。2007年12月17日广州市中级人民法院以许霆
　犯盗窃罪判处无期徒刑。2008年3月31日广州市中级人民法院重审以后以许霆犯盗窃罪判处有
　期徒刑5年，并处罚金2万元。

认罪,这与传统经过正当程序确定行为人的行为构成犯罪不同,前提发生了改变。即使继续适用正当程序处罚行为人,其主观恶性及人身危险性更小,更需要从轻甚至减轻处罚,如果所犯罪行较轻,完全可以免除处罚。其"反叛"之处在于如果被害人完全谅解了加害人,有时甚至相同案件会有不同结果,即双方没有和解,被告人也许会承担相应刑罚的刑事责任,但如果双方和解,加害人只需要赔礼道歉、赔偿一定的损失而不需要受到刑罚制裁。这种"反叛"跳出了传统罪刑结构及诉讼程序,以另一种模式来解决犯罪问题。如果还以传统方式衡量,则一定会得出两种处理结果相矛盾的结论,以新思维、新方法处理犯罪问题,是人类的更大进步。

罪责刑相适应原则一是解决了在早期刑事和解萌芽阶段适用刑事和解的理论根据问题,即虽然加害人造成了客观危害,但其主观恶性及人身危险性尚轻,事后赔偿并得到被害人谅解是酌定处罚情节之一,因此,可以光明正大地适用。二是在真正实现刑事和解后,罪与刑不符合传统刑事古典学派当初的理论,但这种反叛是一种历史的选择,而且是必然的选择。刑事和解将罪责刑相适应原则提升到一个前所未有的高度,由于被害人等的介入因素,对于有些刑事案件而言,罪与刑可以不对应,而是使赔偿损失或经济补偿等民事化的责任与犯罪相对应,这种突破符合出罪与出刑的基本原理。

三 刑事和解与刑法面前人人平等原则

仍然有部分人将刑事古典学派对法律面前人人平等的理解,套用在刑事和解中,这种套用当然会得出人人不平等的结论。比如,相类似的案件可能由于加害人的经济状况不同做出差距极大的经济赔偿,甚至有的赔偿有的不赔偿,或者由于被害人的精神境界或经济状况不同而对加害人的要求也不同,同案不同结局,人们自然会据此得出法律面前人人不平等的结论。

刑事和解的刑事案件涉及两种人,一是加害人,另一是被害人。刑法面前人人平等,不仅仅指加害人,也应当包括被害人在刑法、刑事诉讼法面前人人平等。当下刑法面前人人平等的理念不同于刑事古典主义时期的原因在于,法律规定的内容发生了变化,法律赋予了加害人与被害人选择权，在这种选择权面前，人人享有平等的权利。法律为什么赋予加害人与被害人选择权呢？因为公民本来就有各自的刑罚权，当依社会契约论被国家收走并行使一段时间后，在适当的时候，国家认为应当将部分刑罚权交还给公民，这时加害人及被害人就有充分的选择权了，是否选择行使，完全是公民个人的事情。即便相似案件的加害人，一个行使，一个不行使，即一个刑事和解，另一个被判服刑，表面上看，刑法面前没有平等，但其背后恰恰是法律规定的平等，他们不同的选择结果说明了表象背后的实质——充分行使了法律赋予的选择权。如果贫富不均导致他们做出不同的选择，那也不是刑事法律的错，而是各种制度没有配备到位的结果，如可以设置刑事和解基金，让没有赔偿能力的人也有机会有可能选择刑事和解。

自近代发展起来的基于平等的人权观包含两个方面。一是自然权利观，它是从人性出发，把人权看成每个人针对所有其他人而拥有的普遍道德权利。它源于天赋人权，是启蒙思想在政治法律制度中的体现。二是政治性人权观，其主要针对在国际实践中的政治功能而言，把人权看成第二次世界大战结束以来，人们针对主权国家而拥有的新的权利。这种人权观最早由罗尔斯在 1999 年出版的《万民法》一书中提出，继而为查尔斯·贝茨和约瑟夫·拉兹等人所发展，从而有力地挑战了一直处于主导地位的自然权利观。自然权利观与政治性人权观二者之间并非完全的替代与被替代关系，而是具有很强的互补性，并且较为全面地说明了人权的属性。更可取的人权理论应是在结合二者优势的基础之上的综合性人权理论，这种人权观把人权理解为生活在现代性条件下的每个人，依据人的尊严而针对国家所拥有的普遍权利；反过来理解，这种权利既不可被他人侵犯，也不可被国家剥夺，同时国家有义务保障这些权利的实现。

当生而平等的人权观包含这两个层面的含义时，只需要国家提供给个人选择的自由，正如国家不能让每个人都有同样的生活态度、生活质量及生活水平一样，平等是机会的平等而不是结果的一样。任何国家、任何个人都不可能做到每个人都有同样的财富、同样的学历、同样的背景，但每个人都有获取更多财富、知识、能力的机会。表面看，刑事和解颠覆了古典学派的法律面前人人平等的理念，其实未必。关键是如何理解平等理念，平等是每个人在国家保护下的均等机会，人权不仅仅是自然权利，还是国家法律赋予的权利，任何个人、机关、团体甚至国家都不可剥夺这样的机会。

我们在适用刑事和解时，应当在具体操作上下功夫，避免出现"花钱买刑"现象。有些地方司法机关在办理刑事和解案件时，在程序上对和解现场同步录音录像，将和解现场的情况公正、合法地记录下来，为以后出现异议做好充分的准备，争议时可还原和解现场，通过影像资料重现办案过程，就像电视节目中的抢答题，当无法确定谁先谁后时，回放可以轻松地做出判断。有时也可让媒体记者、专家学者、社会各界监督，从而保障第三者的司法参与权和监督权。有些地方司法机关专门请律师、人民调解员参与刑事和解，对公安机关、人民检察院、人民法院的执法起到了约束作用。还有的地方利用高科技的成果，开发刑事和解办案软件系统，网上办案、接受监督，和解后报备接受抽检，重点案件检察机关要派人旁听，现场监督，从制度上杜绝人们担心的"花钱买刑"现象的发生，真正体现出这一制度的平等含义。总的来说，在刑事和解之内，可以全方位地体现立法与司法、实体与程序的平等。

第四节　刑事和解与刑事诉讼理念的关系

一　刑事和解与无罪推定的关系

无罪推定曾经在我国备受争议，其实它早已是一项为现代法治国家普遍认可和确立的刑事诉讼原则。以时间顺序来梳理一下这一原则在我国立法与司法制度中的发展过程，颇具意义。我国 1979 年的《刑事诉讼法》最早肯定了由无罪推定原则所引申的证明责任的分配规则，[①] 虽然本法没有明确规定无罪推定原则，但倒推可得出暗含其中的意思，司法可做出扩大解释。十年后的 1989 年 11 月 4 日，最高人民法院在《关于一审判决宣告无罪的公诉案件如何适用法律问题的批复》中指出："对于因主要事实

---

① 参见 1979 年《刑事诉讼法》第 32 条、第 100 条。

不清、证据不足、经多次退查后，检察院仍未查清犯罪事实，法院自己调查也无法查证清楚，不能认定被告人有罪的，可在判决书中说明情况后，直接宣告无罪。"这就比较明确地揭示了无罪推定的含义。在以后的立法中，1996年的《刑事诉讼法》第12条规定"未经人民法院依法判决，对任何人都不得确定有罪"，该规定被多数人认为是吸收了无罪推定原则中的众多合理因素，并得到了其精髓。与此相应，1996年的《刑事诉讼法》明确规定"法庭在证据不足、不能认定被告人有罪时，应当做出无罪判决"，即疑罪从无。① 不仅仅有基本规定，还有引申性的表述，综合起来完善并立体化了这一原则。2012年的《刑事诉讼法》沿袭了上述规定，并且更加精准地表述出来。权威学者认为，三项引申性规则源于无罪推定，即证明责任由控诉方承担（关于持有型犯罪有争议，如巨额财产来源不明罪、持有毒品罪等）、疑罪从无（疑罪从轻）和被指控人的沉默权。但是，疑罪从无原则从纸面落实到实践却非常困难。

　　当今刑事诉讼理论中占主导地位的是"不枉不纵"观念，俗称"既不冤枉一个好人，也不放走一个坏人"，即避免对无辜者定罪、确保对有罪者定罪。惩罚犯罪与保障人权、程序公正与实体公正在一般情况下可以并重，这也是我们的美好理想，问题是在两种价值取向发生冲突的情况下，如何平衡？第一，逻辑上言，矛盾的并重是否真的存在？总要有一优先，有一次之，即必须做出选择，即便英国曾发生倾向实体公正的情况，但其是一例外，大多案件中还是倾向于程序公正，两者必须选择其一时，不可同时兼有，或许正如一夫一妻制，配偶只能有一个，面对众多候选人只能取其一。第二，法治就是法律至高无上，给人明确的价值观及导向，人的操作才具有可能性，如果两个并重容易出现同案不同判的结果，有可能失去公平与公正，况且公平与公正的内涵因时代不同内容也不同。"不枉不纵"是人们的理想，操作上的标准一直存在偏差。只是单一地以司法裁判的结果来衡量，从而得出刑事司法制度优劣的结论，容易忽视程序这样一个过程（这一过程或枉或纵），当案件事实无法被证明时，即便是犯罪嫌疑人所为，也只能选择纵。将"不枉"和"不纵"放在同等重要的位置上加以考虑是可行的，但结果却做不到两者兼顾。表面上看，这种观念不偏不倚，符合中国人的思维与折中的做事方式，但在司法实践中却

---

① 参见1996年《刑事诉讼法》第162条。

容易陷入宁枉毋纵的结局。历史带给我们的重刑主义，观念上的"重打击轻保护"的思想，操作中的"重实体轻程序"的法律文化，都有可能导致"不纵"，而少了"不枉"，两者简单并重地共存基本不可能，它们是"熊掌"或"鱼翅"的关系，不可兼得。在案件的证明标准远远没达到时，司法人员从现有的证据判断案件就是犯罪嫌疑人所为，在起诉阶段"诉"还是"不诉"，争议不断，但"诉"与"不诉"不可能同时存在，只能单项选择。在司法实践中，当案件面临罪疑的状态时，法院也必须做出选择，不可能"从有"又"从无"，矛盾无法调和。"宁可错放，也不可错判"①的观点明确做出了选择，即人民法院应当做出"从无"的判决，这样一种选择是为了让无辜者获得保护，避免造成冤假错案，换言之，疑罪从无可有效阻止错案的发生。

无罪推定是在国家司法模式下必须遵循的基本原则，而刑事和解是加害人主动认罪，在没有经过审判机关宣布有罪之前就已经承认自己的犯罪事实，请求被害人原谅，并做出赔偿损失、赔礼道歉等替代刑罚的刑事责任承担方式。刑事和解与"正当程序"之间，表面看来，两者是一对矛盾，依本书观点，两者不在一个法律体系框架内，不像"从有"还是"从无"那样必须二选一，刑事和解与无罪推定原则是不同话语体系中的内容，各有领地，相互没有碰撞与摩擦。

无罪推定意味着未经法院审判，任何单位或个人不能对他人贴以罪犯的标签。与此相反，在刑事和解中，从案件一开始进入程序，只要加害人自己承认了犯罪事实，提供某些犯罪证据，他就是罪人。前提一样，即相同或相似犯罪事实的情况下，一个是程序中的无罪人，一个是程序中的有罪人，尤其是在共同犯罪中，两个责任等同的人只因为一个愿意刑事和解另一个不愿意刑事和解而要面临不同的责任承担与履行。这不仅仅挑战无罪推定原则，而且挑战刑法中的罪刑法定原则、罪责刑相适应原则、法律面前人人平等原则，其对上述原则的公然违背昭然若揭。在刑事和解中，根本没有严格证明这样一引申规则，它不需要这一规则，它更不需要无罪推定原则，因为在和解程序中，只要犯罪人认罪，其就是事实上的犯罪人，省却了公安司法人员进一步调查、收集证据来加以证明的程序。而按照以无罪推定原则为前提的证据法的要求，必须有完整的证据链条对应因

---

① 参见沈德咏《我们应当如何防范冤假错案》，《法治资讯》2013 年第 5 期。

果关系才能证明犯罪，口供与其他证据结合在一起，以形成符合证明标准的证据链条；如果没有被告人的口供，其他的物证、书证等形成的完整证据链条足以证明被告人的行为构成犯罪的，也可以依法认定其罪行。另外，在刑事和解中，对抗制度下的辩护原则也颇有"添足"之感，因为和解中的加害人是认罪，即诉说自己的罪行而不是为自己辩护，如果在和解程序中，犯罪人为自己的罪行辩护，不认罪不悔罪，还请律师为自己做无罪辩护或罪轻辩护，那样很可能被视为在和解的诚意上存在瑕疵。和解程序需要律师的参与，但不是为加害人辩护无罪或罪轻，而是阐明法条含义，分析双方利害关系，促成和解的达成。律师的角色也应当以减少对抗增加合作为目标，他们分别站在当事人的立场上并通过合作来澄清事实、解决纷争、互利互惠。

我们阐述过三种司法模式①，"加害人—被害人和解"模式不在传统刑事诉讼程序的层面进行，它实际上开启的是恢复性司法模式，从根本上不同于以国家为垄断司法的刑事诉讼的解纷模式。人们出于惯性思维，常常以已知衡量未知，以现有的逻辑层次按部就班地套用在新生事物上。传统的刑事程序设计，是以"诉讼"为主要参照。但"诉讼"不是"程序"的全部，它只是一种解决犯罪问题的程序或方法，却让不了解其他程序的人误以为"诉讼"与"程序"等同。其实，刑事诉讼程序不是唯一，也不是全部，在任何社会形态中都还有其他辅助方法可以解决犯罪问题，无论刑事诉讼程序的作用与效果如何，在历史上的进步意义有多大，它都是社会发展到一定阶段的产物，是主要的基本的程序，但绝不是唯一。恢复性司法模式不同于传统国家司法的"诉讼"模式，基本颠覆了既有的、以诉讼为基础的程序观念。我们不能在传统的国家司法的诉讼框架内论证、把握刑事和解，如果那样，它与正当程序之间的对立或许会永远存在。

无罪推定原则的宗旨在于，在整个追诉犯罪确立犯罪人刑事责任的过程中，立法与司法都在保障犯罪嫌疑人的基本人权不受公权力的侵犯。比如，出现在法庭上接受审判的被告人，在出庭前可以申请穿自己的衣服，而不穿号服，这是基于无罪推定原则所做出的巨大改变。当初不成文的做法是让被告人在看守所里穿号服，主要目的是区分在押人员和民警，以方

---

① 三种司法模式指：国家司法、协商性司法、恢复性司法。

便管理，提高效率，世界各国大体如此。无罪推定原则的另一附带功能是将实质的证明责任分配给公诉一方，像巨额财产来源不明等罪名，是不是举证责任倒置？不是。① 检察机关有证据证明被告人有巨额财产，还得通过正当途径证明被告人的合法收入及两者之间的差额。其实这就是控方履行了举证责任。被告人只行使举证权利，《刑事诉讼法》第 49 条规定控方承担举证责任。举证责任是指证明被告人有罪的举证责任，只能由控方承担，其他人不能承担。

显然，只有在刑事诉讼的过程中，人权保障、证明责任分配等才能充分发挥其机能与效用。在和解程序中也不存在严格的证明观念，或者说证明的对象、内容等有所不同。在某种意义上，证明只有在争议中、对抗中才有必要，即在双方面红耳赤各执一词、案件事实被描摹得模糊不清时，才需要证明案件事实到底是什么；而在一种协商性的纠纷解决程序中，证明已无必要性。因为，协商与和解不用证明什么，双方当事人所面对的是犯罪嫌疑人认可的、无可争议的犯罪事实，只需他们对解决问题的基本面达成共识，签订协议即可。证明在国家司法模式里之所以备受重视，是因为正式定罪涉及刑法规定的生命、自由、财产、资格的剥夺，那是每一个人的最基本权利，因而必须慎之又慎。但是，在刑事和解中，虽然也有诉讼意义上的正式定罪问题，但在证明要求上降低许多，关键是加害人直言犯罪事实，主动承认自己的所作所为。起点不同，所做的证明自然不同，甚至不需要司法机关去证明，也就不存在无罪推定。即只要达成刑事和解，就已不需要用无罪推定这一原则来保护犯罪嫌疑人的合法权益，而应在和解程序中贯彻刑事司法的另一原则即人道主义原则。

二 刑事和解与司法公正的关系

十八届三中全会在进一步深化司法体制改革的部署中，强调继续加快建设公正、高效、权威的社会主义司法制度，其中刑事司法最为关键，因为它是社会公正的最后一道防线，必须引起司法机关的足够重视。十八届四中全会通过的《中共中央关于全面推进依法治国若干重大

---

① 参见李秀娟《中国反腐败立法构建研究——以〈联合国反腐败公约〉为视角》，中国方正出版社，2007，第 202、203 页。

问题的决定》明确指出："公正是法治的生命线，司法公正对社会公正具有重要引领作用，司法不公对社会公正具有致命破坏作用。"公正是人类永恒的追求，从宏观到微观，从社会到个体，公正既是社会主义核心价值观之一，又是社会生活中每一个人面临相关事件时的真实感受与结果。司法公正是更为具体的公正，专指在司法领域中每一个当事人应当享有的待遇和结果，刑事司法公正则是司法公正的一部分，司法机关、犯罪嫌疑人、被告人、犯罪人、被害人、证人等，都在每个个案中追求着公平与正义的实现。

刑事司法公正包括程序公正和实体公正。现实生活中，人们大多关注实体公正更多一些，例如罪犯到底是死还是不死、牢底坐穿还是不坐穿，实体公正是当事人参与诉讼的终极性、目的性追求，但其有赖于刑事司法程序公正即诉讼过程的公正保障其实现。程序公正永远面临人权保障与社会保护的矛盾，但程序公正的精髓就在于人权保障。在刑事诉讼中，诉讼主体的职能决定其重点所在，公安机关着重在破案上，检察机关虽然具有法律监督的宪法定位，同时负有客观公正的法律义务，但在司法实践中更倾向于证实有罪。因而，如果没有辩护制度的保障，司法公正很难实现。在整个刑事诉讼中，表面上看，辩护律师不断在与公安机关、检察院"对着干"，尤其是检察机关自侦的反贪案件，反贪检察官们耗时数月、踏破铁鞋、历尽千辛万苦得来的有罪证据，在法庭上辩护律师用几句话在数分钟内就可能将其轻松否定，实在让公诉人恼火，有时甚至失去理性。

刑事和解的公正要求提出许多问题，例如，公安机关是否一定要立案侦查？检察机关是否一定要批捕、起诉？法院是否一定要审判？律师是否一定要参加辩护？当人权在法律的保障下通过自身即可实现，国家只是最后一道屏障保护，公正是否可以实现？在此，以律师辩护为例说明。

其实，律师也是法律职业共同体中不可缺少的一员。正是辩护方从事实和法律上提出有利于犯罪嫌疑人、被告人的意见，才能使公安机关、检察院特别是法院更全面、客观地认识案件，使案件得到公正处理。公检一家、律师一家、法院一家形成稳定的等边三角形结构，法院在顶角，公检和律师分别是两个底角，双方在对立统一中即在刑事诉讼的过程中充分表达不同意见，最后法院裁定。因此，在刑事诉讼过程中，只有辩方的充分参与，才能够使刑事司法的天平不倾斜，保持公平与公正的态势。辩护人的职责就是要为当事人服务，这是非常明确的职业分工，即便是替"坏人"说话，也是法律赋予的权利，具有正当性与合法性。当然，律师本身也要自觉遵守律师的职业道德，也要尊重法官、公诉人、侦查人员，使控、辩、审在诉讼中形成不同角色的合力，共同构建司法公正之大厦。

辩护制度是防止冤假错案的有力制度保障，同时也在客观上实现了实体与程序的公正。在司法实践中，绝大多数的冤假错案都错在事实不清、证据的证明标准不明上，如众所周知的佘祥林案、赵作海案以及呼格吉勒图案等。错误的产生往往是由于辩护律师的辩护力量薄弱或者辩护不到位，更多的是由于辩护意见没有引起司法机关足够的重视或者司法机关因片面的口号（如命案必破）或考核偏离职业规律而未采纳辩护意见，从而造成人死不能复生的不可挽回的错误。如果辩护人从有利于犯罪嫌疑人、被告人的角度去收集证据、分析问题，站在犯罪嫌疑人的立场上与控诉意见对立，无疑提高了对事实认定的准确性。例如，以福建的念斌案①为例，福建省高级人民法院虽然认定"事实不清、证据不足"，但没有根据"疑罪从无"判决念斌无罪，而是多次发回福州中级人民法院重审，历时8年从立案到终审判决，几经周折最终做出了无罪判决，其中辩护律师的作用至关重要。正是律师细致地调查、收集证据，在法庭上发表有理有据的辩护意见，针锋相对地指出了起诉书和原判决有罪证据所构建的证明体系的缺陷，最后促使福建省高级人民法院做出了指控犯罪证据不足的无罪裁判。

但在适用刑事和解中的恢复性司法程序时，"辩护"已不重要，即辩护已没有多大的用武之地。辩护在国家司法模式中基于对抗性的纠纷解决程序才有了充分发挥的空间。即便犯罪人十恶不赦，每一个刑事案件中的他们犯罪后都是弱小的犯罪嫌疑人，被告人面对强大的国家机器显得无能为力，因此国家会设置辩护权，不管是什么样的诉讼结构，辩护权与国家的诉讼权相抗衡，平衡诉讼局面，构成稳定的法官、检察官、律师这一三角结构。在刑事和解程序中，从争斗与对抗转化到协商和对话，在适用恢复性司法程序的过程中，律师为当事人辩护的意义已然改变，所强调的或许是另一种意义上的"辩护"，即当双方有误解时，律师出面，澄清案件

---

① 2006年7月27日夜，福建省平潭县澳前镇澳前村多人中毒，两名儿童经抢救无效死亡。平潭警方认定是邻居念斌投药所致。该案历时8年10次开庭审判，4次被判处死刑立即执行。幸运的是，最高人民法院没核准。2014年8月22日，福建省高级人民法院终审宣判念斌无罪。2014年9月，平潭公安局基于"新证据"，再次将念斌列为嫌疑人。

的事实，说明当时双方真实的内心感受及主观心态，这一过程难免有解释、澄清甚至争辩，但它不是辩护无罪或罪轻，为自己开脱责任。介入刑事和解中的律师，应当改变过去的角色意识，更多地提供法律知识，而不是站在一方当事人的立场上与另一方争个非此即彼，维护当事人权利的方式是合作而非对抗，尽量地促成当事人之间的相互妥协，这样有利于和解的达成。

　　刑事和解中的公正更多地体现在当事人的感受中。它依然与传统的报应公正不同，而是恢复公正，只要被害人、加害人双方面对犯罪事实所带来的伤害与侵犯，可以慢慢平复并重拾生活的信心和勇气，回到从前状态，即可认为实现了某种意义上的公正。于他人和社会而言，这也是最好的效果。当惩罚不再主宰我们内心的公正标准时，司法将有另一种公正的实现方式。目前，对于轻微的刑事案件可以由当事人自行解决，即便进入诉讼程序，也应当体现当事人的主体资格，因为他们的意志影响最后的判决。

三　刑事和解与审判中心的关系

　　十八届四中全会的《决定》提出要"推进以审判为中心的诉讼制度改革"，学者们对此进行了深入的研究①，对于以审判为中心的刑事诉讼改革具有积极的推进意义。

　　"以审判为中心"，诉讼理论界称之为审判中心主义，其是与侦查中心主义相对而言的。其意所指应有三个方面。一是在刑事诉讼的所有阶段，只有审判才可最终确定争议中的罪与非罪、此罪与彼罪，以及行为人的刑事责任的有无和大小。即只有经过审判才能对被追诉人定罪量刑，审判在实现刑事诉讼惩罚犯罪的任务方面具有终局性的关键作用。二是庭审是审判中的决定性环节。公开审理与不公开审理的所有案件，在庭审中，刑事诉讼各项基本原则均应得到最为充分的体现，当事人的诉讼权利也得

---

① 　参见朱陈光中《推进"以审判为中心"改革的几个问题》，《人民法院报》2015 年 1 月 21 日，第 005 版；参见朱孝清《略论"以审判为中心"》，《人民检察》2015 年第 1 期；参见管纪尧《从三个层面推进审判中心主义》，《人民法院报》2015 年 2 月 15 日，第 002 版；参见顾永忠《"以审判为中心"是对"分工负责、互相配合、互相制约"的重大创新和发展》，《人民法院报》2015 年 9 月 2 日，第 005 版；等等。

到了最为充分的行使。庭审要真正成为审判的决定性环节，就必须防范"庭审以前"以及"庭审以外"的活动架空庭审，使庭审流于形式。三是庭审应当努力实现集中审理。集中审理原则是指审判程序应尽可能地一气呵成，直到辩论终结不中断。法庭集中审理使得所有的事实、证据和法律观点能够在庭审中一并提出，以求保证法庭依据当庭审理所获得的新鲜材料形成内心确信，进而做出公正的裁判。正如十八届四中全会《决定》指出的，要"保证庭审在查明事实、认定证据、保证诉权、公正裁判中发挥决定性作用"。[①]

实践中由于没有以审判为中心导致大量冤假错案的发生，念斌案就是一典型案例。侦查机关不求甚解，办案相对较为粗糙，在现场的勘验检查、物证的提取和鉴定都被辩护律师发现了不少疑点的情况下，依然起诉、审判长达 8 年之久，福建省高级人民法院最终以事实不清、证据不足为由宣判念斌无罪。以审判为中心的司法机制，有利于倒逼侦查机关加强证据的收集，提升执法的规范性，提高办案质量，确保侦查、审查起诉的案件事实证据经得起法庭上质证、认证的检验，从而发挥审判守护公正的作用，更严密地防范冤假错案的发生。司法权力在三机关之间博弈，司法生态决定了被告人权益保障的程度。

以审判为中心的终极目的是实现个案的公平与公正，但审判为中心的含义并不是每一个个案都要经历审判阶段，大量的刑事案件如果都要经过审判，则任何一个国家的法院都无法承受巨大的工作量，而且也无必要。简化程序是其中的办法之一，目前在北京基层院试点运行的速裁程序可以大大缓解法官的工作压力，其中的刑事和解是非常重要的一种解决轻罪案件的方法。它与以审判为中心并不矛盾。大多情况下，两者适用的案件不同，以审判为中心即以庭审为中心的案件一般都以重大、疑难、复杂案件居多，而刑事和解的案件一般都是较小、简单，即便是死刑案件适用刑事和解，也与简单的小案适用不同。

以审判为中心与刑事案件分流并不矛盾，而且只有做到后者才能实现前者。以审判为中心强调在实体意义上定罪权属于法院，其他机关无权决定被告人是否有罪。但这并非不顾刑事案件的复杂多样性而盲目地对每一案件都投入等量的司法资源，使其都必须进入审判阶段，由人民法院依法

---

① 参见陈光中、魏晓娜《论我国司法体制的现代化改革》，《中国法学》2015 年第 1 期。

判决才能了结。对于可以和解的轻微刑事案件，允许当事人自由协商并经司法机关确认后决定案件的流向，这也在一定程度上缓解了法院目前"案多人少"的压力，对刑事案件进行分流，不仅有利于节约司法资源，还使得法院有更多的精力投入重大刑事案件的审理之中。既重视审判的实质性地位，又正确地对刑事案件繁简分流，两者相制衡而发展。

狭义的刑事程序分流即刑事审前程序分流，一般采用警告、轻罪处分、暂缓起诉和不起诉等方式进行；广义上的刑事程序分流，主要指简易程序、辩诉交易等形式。比较法研究表明，全球范围内，在实行审判中心主义的英美法系和大陆法系国家，在办理刑事案件时采用多元化的分流机制，绝大部分刑事案件都通过辩诉交易、审前处理措施等方式处理，没有进入正式的庭审程序，提倡效率优于报应正义。同时，以审判为中心并不否定审前程序的重要性，而是集中精力重点攻破大案、要案、难案。审前的妥善分流是对以审判为中心的诉讼制度的重要补充。

刑事和解案件在诉讼不同阶段也可以实现案件分流。《刑事诉讼法》第 279 条规定："对于达成和解协议的案件，公安机关可以向人民检察院提出从宽处理的建议。人民检察院可以向人民法院提出从宽处罚的建议；对于犯罪情节轻微，不需要判处刑罚的，可以做出不起诉的决定。人民法院可以依法对被告人从宽处罚。"由此可以得知，对于刑事和解等轻微刑事案件，公安机关、人民检察院和人民法院都有一定的处理权限，人民检察院甚至还可以做出不起诉决定终结刑事诉讼活动，这在一定程度上体现了刑事案件的分流。

上述分流以功利主义哲学、人道主义哲学为根基，以效率原则、人道原则为标准衡量，部分刑事案件分流后，以审判为中心的刑事诉讼更能充分实现公平与正义。

四　刑事和解与化解社会矛盾促进社会和谐的关系

对于"和谐"，我们可以从不同的角度来理解。从根本上说，它是事物、关系等在其发展过程中表现出来的协调、完整和合乎规律的存在状态。大自然的和谐是天然形成的，而社会也本应处于和谐状态，即国家、单位、个人之间以及内部相互之间和平共处的形态，即便有冲突发生，也能很好地将冲突化解，重新回到平和状态。任何一个社会任何一个时代，在社会群体内部一定会有冲突，那些宏观上的因意识形态与利益分配而产生的不可调和的矛盾、精英层面与社会底层之间的矛盾，属于国家社会政策或公共政策调整的范围；刑事和解只在犯罪的个人层面解决具体的冲突，但它可以影响国家、社会层面的和谐。就中国目前社会不和谐的最主要症状来说，当务之急应为进一步实施社会主义民主和法治来促进国家-社会关系的和谐。

犯罪会存于人类社会的始终，而至今为止的刑事诉讼过程，就是因犯罪受到侵犯以及由此产生纠纷的双方通过国家刑事诉讼解决纠纷的过程。但当诉讼被过度适用于纠纷的解决时，各种当事人权利的匹配、司法机关的不堪重负，不仅仅易导致被害人第二次受侵犯，而且还会出现诉讼迟延、诉讼成本过高等问题，从发展的角度看，投入司法的资源无法与诉讼量增长的速度相适应也是一直存在的问题。纠纷解决方式本应多种多样，至今刑事诉讼是最具强制力的一种，但对抗制诉讼模式决定了被告人与被害人的对立与紧张不断扩大，在争议中感情受损、理性丧失，实在是弊多利少，这样的诉讼制度一直处在人们不断的审视与评价考量中。

源于西方的恢复性司法实际上已为我国所借鉴，只不过我国的《刑事诉讼法》将其规定为刑事和解。即使在刑事诉讼框架内，刑事和解也注入了当事人主体的内涵。它可以解决因当事人过度对抗而导致的诉讼拖延、被害人权利得不到充分考虑与保障、诉讼成本高昂的弊病，形成一个优势互补的纠纷解决机制。这种纠纷解决机制，可以促进社会的和谐，一是有利于解决问题的和谐过程，二是有利于问题解决后的和谐结果。

（一）过程和谐

过程从对抗到协商，目标从对立到一致，刑事和解改变了传统解决犯罪问题的程序。协商过程可以消除被害人与加害人的对立和敌视情绪：犯罪人真诚地道歉和悔过；犯罪人和被害人之间的关系得到了修复、改善；被害人诉讼地位得到提高，被害人受到伤害后应当享有话语权、控制权，但其可以与犯罪人和解，作为和解的一方，更好地实现自己的利益，以后更好地生活。这一程序对部分案件而言有助于节约刑事司法资源；当然，对于达不成和解的案件，有可能更浪费司法资源，但这种浪费是国家的一种必要付出，相对于提升当事人的地位、观念及制度的进步，这种付出的代价会得到更大的补偿，换来社会更加和谐。

司法机关在办理刑事和解案件时，做了很多努力。"有些地方检察院，在适用刑事和解办理具体案件中，如果拟作不起诉，不但需经承办人提出全面的审查意见，经科室相关人员进行充分的讨论后，报分管领导审批，案件管理中心同意等程序，还规定要召开公开审查听证会议，邀请部分人大代表、政协委员、人民监督员、社区群众及侦查机关办案人员代表参会，在会上听取承办人对案件情况的汇报、双方当事人意见后发表对本案的监督意见，意见将作为检委会讨论该案件的重要依据，进一步提升刑事和解案件处理决定的公信力"① 及公正性。

许多地方检察院在刑事和解程序启动后，还有各种各样的超出正当程序范畴的做法，主要是为了保障刑事和解程序的公平公正，并具有针对性、有效性，从而在既有共性又有个性的复杂情况下，游刃有余地解决犯罪问题。例如"要求承办人走访了解双方当事人的父母状况、生活环境、成长背景、性格特点等方面情况，并写成书面调查报告，供在调解中参考，以期做到对症下药，为提高刑事和解的成功率打下基础。检察机关还注重与司法局、公安局、法院的联系协调，在法律共同体下完善相关协调工作机制，形成工作合力，共同完善工作方法。在审查起诉环节，犯罪嫌疑人通过认罪悔过、赔礼道歉、赔偿损失、定期看望被害人等方式得到被害人的真正谅解，双方达成和解协议后一次或分期履行，被害人要求或者同意人民检察院对犯罪嫌疑人做出从宽处理的决定，人民检察院依法对犯罪嫌疑人以从宽处理的方式结案"。②

刑事和解具备程序分流的功能，大案、要案、疑难案件以审判为中心在法院阶段彻底解决问题，而对于可以刑事和解的案件，在无须经过审判阶段就可从宽处理犯罪人的情况下，完全可以节约诉讼资源，提高诉讼效率。成功的刑事和解，在犯罪情节较轻，或通常可能刑罚较轻的情况下，可以终止正当程序。目前在侦查阶段，公安部的司法解释规定不能撤销案件，但也为下一程序做好了刑事和解并最终影响量刑的准备。刑事和解后，公诉阶段的不起诉，审判阶段的终止审理或从轻、减轻处罚，使得大量案件在审前就被分流出来，司法资源得以被高效利用。刑事和解在处理

---

① 参见周以明、杨彰立、李宏波《我省检察机关积极开展刑事和解促社会和谐》，《贵州日报》2013 年 11 月 14 日，第 4 版。

② 参见周以明、杨彰立、李宏波《我省检察机关积极开展刑事和解促社会和谐》，《贵州日报》2013 年 11 月 14 日，第 4 版。

公正与效率的矛盾方面，具有传统的刑事诉讼程序所不及的功能。

刑事和解的广泛适用，意味着传统政治意识形态内容的改变，权力话语权将在一定程度上被抑制，而法律、权利话语权已经在慢慢形成，加害人与被害人在解决犯罪的过程中更具有主动性，社会第三方也可适当介入，心平气和的协商过程胜于双方的对立与对决。

（二）结果和谐

刑事和解的结果之一是补偿被害人所受到的损失，使其尽快恢复平静心态和安宁生活。对被害人心理上的抚慰及物质上的关照，使个人或家庭的损失减至最低，获取最大的补偿，被害人的满意感和安全感得以增加，被害人及其家庭可以最快地融入社会，促进社会和谐。同时，被害人对和解结果满意，他内心平和后不会起报复之心，因此潜在的犯罪也就不会发生。

刑事和解最大限度地避免短期自由刑的适用。学者们充分论证了短期自由刑的弊端：服刑人员之间有可能相互"交叉感染"，他们之间切磋犯罪技能、提升犯罪手段等已成为危害社会稳定的严重隐患；改造犯人及关押场所已成为国家财政的沉重负担，世界各国都面临这一严重问题，一方面纳税者怨声载道，浪费资源，另一方面服刑人越来越多而导致监狱人满为患，处遇日渐恶化；犯罪人出狱后无法适应开放的社会生活，他们长期被捆住手脚、被禁锢自由，一旦被松绑就会处于无所适从的状态，整天无所事事、惹是生非，然后"再进宫"、"三进宫"、"四进宫"等。刑事和解以监狱外承担刑事责任的方式，如赔礼道歉、赔偿损失、社区服务等代替短期自由刑的适用，从而有效地避免了短期自由刑的适用所带来的种种后患，如避免了犯罪人被贴上犯罪的标签，使犯罪人更快地复归社会过正常人的生活。总的来说，刑事和解可以更好地实现控制犯罪、预防犯罪的功能。

刑事和解有利于化解社会矛盾，促进社会和谐。刑事和解的过程，是犯罪嫌疑人（被告人）与被害人互动的过程，有些案件还有社会第三方介入。被告人、被害人与你、我、他一样，作为社会生活的普通个体，最关心的是个人利益，不能要求每个人都道德至上，关心好自己才能关心他人，如果自己不能很好地生活下去，无疑给社会增添了许多负担。他们大多数人不熟悉法律，规范意识相对薄弱，但从另一角度看或许这对于和解也是非常有利的一面，可以使他们在交流中更多地注入情感因素，让人与人之间本应具有的丰富情感及同类怜悯之心被唤醒，从而有助于刑事和解的实现，促进社会和谐。犯罪嫌疑人或者被告人与被害人达成谅解，签订赔偿协议并坚决履行，过程中双方都有做人的尊严，犯罪嫌疑人勇于承担责任，被害人宽宏大量并可快速恢复到犯罪前的生活状态，被犯罪破坏的人际关系及社会关系得以修复。

第二章 刑事和解的变迁

"人们普遍相信，对待政治学真正科学的或哲学的态度，和对一般意义上的社会生活更深刻的理解，必定建立在对历史的沉思和阐释的基础之上。"① 对待刑事和解亦如此。

第一节 古今刑事和解的不同②

人类有追溯本源的本能和智慧，刑事和解的源头究竟在哪里？某一制度的历史是一脉相承，还是中间被隔断并发生变异？中国古代有和合文化，有"刑事和解"，其终极性之一在于行为人没有被判刑，比如，行为人犯罪后未被投放到监狱，而是双方握手言和，甚至更夸张一些地说，有的从此以后相亲相爱。③ 中国古代的刑事和解与中国当代的刑事和解是否具有传承性，是同一内容还是差异巨大？两者是否有着天壤之别？古代原汁原味的刑事和解，早已被换汤换药，与现代刑事和解的差异性远远大于共同性。

一 古代刑事和解的内容

从《法经》到《大清新刑律》，中国封建社会的法律中没有明确的关

---

① 参见〔英〕卡尔·波普尔《开放社会及其敌人》，郑一明等译，中国社会科学出版社，1999，第25页。

② 本部分的主要内容已发表在《中国青年政治学院学报》2013年第2期，题目是"殊途异归：古今刑事和解"。

③ 参见葛琳《中国古代刑事和解探析》，载陈光中主编《刑事司法论坛》第1辑，中国人民公安大学出版社，2008。

于刑事和解的规定，只有元朝《大元通制》规定："诸戏伤人命，自愿休和者听。"① 另外，还有北魏昭成建国二年下令："民相杀者，听与死者家马牛四十九头，及送葬器物以平之。"② 有学者以大量案例证明了我国古代存在刑事和解。③

中国古代自春秋以来就有"礼""法"之辩，直到汉朝确立了"礼治"的治国之本。中国的"礼治"与西方传统的"法治"不同，由于中国漫长的封建社会一直处于农业社会阶段，且地理位置不易被外族入侵，虽朝代更替，但文化一直传承，世界上没有任何一个国家和民族能有如此长久不断的文明。"礼治"强调人情的核心作用，强化道德的功能，统治者的道德表率作用重于立法建制。法制是为统治者的专制服务的，设法立制的最终目的在于建立和谐社会，孔子云："导之以政，齐之以刑，民免而无耻；导之以德，齐之以礼，有耻且格"。礼治的特征是由内而外，由里而及表，力图治本而不仅仅治标。西方的法治是由外而内、由表及里，以法律规范人们的行为，将道德束之高阁。

"无讼"不仅是孔子的理想，而且也是当时及以后很长一段时间中国社会的共识。先秦诸子各家虽持不同政治主张，但在无法而治这一点上几乎不谋而合，法家将"去刑"作为法律的最终目的。道家主张顺应自然、无为而治，逻辑上对严刑峻法的反对自不待言。道家认为，"为无为，则无不治"，在老子看来，最理想的治国方法就是"无为"，进而能达到"无为而治"："我无为而民自化，我好静而民自正，我无事而民自富，我无欲而民自朴。"④《老子》认为，统治者应当装"柔弱"，不与人争，以求天下无敌。"夫唯不争，故天下莫能与之争。"⑤ 古人对法律的排斥从里到外，认为文明人不需要法律，那是对蛮人及大奸大恶之人的治理方法，法与暴政相辅相成，"法治"简直就是暴政的标志。古人的理想社会是人人皆道德、人人皆正义，既无标杆可树，也无法律规范的必要。

---

① 参见《元史·刑法志》。
② 参见《魏书·刑法志》
③ 参见葛琳《中国古代刑事和解探析》，载陈光中主编《刑事司法论坛》第 1 辑，中国人民公安大学出版社，2008。
④ 参见《老子》第五十七章。
⑤ 参见《老子》第二十二章。

有学者在其著作中专章梳理中国古代的刑事和解[1]，本书在此不赘述具体内容，只做以下比较，说明古代刑事和解与现代刑事和解的不同。

二 蕴含的观念不同

平等是近代以来的普世价值观之一，如果在此以平等为例进行比较，则中国古代刑事和解与当代刑事和解蕴含着不同的价值观。中国古代社会的不平等与当代刑事和解要求的每一主体之间的平等，决定了这一制度古今完全不同的内涵。

"中国传统文化对世界的认识即为阳主阴从。这一观念的核心是，世界本质上是道，道由阴阳构成，阴与阳的关系是阴阳结合、阳主阴从，这就是道。用现代话说，即是事物构成的原理"[2]。《温公家范》卷八《妻上》曰："夫妇之际，人道之大伦也。礼之用，唯婚姻为兢兢。夫乐调而四时和，阴阳之变，万物之统也……夫天也，妻地也。夫日也，妻月也。夫阳也，妻阴也。天尊而处上，地卑而处下。日无盈亏，月有圆缺。阳唱而生物，阴和而成物。故妇人专以柔顺为德，不以强辩为美也。"这就是夫与妻的关系。《唐律疏议》"序"所说的，"德礼为政教之本，刑罚为政教之用，两者犹昏晓阳秋相须而成者也"，言简意赅地揭示了德主刑辅与阳主阴从的关系。

从另外一个角度审视，小农经济孕育了平均主义思想，中国人追求的是贫富均衡或者没有贫富差距的理想社会的平均观，它与现代法治社会的平等精神完全不是一回事。现代法治意义上的平等是生存与发展起点的平等和机会实现过程本身的平等及结局的平等。但平等不是相同，任何国家、社会都不可能做到人人等同，由于个体之间存在着差异，即使一次性等同后，新的差异又会出现。

除此以外，自由、公正、宽容与宽恕等也是当代刑事和解蕴含的价值理念，而这些在古代刑事和解中却没有体现，其中较为典型的是宽恕理念。如中国古人"杀父之仇不共戴天"的理念传承至今，从而形成思维定式。

---

① 参见葛琳《刑事和解研究》，中国人民公安大学出版社，2008，第 82~106 页。
② 参见冯友兰《中国哲学简史》，北京大学出版社，1996，第 142~153 页。

三　社会政治制度不同

1. 政治与法律

在奴隶社会、封建社会，法律没有独立的价值，一直为政治服务，资产阶级革命后，法律的独立价值日趋明显。社会中的任何人都希望得到公平公正的对待，且生活在国泰民安的时代。中国古代对"和谐"、"无讼"的追求，大多体现在统治者身上。有学者认为，"中国古代调解制度的理论基础，奠定于先秦诸子的学说。读先秦诸子书，我们可以体会到，儒墨道法虽然在治国的策略方针上有所不同，甚至对立，但是对和谐的追求却是一致的。儒家的大同理想、墨家的尚同主张、道家的道法自然、法家的以刑去刑等思想，都体现了对社会稳定、和谐的追求。这一教诲在汉代以后几乎成为为官者的座右铭。无讼是古代社会治理的最高境界。"①

2. 人治与法治

在中国几千年的专制制度之下，法律沦为工具为统治者所用。虽然古代有以商鞅为代表的"法家"，其学说是"以法为治"，但这里的"法"也与近代以后资产阶级的法治不同，其意为专制官僚政治之"吏道"的主要规范、机制与安排，从其操作的层面看，就是君主专制与严刑峻法的结合。中国古代刑法典，从《法经》、《秦律》到《唐律》、《大清新刑律》，都有对犯罪及相对应的刑罚制裁措施的规定，但这不是罪刑法定。原因在于那个时代不具有自由、平等、博爱、公平、正义、人道等诸多价值理念以及诸多的启蒙思想和启蒙理论，同样的道理，我国古代的刑事和解也不具有现代刑事和解的意蕴。虽是同一用语但内涵不同，那种建立在皇权、族权、父权等"人治"基础上的刑事和解与建立在公民个人自治权等"法治"基础上的刑事和解具有本质上的差异。

3. 公权与私权

几千年来，在中国古老的封建制度中，国家本位、社会本位以堂而皇之的名义牺牲着部分个人的利益。法治国家的标准之一就是保护每一个人的合法权益。特权总是以为大多数人谋取最大利益为借口，其根本还是为了满足某个公权在手的个人的私欲及其价值的实现。刑事和解的运作过程

---

① 参见曾宪义《关于中国传统调解制度的若干问题研究》，《中国法学》2009年第4期。

应尽量摆脱公权力的附着，以人道主义为起点和归宿。

第二节　殊途同归的外国刑事和解

一　对国外刑事和解的梳理

全球各国都在不遗余力地改革诉讼制度，但面对风险社会、价值多元、个性扩张的现实，任何一种单独的诉讼程序都难以在公正与效率之间找到平衡。特别是在当下社会剧变的转型时期，多元化的社会价值赋予"公平"、"正义"、"权利""权力"、"犯罪观"、"刑罚观"等传统概念以丰富的内涵，当事人可以通过不同的诉讼动机追求不同的程序利益。根据刑事犯罪的性质和繁简设置多种不同程序，并赋予当事人程序选择权，这种做法已被各国刑事程序立法所普遍接受。其目的在于减轻诉讼制度的压力，促进纠纷解决机制合理化、多元化发展。对抗还是对话，单一价值还是多元并存，胜负决斗还是双赢局面，刑事程序为人们提供了多种选择。越来越多的人认识到，解决犯罪问题不仅仅只有刑罚及刑事诉讼，打开思路，或许天地更加广阔。

西方社会的刑事和解是恢复性司法名下的一种过程与结果。西方国家更强调程序，英美法系的犯罪构成就是程序与实体的结合，他们的研究领域集中于如何实现刑事和解，即恢复性司法。笔者认为，恢复性司法不过是刑事和解的程序而已，这也是自近代以来，实体处置措施的实现必须要通过正当程序的必然结果，否则就与法治精神背道而驰。在 20 世纪六七十年代的北美，少年司法系统开启了被害人和加害人之间的刑事调解程序的先河。1974 年，在加拿大安大略省的基切纳市启动了第一个被害人与加害者和解计划。[①] 正如霍华德·泽尔所说的那样，"在 20 世纪 80 年代，恢复性司法的现代领域是作为小策略开始的，这是一小部分怀有以不同方式从事司法活动的梦想的人努力的结果。它源自实践和实验，而不是空

---

① 参见〔美〕霍华德·泽尔《恢复性司法》，章其、闫刚、徐青果、钟连福译，载王平主编《恢复性司法论坛》，群众出版社，2005，第 373 页。

想。其理论和概念是后来总结的。"① 如今笔者对于刑事和解与恢复性司法关系的说明也是基于后来的总结。

20 世纪 90 年代，少一些对抗，多一些协同被更多的国家所接受。恢复性司法被广泛追捧，"到 20 世纪 90 年代末期，欧洲共出现了 500 多个恢复性司法计划，北美共有 300 多个恢复性司法计划，类似的计划在全世界范围内数目超过 1000 个。"② "根据总部设在美国的被害犯罪人调解协会提供的资料，自 1990 年以来，世界范围内的被害人-犯罪人调解计划增长了 8 倍，已经超过 1200 多个。"③ 英国也有恢复性司法，并已进入刑事司法的主流。

二　德国的刑事和解

（一）适用类型

基本与其他发达国家同步，德国学术界将恢复性司法作为研究的对象始于 20 世纪 80 年代初期，并很快取得了相当的成就。伴随着理论深入地研究，恢复性司法的实践也于 80 年代中期开始试行。从系统的分类看，恢复性司法的应用可以区分为两种不同的类型。第一，被害人与犯罪人之间的相互妥协，这是真正意义上的刑事和解。一般由调解员组织进行，虽然称为调解，但结果是和解，强调过程，也注重结果。第二，在国家司法体系内的其他形式的恢复性活动，通过自愿弥补，或者由检察官令、法官令规定的支付行为等来实现恢复性理念。

（二）法律规定

德国恢复性司法的相关法律规定可以在《刑法》和《青少年法院法》中找到，两部法律都对刑事调解给出了法律上的定义，据此，犯罪嫌疑人"必须努力与受害人达成和解协议"，其主动性与直接性是进行调解的充分条件。更为重要的是，德国人更注重实体结果，而不像英美法系国家更注重程序。德国法律没有硬性规定双方当事人必须面对面接触，直接调解

---

① 参见〔美〕霍华德·泽尔《恢复性司法》，章其、闫刚、徐青果、钟连福译，载王平主编《恢复性司法论坛》，群众出版社，2005，第 400 页。
② 2003 年统计数字。
③ 参见〔美〕霍华德·泽尔《恢复性司法》，章其、闫刚、徐青果、钟连福译，载王平主编《恢复性司法论坛》，群众出版社，2005。

和间接调解均在法律允许的范畴内，见面与不见面人都在那里，结果也会在那里。尤其是在成人案件中，法律没有规定调解员应当介入，私下和解也为法律所允许，甚至更为鼓励。同样，如果双方已协商和解，则不必向检察官或法官事先请求许可。

在德国，刑事和解也被作为一种实体上解决犯罪问题的方法。其也属于赔偿减刑，1990 年被引入未成年人犯罪惩戒法中时也被当成刑罚的一种转处形式来看待。自 1994 年以来，如果被告人（犯罪人）已经对被害人进行了赔偿，或至少在审判前诚实地表明他将对被害人进行赔偿，法院可以减轻对犯罪人的刑罚，判处其缓刑，对于最高刑为一年监禁或仅处罚金的犯罪，则尽量减少刑罚的适用。这些做法相当于我国刑事和解前的"赔偿减刑"，这一制度对犯罪嫌疑人尤其是未成年犯罪嫌疑人给予了更多、更大的空间，以减少他们的狱内生涯。

德国 1999 年的改革把恢复性司法融入刑事诉讼程序，这比中国的正式立法早 13 年。德国 1999 年的改革举措包括，提高诉讼检察官和法官进行恢复性司法的意识，他们有义务在刑事案件侦查和审判程序的任何阶段，即所有刑事诉讼阶段审查当事人之间是否存在和解的可能，如果确有可能，他们应当移交案件。德国的恢复性司法践行者们意识到只有实体的规定不足以解决问题，还需要程序相配套。

（三）一体化的国家司法与恢复性司法

依据现行德国刑法第 12 条的规定："重罪是指最低以 1 年或者 1 年以上的自由刑相威吓的违法行为"。在重罪情形下，可适用刑事和解减轻刑罚，但法官不能不判处刑罚，即重罪不可逃脱刑罚。联邦上诉法院的判决经常强调说，没有哪种特定的犯罪被排除在恢复性司法之外，因此恢复性司法是可以适用于重罪的。

德国作为发达国家，在恢复性司法的适用范围上规定得相当宽泛，具有相对完善的法律框架。刑事和解作为恢复性司法的一种，在德国最初是作为青少年司法的一种手段发展起来的，正如许多制度都起源于少年司法一样。而在其他国家其是作为一种诉讼程序发展起来的，到现在普遍适用。目前，恢复性司法已被引入整个刑法制度中，为了实现刑事和解，恢复性司法与国家司法日益融为一体。

三　美国的刑事和解

（一）狱外恢复性司法方案

美国的恢复性司法方案大部分针对的是非暴力的财产犯罪及轻微的刑事案件。和其他国家一样，美国大多数的恢复性方案是在监狱外进行的。这主要是因为：第一，如果加害人不在监狱，则其更易于将功补过；第二，恢复性司法往往以社区为基础，这就意味着恢复性司法方案是以社区中的受害人与加害人为对象的。第三，决策者希望恢复性司法方案能够缓解法院、监狱人满为患的压力。如果对加害人使用恢复性司法方案而不是将其关进监狱，法院及监狱人满为患的状况将得到改善。尽管如此，仍不断有人进行着以下尝试：如何将恢复性司法适用于监狱以及是否有可能构建恢复性的监狱管理体制——完全以恢复的原则和价值为基础的管理机制。

（二）狱内恢复性司法

"回归之路"（Bridges to Life）是一个在得克萨斯监狱内开展的恢复性司法方案。该方案安排加害人和与加害人无关案件中的受害人会见。"回归之路"组织是一个非营利性组织，其宗旨在于将社区和监狱联合起来以降低加害人的再犯率，从而降低得克萨斯州的犯罪率。该方案有两个目标：其一是降低从该方案中结业人员的再犯率；其二是帮助自愿参加该方案的受害人（以下简称为"受害人自愿者"）尽快从受害的遭遇中解脱出来。

社区的自愿促成者也是由区域协调人招收的。社区自愿促成者的职责是：领导各个小组，启动、终结每次会议，监督会议进度，鼓励各方参与，加快受害人自愿者和加害人之间对话的进度。

每个"回归之路"项目会根据监狱场所的大小安排 5 至 7 个小组。每个小组包括 5 名加害人，2 名受害人与 1 名促成者。监狱长根据其对加害人情况的了解及加害人对方案的兴趣来选择加害人。加害人参与方案的条件是：第一，距其被释放的时间在 12 个月之内；第二，其愿意全程参加方案；第三，无性犯罪记录。

一项对"回归之路"方案的参与人员的调查发现：参与者很重视其参与该方案的经历并认为该方案会降低再犯率，所以应在其他监狱实施。调查结果表明：受害人小组、受害人的经历可以帮助加害人改变自暴自弃、以自我为中心、缺乏良知的状况。通过向加害人展示受害人所受的痛苦，加害人也感受到他们的罪行给他人带来的痛苦。

(三) 性犯罪恢复性司法方案

在美国，恢复性司法被运用于重罪案件，尤其是性犯罪案件的情况很少。下面是 2004 年在美国亚利桑那州 (Arizona) 皮马县针对性犯罪实施的恢复性司法方案。RESTORE (Responsibility and Equity for Sexual Transgressions Offering A Restorative Experience，以恢复性方式处理性犯罪亦能追究责任实现公平) 方案为被约会对象或初相识的人强奸的受害人提供了一种不同于传统的处理性犯罪方法的方法。该方案设计的目的是为检察人员提供一种新的处理性犯罪案件 (这些案件须是经过挑选且被认为适合于社区司法的案件) 的方法。该方案的目标是尊重幸存者/受害人，关注他们的安全与权利，证实性犯罪的存在 (性犯罪的受害程度在传统司法体系中往往被降低或被忽视)。RESTORE 方案能够使受害人、受害人的支持者以及广义上的社区参与到性犯罪案件的处理与监督过程中来。该方案同样由恢复性司法会议标准模式中的四个部分组成。

第一，移交/登记。当接到强奸案件的报案后，侦查人员会按标准程序对案件进行调查。调查终结时他们会将案件移交检察人员。检察人员再将合适的案件移交 RESTORE 方案。

第二，准备阶段。本阶段工作包括：评估幸存者/受害人的安全需求以及向他们解释旨在提高安全性、减少再次受害的项目的规则；对整个会议流程的概述；对幸存者/受害人愿意哪些支持者参加会议进行讨论；帮助幸存者/受害人准备关于其所受影响的发言以及考虑他们愿意接受的具体补偿形式。

对"要承担责任之人"的准备工作包括：帮助他们准备关于其加害行为以及对加害行为的反思和态度的发言。案件负责人会向他们简单介绍幸存者/受害人所要求的补偿方式以使其有时间考虑如何满足这些要求。另外，在会议之前，"要承担责任之人"要向其支持者坦白其犯罪行为以免其家人、朋友在会议上过于难堪。

第三，会议阶段。会议由受过培训的社区人员召集。这些社区人员须与会议参与者在种族、文化、性倾向、语言方面尽可能相似。促成者及其他 RESTORE 工作人员须取得由国家培训单位颁发的证书后方可主持会议。会议日程表上列出促成者讨论的有关会议的话题。

第四，考验及回归阶段。社区责任与回归委员会（Community Accountability and Reintegration Board）除每周对"要承担责任之人"进行专门监督外，还要由社区自愿促成者在一年内定期会见他们。对于使幸存者/受害人感到高度恐惧的案件，严格的监督显然是必不可少的。幸存者/受害人及其支持者也可参加社区责任与回归委员会会议。检察人员、辩护律师、幸存者/受害人每季度都会被告知"要承担责任之人"对补偿方案的执行情况。一旦加害人违反规定，他们也将被告知。

也许人类社会的不同发展方向到一定阶段会殊途同归。对于文学、绘画、舞蹈、民歌等艺术形式与内容来说，只有民族的才是国际的，而法律作为社会科学却有着人类社会的共性。或许人的内心精神世界与外在行为本来就应该有不同的调整标准，全世界人民需要一些共同的规则来规范个人、组织乃至国家的行为，否则，游戏无法正常进行。刑事和解与恢复性司法在许多国家以不同的方式被适用，但究其本质大同小异。

四　极具特色的法国刑事和解

需要注意的是，在全球范围内也有个别国家对于刑事和解的理解有所不同，因此"刑事和解"在不同语境下使用的含义不能混淆等同。例如，在法国，刑事和解有特殊的含义，相当于协商性司法[①]中的辩诉交易。

"刑事和解正式归入《刑事诉讼法典》也经历了一个改革过程。1994年法国国民议会曾通过一项关于'刑事指令'的法律。所谓'刑事指令'是指：在没有'坐席司法官'（法国法律对审判法院法官的称呼，检察官则称为'立席法官'——原文注）的参与下，检察官与犯罪行为人之间实行的一种（辩诉）交易。刑事指令后来被法国宪法法院裁决违宪。而刑事和解是从'刑事指令'的基础上发展而来，1999年6月23日第99-515号法律对刑事和解（composition pénale）做出了规定。刑事和解是指，检察院（共和国检察官）在提起公诉之前与犯罪行为人就公诉进行（辩诉）交易的一种特别形式。"[②]

[①]　参见李卫红《恢复性司法模式中的被害人权利保护》，《西部法律评论》2009年第1期。

[②]　参见罗绍珍《再谈法国刑事诉讼法中的刑事调解与刑事和解》，中国诉讼法律网，www. criminal procednurelaw. cn，最后访问日期：2018年12月30日。

法国的刑事和解有着明确的法律规定，它是在传统的国家司法程序内进行的。另有学者认为：法国刑事诉讼中的刑事和解是指在发动公诉前，对承认自己犯有主刑当处罚金刑或 5 年以下监禁刑的一项或数项轻罪犯罪嫌疑人，或者承认自己犯有一项或数项违警罪的成年犯罪行为人，共和国检察官直接地或通过其委派的人间接地提出某种交易形式的建议，从而中断公诉时效的一种制度。依照法国有关刑事和解的规定，"当犯罪人具有下列条件时，才有可能考虑适用刑事和解：（1）犯罪行为人为成年人，或符合法律规定条件下的年满 13 周岁以上的未成年人；（2）犯罪行为人承认自己实施了犯罪；（3）对犯罪行为人当处主刑罚金刑或最长 5 年的监禁刑。"①

第三节　刑事和解的前奏："赔偿减刑"

一　问题所在

2012 年新《刑事诉讼法》生效之前，司法实践中有大量的已决案件，法官在对这些案件中的被告人定罪量刑时，由于他们赔偿了被害人的损失，得到了被害人的谅解，可以从宽处罚。

"赔钱减刑"是学界通常的说法，甚至由此引申出众所周知的"花钱买刑"，百姓更是以此为根据吐槽法律偏向有钱人。其实，这是对其做字面理解而所产生的误读。在公诉案件可以刑事和解之前，笔者在此以实践中的两种做法为例，说明在司法实践中，从"赔偿减刑"到刑事和解的过程演变：一种是以广东省东莞市两级法院为代表的因赔偿而做出从轻处罚的判决；② 另

① 参见王洪宇《法国刑事和解制度述评》，《现代法学》2010 年第 3 期。
② 广东省东莞市两级法院在多宗刑事附带民事赔偿的案件中，提倡对民事部分进行调解，并对做出经济赔偿的被告人给予从轻处罚。这种赔偿减刑的做法在社会上引发了广泛争议。有人怀疑，在此制度下，有钱人犯罪受到的处罚会比没钱人轻，从而损害社会公平正义。另外，河南省郑州市二七区人民法院也实行了类似的制度。社会各界对此议论纷纷，有批评者尖锐地指责这种做法是"赔钱减刑"甚至"花钱买刑"，是法外施恩、金钱万能，扩大了法官自由裁量权和腐败空间，有损司法公正和法制统一。

一种是以山东省蓬莱市人民法院为代表的因赔偿而对正在服刑的犯罪人予以减刑的裁定。[①] "赔钱减刑" 有失公正，损害了司法权威，违背公平与正义，其使得人人在法律面前不能实现真正的 "平等"，"惩罚" 与 "改造" 罪犯更是无从谈起，许多百姓对这样的结果咬牙切齿、深恶痛绝。但是，他们当中的许多人并不确切了解现行刑法中的规定及司法解释的准确含义。实践中的某些扭曲做法（如只要赔钱就减刑）不是严格按照理想的制度来进行与完成的。不少人也如此理解赔偿减刑的意思，即加害人只要有钱交给被害人或其家属，他就可以得到少坐牢或不坐牢的结果，其实这是一种认识误区。

二　量刑阶段的从轻处罚[②]

（一）"赔偿减刑" 的含义

"赔偿减刑" 是大众用语，不是准确的法律用语。如果依字面含义并做规范上的表述，应当称其为 "赔偿从轻"。我们以两个具体判决为例：

案例一：被告人曹某某故意伤害一案[③]

2012 年 10 月 19 日凌晨零时许，被告人曹某同张某驾驶出租车到西安市莲湖区铁塔寺路 "某川菜鱼庄" 吃饭。凌晨 2 时许，二人饭后准备驾车离开时，因其车辆被被害人白某驾驶的出租车挡住去路，曹某与白某发生口角，继而厮打，后被围观群众劝开。曹某和张某驾车离开途中，曹某感觉腿疼，便返回 "某川菜鱼庄" 寻找白某。进店后，曹某趁白某不备，抓起一把木椅砸向白某头部，致白某受伤倒地。白某经送医院抢救无效死亡。经法医鉴定：白某死亡应为头部外伤后引起呕吐致胃内容物被吸入呼吸道引起窒息所致。

法院认为：

---

① 参考山东电视台《天下开讲》栏目 2009 年 4 月 19 日晚专门做的一期现场直播节目，辩讨蓬莱法院 "赔偿减刑" 做法的利弊。

② 参见李卫红《社会矛盾化解：由 "赔偿从轻" 向刑事和解的递进》，《人民检察》2010 年第 17 期。

③ 本案例引自西安市中级人民法院刑事判决书（2013）西刑一初字第 00127 号。

被告人曹某因生活琐事竟持械故意伤害他人，致人死亡，其行为已构成故意伤害罪。西安市人民检察院指控被告人曹某的犯罪事实成立，罪名及适用法律正确，应予支持。对被告人曹某的辩护人提出的被害人死亡的原因不能排除其他可能的辩护理由，经查，法医学尸体检验鉴定报告证实，被害人白某死亡的原因系头部外伤后引起呕吐致胃内容物被吸入呼吸道引起窒息所致，且辩护人未能就其辩护理由提供相关证据予以证明，故辩护人的该辩护理由不能成立，不予采纳。对辩护人提出的被害人对激化矛盾存在过错责任之辩护理由，经查，本案系由民间矛盾引发，被害人白某因生活琐事与被告人曹某发生厮打，被害人白某也负有一定责任，故辩护人的该辩护理由成立，可予采纳。对辩护人提出的被告人曹某积极赔偿被害人亲属的物质损失，取得了被害人亲属谅解的辩护理由，经查属实。鉴于被告人曹某认罪态度好，积极赔偿被害人亲属的物质损失，有悔罪表现，取得了被害人亲属的谅解，被害人亲属书面建议对被告人曹某从轻处罚等情节，故可依法对被告人曹某从轻处罚。根据被告人曹某犯罪的事实、犯罪的性质、情节和对于社会的危害程度，依照《中华人民共和国刑法》第二百三十四条第二款、第五十六条第一款、第六十七条第三款、第六十四条及最高人民法院《关于适用〈中华人民共和国刑事诉讼法〉的解释》第一百五十七条之规定，判决如下：一、被告人曹某犯故意伤害罪，判处有期徒刑十一年（刑期从判决执行之日起计算。判决执行以前先行羁押的，羁押一日折抵刑期一日，即自 2012 年 10 月 19 日起至 2023 年 10 月 18 日止），剥夺政治权利一年；二、作案工具木椅一把予以没收。

案例二：上诉人王廷民、王强故意杀人、包庇案①

一审法院查明：王廷民、王强听说与其素有积怨的王朝民欲报复自己，决定先下手为强。2003 年 9 月 5 日夜，王廷民、王强持抓钩、绳子等到王朝民家门前，将熟睡的王朝民杀害并抛尸机井内。王廷民将犯罪事实告诉妻子相玲玲后，与相一起潜逃。2009 年相玲玲通过他人帮助为王廷民办理了名为"相开亮"的虚假身份证及驾驶证。

---

① 本案例引自安徽省高级人民法院刑事判决书（2013）皖刑终字第 00203 号。

一审法院依据现场勘查笔录、刑事科学技术检验报告、书证、证人证言、被告人供述等证据认定上述事实。据此认为：

王廷民、王强故意非法剥夺他人生命，其行为构成故意杀人罪；相玲玲明知王廷民系犯罪之人，仍为其提供帮助，其行为构成窝藏罪。遂依照相关法律规定，判决：1. 被告人王廷民犯故意杀人罪，判处死刑，剥夺政治权利终身；2. 被告人王强犯故意杀人罪，判处死刑，缓期二年执行，剥夺政治权利终身；3. 被告人相玲玲犯窝藏罪，判处有期徒刑三年；4. 王廷民、王强连带赔偿附带民事诉讼原告人池秀贞等六人丧葬费10242.5元；5. 驳回附带民事诉讼原告人的其他诉讼请求；6. 扣押在案的作案工具予以没收。

王廷民上诉提出：其没有持抓钩砸被害人头部，侦查阶段的相关供述系受到刑讯逼供所致，原判量刑过重。王廷民的辩护人除提出相同的辩护意见外，还提出：王廷民的亲属代赔被害人亲属经济损失，取得被害人亲属的谅解，建议对王廷民从轻处罚。

王强对原判认定的事实及定罪无异议，但认为其系从犯，原判量刑过重。王强的辩护人提出相同的辩护意见。

相玲玲上诉提出：其系事后得知王廷民杀人的事，对原判的定罪不持异议，但原判量刑过重。

出庭检察员认为：原判认定的主要犯罪事实清楚，证据确实、充分，定罪准确；三上诉人的上诉理由均不能成立，原判量刑并无明显不当，鉴于本案缺乏客观性证据，王廷民、王强二人在共同犯罪中的地位、作用相当，且上诉人亲属与被害人亲属达成民事和解，建议二审法院依法判处。

二审法院认为：

上诉人王廷民、王强因与被害人有积怨而报复杀人，其行为均构成故意杀人罪。王廷民直接致被害人死亡，王强参与预谋、处理尸体，两人行为积极主动，均系主犯，王强及其辩护人关于王强系从犯的上诉理由、辩护意见不能成立。王廷民犯罪手段残忍，后果严重，论罪当判处死刑。鉴于本案系民间纠纷引发，二审期间，王廷民取得被害人亲属的谅解，故对王廷民判处死刑，可不立即执行。鉴于王强在共同犯罪中的作用小于王廷民，二审期间王强取得被害人亲属的谅解，故可对其从轻处罚。上诉人相玲玲明知王廷民实施了故意杀人的犯罪行为，仍与其潜逃、共同生活，并帮助王廷民办理假身份证，其行为构成窝藏罪。鉴于相玲玲窝藏的对象是其丈夫，且无前科劣迹，家中有未成年子女需照顾，故对其宣告缓刑不至于再危害社会。案经本院审判委员会讨论决定，依照《中华人民共和国刑法》第二百三十二条、第三百一十条第一款、第二十五条第一款、第三十六条第一款、第五十七条第一款、第六十四条、第七十二条、《中华人民共和国刑事诉讼法》第二百二十五条第一款第（一）、（二）项的规定，判决如下：一、维持安徽省亳州市中级人民法院（2013）亳刑初字第00005号刑事附带民事判决第（六）项，即没收作案工具部分；二、撤销安徽省亳州市中级人民法院（2013）亳刑初字第00005号刑事附带民事判决第（一）、（二）、（三）项，即对被告人王廷民、王强、相玲玲的定罪量刑部分；三、上诉人王廷民犯故意杀人罪，判处死刑，缓期二年执行，剥夺政治权利终身；四、上诉人王强犯故意杀人罪，判处无期徒刑，剥夺政治权利终身；五、上诉人相玲玲犯窝藏罪，判处有期徒刑三年，宣告缓刑四年（缓刑考验期限从本判决确定之日起计算）。

在法定公诉案件的刑事和解以前，司法实践有"赔钱减刑"的做法，即使今天在有法律规定的情况下，对于大量不适用刑事和解的公诉案件，如死刑案件、重伤害、强奸案件等也有适用"赔偿从轻"的做法，上面两个案例是典型代表，不过对其不以刑事和解称之，因为这些案件不符合法定刑事和解的案件范畴，但符合刑法酌定量刑情节的范畴。

（二）相关法律规定

刑法第5条规定："刑罚的轻重，应当与犯罪分子所犯罪行和承担的刑事责任相适应。"这是根据刑事古典学派的罪刑相适应理论做出的立法规定，其含义为重罪重刑、轻罪轻刑、罪刑相称、罚当其罪。在此，关键是罪刑相称，罪包括客观违法行为和主观有责性，后者包括主观恶性及其人身危险性，其中犯罪后的态度如积极悔罪并赔偿被害人的各种物质、精神损失的，应当归于主观恶性及人身危险性中，因此，其相对应的"刑"应当轻些。这是由这一刑法基本原则推导出来的。

刑法第 61 条规定："对于犯罪分子决定刑罚的时候，应当根据犯罪的事实、犯罪的性质、情节和对于社会的危害程度，依照本法的有关规定判处。"其中的"情节"是指量刑情节，即在某种行为已经构成犯罪的前提下，人民法院对犯罪人裁量刑罚时应当考虑的、据以决定量刑轻重或者免除刑罚处罚的各种情况。根据刑法有无明文规定为标准，量刑情节可以分为法定情节和酌定情节：前者是刑法明文规定在量刑时应当予以考虑的情节，如犯罪未遂、犯罪中止、自首、累犯等；后者是刑法未做明文规定，根据刑事立法精神与有关刑事政策，由人民法院从审判经验中总结出来的、在量刑时需要酌情考虑的情节，如犯罪人的一贯表现、积极赔偿、被害人有无过错等。

（三）合法性分析

如果犯罪人积极赔偿由于他的犯罪行为给被害人造成的经济损失，并以此表达悔罪心理，最大限度地弥合被害人的心灵创伤，法官以酌定情节为理由对其进行从轻处罚，符合现行刑法的规定。从轻处罚是指在法律规定的限度内判处相对较轻的刑罚。

1. 赔偿后从轻处罚符合罪责刑相适应原则

罪责刑相适应源于罪刑法定，是刑事古典学派的主要观点之一，但其基本内涵也在不断发生改变。在刑事法学流派不断发展，由客观到主观、由行为到行为人的这一变迁过程中，行为人的主观恶性及人身危险性越来越明显地渗透进罪责刑相适应原则中。赔偿认罪恰恰说明了行为人的主观恶性有所减轻，应当承担相对较轻的刑事责任。我国刑法规定，由于犯罪行为而使被害人遭受经济损失的，对犯罪分子除给予刑事处罚外，并应根据情况判处赔偿经济损失。虽然表面上看，刑事赔偿原本就是犯罪人必须承担的法律责任，经济赔偿不能成为"减刑"的理由，但既然赔偿是行为人责任的题中应有之义，则是否做出赔偿，就应当对其刑事责任构成影响。

2. 赔偿不等于从轻处罚

从逻辑角度判断，赔偿与从轻不是充分条件关系，也不是必要条件关系，即有赔偿不一定从轻，从轻不一定都需要赔偿，在满足另外一些条件的前提下，赔偿才有可能从轻。在刑法框架内，犯罪人积极赔偿表明了其主观恶性及人身危险性相对较小，这属于酌定量刑情节，法官可以考虑从轻处罚。另外的条件就是行为人的悔罪认罪态度，以及被害人的原谅程度，如果犯罪人只是因为有钱而赔偿，并无认罪悔罪的诚意，说明其主观恶性并没有减轻，即便赔偿，法官也可以考虑不从轻处罚，不是只要赔偿就必须从轻或减轻处罚这样一种简单的对应关系。关键是犯罪人通过赔偿而悔罪，法律认可这样的形式，通过从轻处罚予以体现出来，这也符合罪刑法定原则。

3. 重刑不等于一般预防

根据慎刑的思想，只要有可以从轻的理由，就应对被告人从轻或减轻处罚。传统刑法学追求的一般预防的目的，到目前为止还无法证明其可行性。因为犯罪的现状说明了重刑不具有威慑效果，无论是自然犯罪还是法定犯罪，以贪污腐败的受贿罪为例，其数额之大、官员的级别之高、范围之广都是有目共睹的，甚至想想都不寒而栗，中央政府从没有下过如此大的决心，坚决惩治腐败。另外，与犯罪相对应的是刑罚，罪是因、刑是果，不能倒果为因，即认为刑罚的存在本身可以阻止犯罪的发生。因为犯罪的原因有许多种，自然的、生物的、社会的、制度的，各种因素都可能导致犯罪。重刑只能追求刑罚的威慑功能，但无法实现刑罚的目的。如果过度追求刑罚的威慑功能，我们就会陷入重刑主义的误区，导致严刑峻法，这与历史发展相违背。彻底惩罚犯罪不等于对犯罪分子判处人们理解的重刑，也不等于那样就可以实现特殊预防并符合立法本意。严惩罪犯并不能预防其再犯，人不畏死，奈何以死惧之？

三　行刑阶段的赔偿减刑

（一）"赔偿减刑"的含义

虽然都是"赔偿减刑"，但阶段不同，两者适用的实体与程序都不相同。行刑阶段的"赔偿减刑"是指犯罪人已经在狱中服刑，在此过程中如积极赔偿因其犯罪行为给被害人造成的损失，可考虑对其减刑。对于这些犯罪分子的减刑，由执行机关向中级以上人民法院提出减刑建议书，人民法院应当组成合议庭进行审理，对确有悔改或者立功事实的，裁定予以减刑。非经法定程序不得减刑。

（二）法律规定

根据我国刑法第 78 条的规定，减刑是指"被判处管制、拘役、有期徒刑、无期徒刑的犯罪分子，在执行期间，如果认真遵守监规，接受教育改造，确有悔改表现的，或者有立功表现的，可以减刑；有下列重大立功表现之一的，应当减刑……"最高人民法院《关于办理减刑、假释案件具体应用法律若干问题的规定》第一条第（一）项规定："确有悔改表现"是指同时具备以下四个方面的情形：认罪服法；认真遵守监规，接受教育改造；积极参加政治、文化、技术学习；积极参加劳动，完成生产任务。

（三）合法性分析

1. 有人认为，刑法规定的减刑条件是"确有悔改表现或者有立功表现"，这里的"确有悔改表现"，最高人民法院《关于办理减刑、假释案件具体应用法律若干问题的规定》中明确规定为四种，并不包含犯罪分子自觉履行财产类判决这种情形，"立功表现"更不包含这种情形。从这个意义上讲，因为犯罪分子履行了财产类判决，就应对其减刑，这种做法是没有法律依据的。

犯罪人在服刑期间仍在积极赔偿，这一行为本身就是行为人认罪服法的表现之一。如果同时还有其他三个方面的表现，则应当对犯罪分子予以减刑。正如我国刑法（也包括各国刑法）及司法解释不可能将所有的情况都具体规定下来一样（例如我国刑法第232条规定的故意杀人罪，就包含故意杀人的各种情况，包括教唆杀人、安乐死、帮助自杀等），减刑的条件之一"认罪服法"也不可能包含了犯罪人积极赔偿被害人的损失。

2. "赔钱减刑"后，被告人依然会受到法律的制约，没有超越法律的自由裁量限度。更引申一步，"赔偿减刑"不会成为有钱人"拿钱赎刑"甚至"拿钱买命"的合法通道，金钱无法借此干预司法、操纵司法，二者因法律的规定保持着理性的距离，司法的独立性与法律准绳的唯一性体现在每一个法律判决当中。

所有这些都是在现有的国家司法模式框架内进行的，其结果对被害人、被告人及国家、社会来说都是利大于弊。其程序演进是在恢复性司法模式的框架内被告人、被害人双方协商或者经第三人调解，最后达成和解的结果。或许在相当长的一段时间后，刑罚不再是必须，而只是一种可能被适用的刑事责任方式。

"赔偿减刑"的广泛适用，在法律规定的前提下，已经折射出人们观念的不断更新，甚至是悄悄地将犯罪人的主观悔罪与被害人的宽恕谅解有机地结合起来制造出多方互利共赢的结果。"赔偿减刑"导致判决监禁刑的人数减少、已被判处的刑期变短及犯罪人提前出狱，而这三种结果均是有效减少监狱人口的方法，监狱人数少，国家财政负担也相对减轻。犯罪人提前回归社会，重新过正常人的生活，对于犯罪人及其家庭、亲友都是莫大的幸福与快乐，只要他不重新犯罪，社会就会更加和谐。当案件发生之时，被害人还在意气用事，愤怒存于心，只要国家报应犯罪人就可一解心头之气，但随着日子一天天地继续，经济上的困苦、生活的艰难让他们不得不重回理性，人要活下去的本能使得其不得不想想，人死不能复生，是否得到补偿比沉浸在怨愤中更能相对顺利地活下去？他们得到赔偿后，心理的重创一定限度地复原，生活得以相对愉快地继续。随着人们观念更大程度地改变，处理犯罪问题的新举措也相应地更加科学与人道。

四　趋势与困境

"赔钱减刑"未来会向着刑事和解的方向发展，即既解决犯罪的实体问题，又解决犯罪的程序问题，但其不可能是法官判案倾向于富人和有钱人的法律依据。因为在刑事和解中，法官的意志是基于被害人及犯罪人双方的意志，法官的权力仅仅是调解，如果被害、被告双方达不成协议，法官会再重新扮演审判的角色，这是两种司法程序模式。在恢复性司法中，法官的权力有限，但司法实践中的某些做法导致人们产生了认识上的误区：如法官以权逼迫双方，让有钱的被告一方掏钱，另一方同意，这就有可能出现腐败现象。这是百姓所看到的，但它们是"走样"的司法实践，其并非观念与制度问题，通过矫正可以回归正轨。

在刑事和解的框架内，有钱人可以用金钱购买自己的人身自由权。但这不绝对，一定有条件的限制，如上所述，被害人是制约这种违法行为的根本。我国刑法明文规定刑法面前人人平等，这是刑事古典学派理论在刑法中的体现，其根基在于传统观念、报应理论追求的形式上的平等，大多是直接的、本能的愤怒情感的发泄，而不是解决问题的最佳手段。以恢复正义取代报应正义是基于人道主义理念，把每一个人都当作人来看待，自己的问题自己解决，国家最少化地介入，但国家是最后一道防线，当出现加害人与被害人和解不了的情况下，国家还要行使司法权，以解决犯罪问题。

减刑、假释是判决生效后的刑罚执行制度，与判决前需要法官斟酌的从轻、减轻处罚情节并最后影响行为人刑事责任的判决结果是两个概念。理论上可以论证在刑罚执行阶段也可适用恢复性司法，但目前还没有相关的法律规定，其核心在于被害人的谅解，因为犯罪是对被害人的直接侵犯。

至今已被当下的犯罪现象证明了的是：刑罚不是改造犯罪的最好方法，有许多"二进宫"、"三进宫"的例子，还有一波一波、一茬一茬的犯罪持续发生，从未停止。改造不能消除犯罪的诱因，刑罚不可能实现改造犯罪的最终目的。如果通过和解，被告人真心悔罪，远胜于刑罚（弊端太多）的适用。这或许与"攻心为上"不谋而合。司法权威、公平、正义都已被赋予新的意蕴，不同法律框架内的词语含义不同，司法程序模式以不同的方式解决犯罪问题，不可混淆。刑事和解的实现方式之一恢复性司法并没有放纵被告人，也不是单纯的花钱买刑，因为这一制度框架下，被告人需要通过自己的真诚悔罪及真挚努力来获得被害人的谅解与宽恕。

第三章　刑事和解的根据

　　既然刑事和解已在全球范围内生根、开花、结果；我国的《刑事诉讼法》也有 3 条关于刑事和解的规定，相关司法解释也已出台，那么，人们不禁要问：为什么会出现刑事和解？这是依还是不依人们意志为转移而出现的结果？其背后的真正推动力量又是什么？有些历史学家认为，历史并无规律可言，仅仅是个趋向。[①] 因为所有的事件都只能描述，而不能推倒，即无法演绎推理出来。即便是规律，也有例外：众所周知的白天、黑夜，我们绝大多数人的日常生活都是在白天、黑夜的交替中进行，但到了南极或北极，就会出现一段时间仅有白天或仅有黑夜。规律所出现的例外，是趋向，而不能称为规律——笔者认为这是一种绝对化的思维，仅仅就白天与黑夜的现象本身，也可称之为一种规律。

　　自人类社会产生以来，就有犯罪。与之相伴的，是人们解决犯罪问题的方式方法在不断地更新与完善，从私力自救到国家公判，从报复刑、报应刑到教育刑、改造刑及报应刑与教育刑共存，再从刑罚到刑事和解，人们已经认识到：对待犯罪，在愤怒与愤恨之后，还应更加理性地找到解决这一问题的最佳方案。刑事和解在此背景下应运而生。

　　从某种意义上说，人类社会的运行也有其内在的必然规律，其逻辑的演绎不以人们的意志为转移，偶然中有必然、必然中有偶然。不管人类是否认可它的存在，它都会在特定的时间与空间悄然呈现，除了对其接纳并完善外，我们别无选择。一部世界史的运行线路是必然因果关系的走向中介入某些偶然因素，即人性的普遍规律恒存于人类社会的始终，科技发

[①]　参见〔英〕卡·波普尔《历史主义贫困论》，何林、赵平等译，中国社会科学出版社，1998，第95~99页。

达、观念变迁，但人性不会有太多的改变，比如贪婪、恐惧等会以不同的方式表现出来，但不会从人性中剔除。

第一节　人性基础——趋利避害

一　功利主义的表现

（一）以边沁为代表

罪刑法定的理论基础之一就是"趋利避害"，其哲学根基在于功利主义。哲学史上，功利主义的集大成者是边沁。

> 边沁从人类天然具有的趋乐避苦的本性出发，认为自然把人类置于快乐和幸福的主宰之下。只有它才能指示我们应当干什么，决定我们将要做什么。是非标准、因果联系，俱由其定夺。凡我们所行、所言、所思，无不由其支配；我们所能做的力图挣脱被支配地位的每项努力，都只会昭示和肯定这一点。一个人在口头上可以声称绝不再受其支配，但实际上他照旧每时每刻对其俯首称臣。以苦乐原则为基础，边沁提出了快乐主义原则。认为一种行为是否合理，关键看它是否给行为相关者带来快乐。于是快乐主义原则成为功利主义的核心内容，快乐的数量和质量问题成为功利主义的中心论题。[1]

追求快乐与幸福是人的本性，这是趋利避害的含义之一；另一含义就是，在不得已的情况下，人会将其物质与精神的损失降至最低，当现实无法改变，那就以最小的失去换取最大的得到。当然，这一理论前提的预设是"理性人"，只有理性人才可功利地计算得失与大小，与此相对应的是"道德人"，如果社会上全是有道德的人，则这个社会就不需要任何制度，因为高尚的人不需要制度的制约，人与人之间和睦相处，社会井然有序并

---

[1]　参见吕素霞、吕莎《功利主义：从边沁到密尔》，《北京化工大学学报（社会科学版）》2009年第3期。

和谐祥瑞。问题是不可能全社会都是道德人，也不可能全社会都是理性人，所以，我们以对人性的最低要求为衡量标准，社会上以理性人为主。

如果在某种程度上满足人性的需求，即便是独裁政权，依然可以获得前所未有的支持。希特勒政权就是最好的例子。他为了满足下属的欲望，将自己的稿费与捐助他的资金混在一起，给其下属发别墅、发奖金、发一切可以满足他们的丰厚物质财产，形成集团性腐败，由此又层层传染，每一高官都贿赂其身边人，让他们死心塌地为其服务，事实上形成了全国性的腐败。希特勒通过从占领国掠夺财物，甚至杀害犹太人以节省口粮来保证本国人民在残酷的战争时期还能吃饱穿暖、衣食无忧。他抓住了人性中最基本的利益需求，他的独裁成了受一部分人欢迎的独裁。[①] 人性为谁所用，谁就能从中受益，为独裁极权者所用，益处越大越祸患无穷；反之，为法治民主者所用，益处越大民众福祉越绵长。

（二）适用刑事和解

刑事和解有着现实的利益基础。加害人与被害人双方在加害与被害的事实面前，都有着自己极其现实的利益考量。被害人在不能回到受害以前的境况中时，他在冷静平和以后，一定会考虑在此困境下，自己可以得到的最大利益是什么；加害人在面临刑法处置时，一定会选择对自己最轻的处罚方式，不入狱或入狱但轻刑等。有学者将其归纳为：加害方与被害方利益的契合、司法机关的收益、社会和谐的达成。[②] 无论这种归纳是否具有因果关系或者具有多大程度的因果关系，刑事和解至少是加害人与被害人双方在权衡利益的基础上做出的两害相权取其轻的决定，这是由人性本身的趋利避害所决定的。刑事和解符合趋利避害的人性规律。但这一利益还要通过社会行为来实现。

二　社会行为实现个人利益

（一）社会行为即利益行为

只要有人存在，就会形成社会，除了极个别的例外，独立的个人基本无法生存。人存于社会中，就会有利益冲突，个人虽然可以通过其行为来

---

① 参见〔德〕弗兰克·巴约尔《纳粹德国的腐败与反腐》，陆大鹏译，译林出版社，2015。
② 参见陈瑞华《刑事诉讼的中国模式》，法律出版社，2010，第9~19页。

实现自身利益，但需要通过社会的认可才能实现。个人的行为组成一切社会存在，但这些个人行为必须在社会内进行，因此也就演变成社会行为及社会结果。人本身及人类自身的生产都是社会行为的产物，由此产生的社会结果即财富、历史、文化、科技、组织、制度等一切。人们从事社会行为的动机和目的是满足自身的需求，为他人最后还是为自己，这种需求在社会看来就是利益。因此，人们的社会行为实质上是为自身的利益而行为；反过来说，利益行为也是社会行为。

刑事和解不是只要有钱就可以和解，它的实现不仅仅取决于加害人的个人行为，还取决于被害人，和解首先是双方都不可缺少的社会行为；如果有第三方介入主持或审查，比如公安机关、人民检察院及人民法院，或者其他社会组织如共青团中央、学校、居委会等，则更证明刑事和解是社会行为，当然受益者首先是个人，其次是国家和社会。

（二）利益划分

人们在社会行为中一定会结成各种各样的社会关系，其中最重要的就是利益关系，没有永远的朋友，只有永恒的利益。只有在利益的驱动下，人性才显得真实。利益可以被划分为不同种类：按照与主体的关联程度，可分为直接利益和间接利益；按照不同范围，可分为局部利益和整体利益；从内涵上，可分为物质利益和精神利益；按照时间远近，可分为短期利益和长远利益；按照重要程度，可分为基本利益和非基本利益；按照道德标准，可分为正当利益和不正当利益；按照法律标准，可分为合法利益和非法利益；等等。国家、社会和个人三个不同层级的利益必须平衡，社会才能更和谐。其中，个人是利益主体的基本构成，也是最重要的利益，因为只有利益得到充分实现，个人才能得到最大的满足，仓廪实而后知礼节，才可从物质到精神不断提升。个人利益在社会发展的任何阶段都是利益关系的最基本构成要素。个人之间有天然的利益关系，如家庭、民族等利益群体；也在社会行为中结成各种各样的利益关系，从而形成不同的利益群体。

三　刑事和解是当事人双方趋利避害的选择

只要有人的地方，就会有利益冲突。在利益冲突的情况下寻找共同利益的实现，成为人们的共同目标。共同利益是同一社会中人们各自利益的相同部分。刑事和解不是寻找共同利益，而是寻找各自最大利益的契合点：犯罪嫌疑人通过让出财产而获得从轻或减轻处罚；被害人通过得到财产而以后得以更正常地生活，同时平复内心的愤怒与委屈。利益的实现受到许多主客观条件的制约，利益冲突在社会发展中无法避免；但另外一方面，它也是社会前行的根本动力，法律对不同种类利益冲突的调解和解决，导致新的利益格局的形成，同时产生新的共同利益和利益冲突，循环往复，从而推动个人、集体、国家乃至整个人类社会向前发展。

在封建社会里，虽然人们之间结成的社会关系是利益关系，但国家至上、国家本位深入人心，个人不被重视，百姓如草芥，即使被比喻为可载舟可覆舟的水，其也是作为整体为统治者服务。"百姓"是一空泛的政治概念，只是用来布道，而不具有任何实质性的权利。进入近代资本主义社会后，新兴价值观确立，个人本位逐渐代替国家本位，国家只不过是社会契约的一方，个人是契约的另一方，个人与个人之间拥有平等的公民资格及各项权利，不容国家侵犯，不许国家干预其基本利益。当基本权利之间或基本权利与其他利益之间发生冲突时，国家应是一个公正的裁判者，这不仅仅是国家的权力，更是国家的义务，因为不论何种形态的利益最终都要落实到具体的个人身上。

犯罪后的刑事和解，既是加害人与被害人精神上自由的利益选择，也是物质上利益最大化的自由选择。虽然其中介入了更高层次的宽容与宽恕，但在现今市场经济发展的初级阶段，在人们的物质生活与精神生活尚未达到完全自由自在、随心所欲的情况下，大多数人会将物质利益最大化作为首选，精神自由则为衍生物，后者仅在一定程度上可以显现附加值。永恒的人性——趋利避害在现实中或多或少左右了人们的行为，国家所要做的就是制定相应的法律法规，确保制度上的相对完善，为每一个公民提供切实可行的法治保障。

人性的贪婪从古至今没什么变化，那么，何不找到一种阳光下的释放规则，让这种人性的贪婪公然暴露并"消费"，比如商谈，所有与刑事案件尽可能有关的人坐在一起，或发泄、或倾听、或评论，将内心的气愤、感知、感受全都一块儿抛出，这何尝不是一种阳光下的释放？其远比惩罚来得更人性与人道。

第二节　理论根据

　　刑事和解制度的建立需要理论根据，否则，它将成为无源之水、无本之木。虽然我国的刑事和解是在实践中产生并被越来越广泛地适用，但其背后一定有支撑的理论，只是在开始阶段人们尚未清晰地意识到。事后的梳理依然可以使其获得正当性。世间理论浩如烟海，在此，笔者将其简化，只勾勒出一明显的线条脉络，即从近代到当今著名的"契约论"、"正义论"、"商谈论"。从人们理性认识"天赋人权"，到在此基础上通过协商、谈论实现人们心中所想的正义，再到变现为公民的权利，这一过程以卢梭、罗尔斯、哈贝马斯为典型代表。正是这些法理前提的准备，使得刑事和解有了理论根基。这一脉络呈现为以下三个阶段。

一　以契约论为启蒙的权利学说

　　契约论早已被人们熟知，实际上它是理论上的假设，尤其是国家与公民之间的契约，没有现成的版本，只有实践中的操作。谁来制定法律？谁来执行法律？最初契约论针对的是法律建制的权威一直被统治阶层所把握这一现象，因此，要建设性地创建国家与公民之间的约定，保障公民的天赋人权得以实现。经过漫长的中世纪的黑暗，契约论作为启蒙的权利学说，将光明重新带入人间。它将法律建制的基础转向了基层，从而改变了单纯从统治阶层的意志出发的重心，肯定了人权的优先性和民众在法律建制中的地位。在某种意义上，卢梭将这次启蒙运动推到了极限，影响至今，虽然其相对完善的权利和契约学说是有历史阶段性的，无法超越时空的局限，但这种客观上的局限性并不掩盖其理论上殿堂级的创造性。在这个阶段，权利的要求还在初级状态，只限于提出，还没有目标性的实现路径。这一阶段也是尝试性的，是奠定权利思想基础的阶段。但同时，契约论的思路是建构主义的，18世纪的哲学家们"主要感兴趣的并不在于使社会稳定，而在于要改变社会。他们并不追问是怎样成为它那现状的，而是要追问怎样才能使它比它那现状更好。"①

封建"君权神授"理论在西方持续了数百年,"主权在民"如何才能正当化与合法化?卢梭的《社会契约论》的产生,为此提供了理论上的答案。西方17、18世纪,资产阶级争取平等、自由的政治地位的思想武器之一就是《社会契约论》,在此前提下,西方资本主义及其各项相应的制度才慢慢建立起来并得以充分地发展,遍及西方主要国家。从此,资产阶级民主共和国在政治上获得了正当化与法律化的基础。社会契约理论也是资产阶级国家以平等、自由为核心理念的法律制度得以确立并发展的先导,它更是现代刑事和解的法理前提与根基。

人生而自由、平等的理念源于卢梭。如今自由与平等已成为全社会公认的价值目标,成为全世界人民共同的信念以及现代各国的法治基础。

公意在卢梭的政治理论中是极其重要的概念,社会契约基于公意产生。公意是如何产生的呢?卢梭认为公意是通过每一个人转让、毫无保留地转让、全部转让而最终确立下来。转让可以做到对于所有的人的条件是同等的,但不能转让自己的孩子,孩子长大成人以后自己决定,因为他(她)也是自由平等的;毫无保留地转让,公意才是真实完美的,如果一些人转让全部权利,而另外一些人只转让部分权利,其后果可能是社会或者国家为个人或一部分人操纵,变成他们推行暴政的工具,而另一部分人沦为奴隶,完全没有了自由和平等;只有全部转让,人们才可以从社会得到同样的反馈权利。政府并不等同于国家主权,它并不是契约的内容或契约本身,政府只是主权者的执行人。

就是上述这些建构性的学说,奠定了近代以来政治学及法理学的基础。《社会契约论》已经成为世界思想史上、文化史上的重要古典文献之一,著名的美国《独立宣言》、法国《人权宣言》以及两国的宪法,在很大程度上都直接体现了卢梭的理论精神和政治理想。虽然这一理论也不可避免地存在时代的局限性,但这些局限正为后来者所不断弥补。

契约论的精神已贯穿刑事和解的始终。公诉案件的刑事和解不同于私了(私了是真正的双方当事人之间的契约),但其也是建立在契约论的基础之上。这种契约不同于双边合约,因为刑事和解本身兼具公法与私法的性质,因此契约呈等边三角形关系,国家及其代表机关处于顶角的位置。

---

① 参见〔美〕贝克尔《18世纪哲学家的天城》,何兆武译,三联书店,2001,第94页。

虽然协议没有国家机关的章印，但这种架构已在无形中显示出国家及其代表机关与案件双方当事人之间的约定，即国家同意两者之间进行和解。如果没有这种暗含的同意，案件双方当事人的合意不会对犯罪嫌疑人的刑事责任有重大的影响，因为即便已和解，最终还是在国家司法之下确定行为人的刑事责任，和解的结果对于犯罪嫌疑人从轻、减轻或免除刑罚的影响不容忽视。案件双方当事人是三角形下面的两个底角，他们之间的契约是刑事和解的出发点、归宿和核心要件，也是对自由平等精神的最好阐释。

二　罗尔斯的《正义论》

罗尔斯一直努力去做的就是把以洛克、卢梭和康德为代表的传统契约论加以归纳，并将它提升到一个更高的层次上来，这体现了学术的传承，他甚至说他这本书并未超出前人思想的范畴，只是对其加以归纳、总结、整理而已。但人们还是从其书中窥见了原创性，即现代的权利思想，其著作一改过去的消极权利观，倡导积极的权利思想，更加注重程序正义而不仅仅是实质正义，尤其在社会财富分配的过程中，充分体现了正义的存在。

罗尔斯的正义理论建立在契约论基础上，并运用其方法论，对契约论进行归纳："（1）契约论可以解释和证明正义论，正义论是合理选择理论的一部分，特别是在社会合作的利益冲突中，正义原则将被有理性的人们选择；（2）'契约'一词暗示着个人或者团体的复数，暗示着必须按照所有各方都能接受的原则来划分利益才恰当；（3）强调政治公开性是契约论的特点，公开性能需求也是正义原则的特点；（4）契约论是人际关系的一种思考方式；（5）契约论既可以作为证明程序，也可以作为一种比较手段。"① 由此可以看出，正义论是以契约为前提的，正义所需要的理性、复数、公开、人际关系、证明程序等无一不在契约论研究的范畴之内，只有厘清上述概念，正义论才可论证下去，并有可能实现。

罗尔斯进一步提出，正义的核心是社会制度的结构，其与我们日常所想的个人品质无关，而是指社会如何分配给公民基本的权利与义务，利益的分配方式是不是通过社会合作。人性固然与生俱来，但人的社会性又决

---

① 参见何怀宏《契约伦理与社会正义》，中国人民大学出版社，1993，第258页。

定了正义的社会结构，影响着人们对社会的态度，表达着他们的生活期待和他们所希望达到的状态和成就。罗尔斯承认在事实上不平等的社会中，人们在财富分配中也应享有平等要求权。"无知之幕"是他的理论起点，从逻辑角度，由此推论出正义的两个原则：第一，所有人都享有和其他人同样的与基本自由体系相类似的权利和自由；第二，不利地位人的最大利益化。

第一个原则针对公民与政治权利。首先要制定一部《宪法》，这也是近代以来西方主要国家通行的做法，目的是保护公民应当享有的权利和自由。同时，《宪法》应当有确保产生正义结果的正义程序。但是，《宪法》不可能独自实现完善的程序正义和实质正义，它不可避免地要受到政治和文化因素的影响，所以应从可能的制度安排中选择能够导致社会正义的立法程序。在这个阶段，罗尔斯引入了著名的"无知之幕"理论。所谓"无知之幕"，"是指参与制度设计的立法者不过是享有第一项原则所赋予的平等自由和权利的个人。他们不知道特殊情况，也不知道自己在未来法律结构中的地位。他们的最大利益就是把自己当作最后一个受益人，最后一个拿自己的那一块蛋糕的人。"① 只有法律才可将虚无的权利确定化，而非任其处于缥缈的状态。法律于公民的保障，应当在阳光下如影随形。

第二个原则针对的是公民经济、社会与文化权利。公民不仅仅要享有政治权利，还必须享有其他权利，以保证社会生活的正常进行。如果说第一个原则指导社会政治资源的分配，第二个原则指导社会物质资源和管理资源的分配，之所以强调物质资源的重要性，主要原因是在很多国家，公民与政治权利的分配是相对平等的，社会物质资源的分配则是相对不平等的。至少在理论上，公民与政治权利的享有已经成为现代民主国家的基本政治原则，很多国家的现状都证明了这一点，而物质资源的分配则不然，人们追求的是全方位权利的彻底实现。

尽管千人或许有一千种正义观，但人们总能找到其中的最大公约数，并在共同的社会生活中，用这种正义观作为标准解决已发生的冲突。正义被认为是人类精神的某种态度，是一种公平的意愿。在现代社会中，公民享有基本的政治权利、经济权利、文化权利，这些权利都是基于正义观的基础之上进行分配，不利地位人的最大利益化及其程序设计，都是正义论

① 参见〔美〕约翰·罗尔斯《正义论》，何怀宏等译，中国社会科学出版社，2001。

的原创性理论。刑事和解的理论基础在此得到了论证，自由平等是前提，其他权利是必备要件，犯罪嫌疑人与被害人的和解权应当属于正义观下的基本权利，被害人的利益应当最大化，不仅和解的结果充满了个案的正义，更重要的是和解的程序必须正义。

三 哈贝马斯的商谈理论[①]

从哲学角度上讲，哈贝马斯的法理思想完成了"语言转向"，他在前现代法理思想的权利维护及现代法律思想"财富分配的平等要求权"的基础之上，提出了丰富权利思想的学说。他的商谈性理论提高了权利主体在法治社会中的主体性地位。卢梭提出反对封建专权，目标是社会生活中人人自由平等；罗尔斯在此基础了提出了通过程序正义实现结果正义的自由与平等；哈贝马斯的理论则对经济系统和法律系统的某种理论进行整合，具有开创性和奠基性。哈贝马斯对罗尔斯的理论批评，折射了罗尔斯理论的欠缺和不完善，即缺少建制化基础，在方法论上有待改进和提升。

法律在制定过程中建立商谈机制——通过个体之间平等自由地讨论和商谈产生意见和理由——从而使法治原则建立在商谈性原则基础上来增强法律的有效性，也就是将商谈机制规范化，这就是在事实与规范之间的商谈性理论。

哈贝马斯认为在商谈理论中人权和人民主权重新统一在一起：两者互为前提，失去人民主权的单纯人权理论对于权利的建制有不少的欠缺。因此在法律框架下拟订的民主原则必须和商谈原则结合在一起，基于商谈理论来重构权利学说，再用权利学说来重构法律建制。在法治国家的合法性问题上，这种方式的重构可以增强法治国的合法性基础。

首先，法律作为一个社会的整合系统越来越面临复杂的社会变化的压力，简单固定的法律体系不能适应社会变化的需要，而这样的商谈法理可以在法律系统中镶嵌一种自动装置——用复杂对复杂，用社会自身对社会自身。这种商谈理论可以包容社会的复杂性，用商谈法理的灵活性和丰富性来解决法律系统所面临的压力，它将社会的复杂性和丰富性进行提纯和

---

① 参见〔德〕哈贝马斯《在事实与规范之间——关于法律和民主法治国的商谈理论》，童世骏译，三联书店，2003。

化约成商谈性机制，进而镶嵌在法律系统中，从而有针对性地化解了社会复杂性对法律系统的压力。其次，在人民主权和权力建制之间建立了理性的和有弹性的连接机制。在人民主权和权力建制之间需要一个既能包含民意的复杂性和丰富性，又能将理性、有序的道理和意见进行传导的环节，这样的要求产生了商谈性理论，当然这也是商谈性法理的优点。此外，商谈理论还丰富了权利学说，促进了人们权利的丰富性，提高了个人在社会中的主体性地位。

四　刑事和解的理论根据

这样一种串联是否就是理论的脉络还有待商榷，卢梭提出人人享有生而平等的权利，在这一起点之上，罗尔斯描述了正义实现的美好画面，尔后哈贝马斯则架起了一座从拥有可能的权利到实现权利的桥梁——商谈。从提出问题、解决问题到提炼出解决问题的方法这一清晰的思路，使得刑事和解的理论根基已经被夯实，高楼大厦可以平地而起。

自由意志的表达是刑事和解的灵魂。启蒙虽然不能说自卢梭开始，但他的《社会契约论》所占据的制高点却公认是启蒙时代的重要标志之一，人们为自由、平等而订立的契约是人权保障的基本理论。正义的实现是刑事和解的目的，一般正义还是个案正义都有其积极与消极的层面。罗尔斯所追求的正义观，尤其是倾向弱者的正义观，恰恰是刑事和解可以提升被害人在解决纠纷中的地位的最好说明。商谈是实现刑事和解的唯一方法，哈贝马斯为实现自由、平等所引申出的正义提供了切实可行的操作方案。个人的正义才是真正的正义，因为一般正义替代不了个人正义，正如国家、社会、他人都不能替代个人一样。国家与国家之间商谈，则世界和平共处；国家与个人之间商谈，则国家与社会和谐安宁；个人与个人之间更可以商谈，个人可以从中获得最大化利益，而又无伤国家、社会和他人。商谈是解决问题的最重要方法，不是之一。

归纳起来，现代刑事和解存在于特定的历史时空中，它完全取决于市场经济的发展，根植在肥沃的市民社会土壤里，权力必须有对其进行制约与分割的制度保障，其法理的根基更不容忽视。现代关于协调个人自由与维持公共秩序的多重况味学说也为刑事和解的制定与实施奠定了理论基础。

第三节 价值蕴含

除了理论基础外，还有价值蕴含。刑事和解属于刑事政策的范畴。[①]现代刑事政策蕴含着自近代以来的一些基本价值观念，而这些价值观念已被国际社会所普遍认可。尽管对这些观念有着不同的解释、不同的看法，但是，基于人性的共同点及人类所使用的相同逻辑，我们还是可就某些方面达成共识。

学界对价值有许多看法，见仁见智。"价值"，一般是指客体对主体的生存和发展的效用。根据马克思关于价值的观点，"价值这个普遍的概念是从人们对待满足他们需要的外界物的关系中产生的"；[②] "是人们所利用的并表现了对人的需要的关系的物的属性"。[③] 还有学者认为，"就其一般含义来说，价值可以定义为：客体的存在、属性及其变化同主体的结构、需要和能力是否相符合、相一致或相接近的性质。如果这种性质是肯定的，就是说客体对主体有价值或正价值；如果是否定的，则意味着客体对主体无价值或有负价值。"[④] 可见，价值既不是单纯的主观反映，也不是与主体无关的孤立的客观存在，价值的实质是客观存在与主体需要的关系。

自由、平等、友善、公正、效率、宽容、宽恕、人道这些理念全部蕴含在刑事政策中，也蕴含在刑事和解中，并铸成刑事和解的灵魂与精神。它们之间是客观存在与主体需要的关系。

一 自由与平等

（一）自由

在刑事和解的价值体系中，最基本的蕴含就是自由。越来越多元的社

---

① 参见李卫红《刑事政策学》第 2 版，北京大学出版社，2018，第 283 页。
② 《马克思恩格斯全集》第 19 卷，人民出版社，1963，第 406 页。
③ 《马克思恩格斯全集》第 26 卷，人民出版社，1974，第 139 页。
④ 参见李德顺主编《价值学大词典》，中国人民大学出版社，1995，第 261 页。

会现实中，虽然人们追求幸福生活的目的是一致的，但幸福生活的内容及实现这一目的的手段不同，每个人的个人背景不同，就决定了选择的不同。但自由是所有追求的前提，不仅仅刑事和解，所有的追求如果没有自由，也就无从谈起，更无法实现。从某种意义上说，自由是人生命的重要组成部分，不自由，毋宁死。

刑事和解首先基于自由，即自由地选择自己面对问题时的解决方法，个人的自由是在制度规范之下进行的，比如必须先有国家司法、协商性司法以及恢复性司法等制度设计，个人才可以在此区间内进行选择，如果只有国家司法或其中任何一个，则个人没有选择的余地，自由也就成了纸上谈兵；而自由又关联着正义。再比如，宗教自由并不是宗教的自由，其背后是人们对自己生活选择的自由。表面上看，人们遵从宗教，相信教义，并以此规范自己的内心与行为；但本质上，每个人都希望遵照自己心灵的需求来选择自己所要的生活，不为外界他人所左右。对于个人而言，由心选择；对于他人、国家、社会而言，尊重个人的选择自由就是其所要做的事情。"个人的行动只要不涉及自身以外什么人的利害，个人就不必向社会负责交代。"①

那什么是自由？从字面意思来理解，自由就是指由自己做主，不受限制和拘束。其哲学上的含义有些难以理解，一般是指对必然的认识，相当于中国古代所称的"天道"，西方的"自然法"。自由也是对客观世界的改造，从天地鸿蒙至今，人们对客观世界的改造一直没有停歇，高科技的发展或许让这个世界面目一新，但尊重自然仍是人类永恒不变的主题之一。在心理学上，自由是按照自己的意愿做事，即人能够按照自己的意愿决定自己的行为，并非为所欲为；从社会学上说，自由是在不侵害别人的前提下可以按照自己的意愿行为；法律上的自由就是在不违反法律的前提下，公民有为任何行为的自由。

自由是一个不断发展的概念，随着时代的发展其内涵也在不断丰富和扩展。但是，它作为人们的一种基本观念，其规范的含义主要是指在法律的框架内自己决定自己的行为，并对此负责。在此意义上，现代刑事和解蕴含着自由的理念。尤其是其有利于恢复性司法模式的运行，更是为行为人和被害人提供了处理犯罪及被害问题的广阔空间，自由这一价值贯穿

---

① 参见〔英〕约翰·密尔《论自由》，程崇华译，商务印书馆，1982，第102页。

始终。

长期封建社会的思维惯性，即与西方自由、民主、法治不同的传统儒家思维习惯，如家长式的权威主义，只是愚民的一种欺骗手段。因此，大多数的我们不太理解什么是真正的自由及自由行为，在州官可以随便放火、百姓却不能点灯的潜意识里，人们通常的曲解是：自由就是以自我为中心，凡是妨碍自己意志的表达及自身利益追求的都不是自由。这种想法没有公德意识，更不用奢谈法律意识了。其实，自由恰恰是在公德范畴内实现的，并以底线的法律作为院墙，逾此没有自由可言。当一盘散沙出现时，国家不得不重新收拾残局，以威力无比的限权阻碍个人能动性的发挥，其结果呈现出毫无生机与活力的一潭死水状态。但是，另一方面，任何价值的实现都不能以牺牲个人的自由为代价，尤其假借国家的名义来满足个人的种种私欲。专制政体在某种意义上为此提供了正当性与合法性，世人不愿或不敢捅破其虚名掩饰下的真实企图，正如皇帝的新衣，纯净无知孩童的天真一语拆解开了成人世界的精神枷锁，还原成本真的现实，接受与不接受的主观愿望都无法改变客观存在。

（二）平等

法国《人权宣言》中说：平等就是人人能够享有相同的权利。即社会中每一个抽象人的具体请求权利。归纳起来，现代社会人们对平等的理解有如下观点。（1）"平等就是人人能享有相同的权利"。[①]（2）"平等是人们在社会上处于同等的地位，在政治、经济、文化等各方面享有同等的权利。"[②]（3）"平等是表达社会主体处于同等社会地位、享有同等权益和承担同等义务的范畴和原则。"[③]（4）"平等是以兄弟般的情谊相亲相爱，是现代社会唯一的基础；平等是一项神圣的法律，一项先于其他一切法律的法律，一项派生其他法律的法律；平等被认为是一切人都可以享受的权利和正义。"[④]（5）"平等是人与人之间在经济、政治、文化等各方面处于同等的地位，享有相同的权利。"[⑤]（6）"平等是人们相互间与利益获得有

[①] 参见王宗福、刘海年主编《中国人权百科全书》，中国大百科全书出版社，1998，第435页。

[②] 参见《辞海》，上海辞书出版社，1985，第42页。

[③] 参见罗国杰主编《中国伦理学百科全书》，吉林人民出版社，1993，第421页。

[④] 参见〔法〕皮埃尔·勒鲁《论平等》，王允道译，商务印书馆，1991，第17页。

[⑤] 参见张友渔主编《中国大百科全书——政治学卷》，中国大百科全书出版社，1992，第284～285页。

关的相同性。平等分为自然平等和社会平等两大类。"① (7) "平等可以用非常实在的方法加以简单化的表述，但也可以用高度复杂而又无从捉摸的方法加以表述。一方面，平等表述了相同的概念；另一方面，平等又包含着公正。平等表达了相同的性质……两个或更多的人或客体，只要在某些或所有方面处于同样的、相同的或相似的状态那就可以说他们是平等的。"② (8) "平等是关于人与人关系和社会地位的一种观点和信念，人与人关系发展的某种状态。它包括机会均等、条件均等、结果均等等多种情况；包括政治平等、经济平等、人格均等等多种内容。平等作为一种价值观念，是人们进行评价时的一个重要标准。"③ (9) "平等是人在人格尊严上要求得到同等对待和在权力享有上得到公平分配。是人权的道德基础和重要原则。"④ (10) "平等是对社会职务每个人都享有的公平机会和社会制度对每个人的公正待遇。"⑤

个体、家庭、国家、社会等的差异决定了人生而不可能等同，从每一个体生命被孕育时开始，个人来到世界的被动性表明他（她）无从选择有各种可能性的出身、国籍、智商、情商等以及由此决定的一生不同的发展机会。因此，人们才追求平等。人们渴望通过法律规定，最大限度地实现人人平等，但平等不是相同。社会中的人与人之间存在差异，这种差异性导致对发生在每个人身上的问题会有不同的解决办法，而不是千篇一律、绝对等同。

经济平均主义不是真正的平等。那种暂时的平均，一段时间后又将导致不平均的结果，因为个人的能力不同，想法、观点、追求及努力程度不同，优秀的个人其财富迅速增长，人们之间又重新拉开距离，任何人都无法做到绝对平均，朝代更替的平均速度赶不上一轮又一轮因人为而造成的新差异的发展速度。中国人追求的贫富均衡不是平等，平均主义是人性中的天然惰性的最好借口。

平等意为法律上的平等、权利的平等、机会的平等。平等可分为形式上的平等与实质上的平等。个人的差异性体现在外表、出身、种族、年

① 参见王海明《平等新论》，《中国社会科学》1998 年第 5 期。

② 参见〔美〕乔万尼·萨托利《民主新论》，冯克利、阎克文译，东方出版社，1998，第 340 页。

③ 参见李德顺主编《价值学大词典》，中国人民大学出版社，1995，第 502 页。

④ 参见王宗福、刘海年主编《中国人权百科全书》，中国大百科全书出版社，1998，第 435 页。

⑤ 参见田洪生《中国公民正义观评析》，《中国矿业大学学报》2001 年第 1 期。

龄、性别等方面，但只要是人，法律、政策给人的机会等同，比如寒门子弟虽然没有经济实力自费出国留学，但同样有在国内高考的资格，同样可能选择国内任何一所大学，只要分数达到录取线，各高校都会提供奖学金或无息贷款来助其完成学业，形式上是平等的。平等意味着个人努力奋斗才能实现梦想并达到一定的社会地位，受人尊重，但世袭制度例外，如英国的女王、日本的皇室等。一般而言，弱者更强调均等或者更呼唤平等，如男女平等，女性作为天然的弱者或由于男女不平等的事实而备受人们关注。弱者虽然值得同情，但不能将其本身的原因归为制度的不平等，人们往往强调的是表象，而没有看到平等的内核，实质的平等既包括过程也包括结果的平等。

在传统司法模式中，冲突的双方尤其是弱者一方，将自己所受到的侵犯付诸司法，希望通过司法途径获得公平与公正的待遇，进而实现平等，司法成了平等诉求的唯一合法归宿。随着时代的发展，人们还会找到新的解决问题的办法及配套制度，基于平等的理念而产生，刑事和解反过来也能促进及实现平等的理念和权利，比如建立国家补偿制度，以防止有钱人垄断刑事和解或者穷人失去平等机会，等等。

二　友善与人道

(一) 友善

社会主义价值观之一是友善。人与人之间应当具有天然的友善精神，而且不仅仅是在人与人之间，在人与动物、人与植物之间，总之在一切有生命的个体与群体之间，都应当具有友善精神。

友善与博爱有关。博爱的源头始于宗教教义。在西方社会，宗教教义渗透于西方思想文化之中，基督教教义宣扬"爱人如己"，并将其作为教众日常生活的基本准则。近代启蒙思想家从基督教教义中寻找到灵感，并对博爱思想进行深化、论证，并最终将其发展成为与自由、平等并列的一种思想体系。"博爱"是与"恶"相对的一个词语，体现为爱自己，爱家人，爱同类，爱仇敌，爱不认识的人等。

当下我国社会主义价值观提倡友善，它针对所有人，犯罪人首先是人，是我们的同类，被害人、被告人及其他人都应当受到同等的关注。只要是自然人，就同在一个地球上生活，友善是人类永远的主题。

人们经常遇到的冲突就是农夫与蛇的关系，农夫救了蛇，后者却恩将仇报，将农夫咬死。如何解释友善？还有中国传统的观念"杀父之仇、不共戴天"，人们的疑问是如果谁把你的家人杀了，你是否还能原谅他并且爱他？友善是一种理念，因人而异，如果胸怀与格局都可包容犯罪人，那是一种境界，如果不能，也不可强求，毕竟人类社会在不断地进步与成长，关键是摆脱斗争、敌我等长期存于我们头脑中的对抗概念。没有同类的悲悯之心，最后一定会祸害到自身，爱每一个，其实就是爱自己。

人应当具有的理念和每个人已具备的理念不是一回事。友善是人应当具有的理念，而现实生活中，由于个人的具体情况，如出身、成长背景、受教育程度、工作环境、国家发展程度及其价值观等，让每个人都具有友善精神是不可能的，但我们一定要提倡这种价值观，使之逐渐深入人心。

我们一直在社会科学中寻找证据，证明自己理论的适用性，那么，有没有自然科学的证明呢？可以物理学、化学等已被证明的科学方法来给出最好的论证。自然科学与社会科学的区别不是研究对象的复杂性，而是结论是否可以被证明。如果说自然科学的难度无法衡量，那么，社会科学的难度更无从被量化，因为，社会科学研究的是人，而这个世界没有比人心更难测的了。当人心无法被量化时，有关人的社会科学的研究也难以被量化。

（二）人道

古往今来大师们对"人道"的论证充满了情感与智慧。笔者认为，人道主义的含义就是指"人本身是最高价值"，所有的人都拿人当人看，无论多么位高权重，也无论多么卑微渺小，都要相互善待，全社会也都要善待犯罪人。犯罪人也是人，只要是人，不管他做了什么，他的存在就是任何其他东西所无法替代的，这与他侵犯他人权益给被害人所造成的痛苦需要公平与公正的处理不是一个层次的概念。人道主义的丰富内涵主要体现在人本身的价值上，其宝贵性、唯一性、尊严性、幸福感是其他任何动物不能比拟的，也是每一个人具有的属性。

刑法与刑事诉讼法的走向越来越体现人道理念。刑法修正案从限制、减少死刑到废除部分罪名的死刑，同时轻罪更轻；刑事诉讼法规定的无罪推定原则、禁止刑讯逼供等非法证据排除等，都是人道理念在刑事法中的渗透。在刑事和解的价值取向中，人道的内容体现更为充分与丰满，犯罪嫌疑人、被害人及第三人都受到同样的关注，当事人双方在刑事和解过程中享有同样的权利，强调每一个人的独立性，国家与社会让位于个人，个人得到了前所未有的尊重。

刑事和解追求的最高价值是什么？有学者认为是"社会冲突的化解和社会关系的和谐"[1]。笔者认为刑事和解追求的最高价值是个人自由的最大实现。而社会冲突的化解和社会关系的和谐是其附加值。社会法则只有使每一个人公平、充分地对自己的行为负责，才能实现个人价值的最大化。尊重自己、崇拜自己、实现自己是人生的最大意义。设立制度上的人性制约机制，其一定会成为每一个人权利实现的保护伞。

三 公正与效率

（一）公正

公平、正直是它的最好注释，但其内涵与外延的不确定性导致它作为社会规范和价值体系的组成部分，极具争议。庞德说："在伦理上，我们可以把它看成是一种个人美德或是对人类的需要——或者要求的一种合理、公平的满足。在经济和政治上，我们可以把社会正义说成是一种与社会理想相符合，足以保证人们的利益与愿望的制度。在法学上，我们所讲的执行正义（执行法律）是指在政治上有组织的社会中，通过这一社会的法律来调整人与人之间关系及安排人们的行为；现代法哲学的著作家们也一直将它解释为人与人之间的理想关系。"[2] 这是从不同的角度对公正的说明，但没有论证具体的标准。

人们内心一直存有公平、公正的理念，每当某一备受社会关注的事件发生时，人们就会以自己关于公平、公正的标准来做出评判，或批评或赞扬，因此，确定一个社会的根本价值尺度和基本规则体系的准则，公正极其重要。"我国对社会公正问题的研究，始于 20 世纪 80 年代。在此之前的 30 年间，国内有关当代社会科学意义上的公正问题研究基本上是一个空白地带。"[3] 90 年代以来不断有国内学者从法律、意识形态、道德伦理

---

① 参见陈瑞华《刑事诉讼的中国模式》，法律出版社，2010，第 22 页。

② 参见〔美〕庞德《通过法律的社会控制——法律的任务》，沈宗灵译，商务印书馆，1984，第 55 页。

③ 参见马文彬《20 世纪中国正义问题研究综述》，《上海交通大学学报（哲学社会科学版）》2001 年第 2 期。

和经济发展的层面出发关注公正问题。

什么是刑事法学界需要探讨的公正内涵？许多具体与个别领域的公正如程序公正与实体公正的内容及两者的关系是什么？公正与自由及平等的关系如何？目前学界对于公正中公平与正义的含义没有多少争议，但对于公平与正义的内容却见仁见智。

自古以来，"杀人偿命"、"欠债还钱"深入人心，犯罪往往以法律对犯罪分子施以严惩而告终，从而实现了社会上的一般正义，这是报应正义的内容。恢复正义是指回到从前状态，这一理论将犯罪视为对社会关系的一种侵犯，认为犯罪破坏了加害人、被害人双方与社会之间的正常利益关系。同时，恢复正义理论的犯罪观不同于报应正义的犯罪观，它不再将犯罪片面地看作对国家利益的侵犯，而是强调犯罪是加害人个人对被害人个人权益的侵害，从而将对犯罪人的"恨"转向对犯罪人的宽容与宽恕。正义的实现本身可以有多种途径，博登海默指出："给予每个人以其应得的东西的意愿乃是正义概念的一个重要的和普遍有效的组成部分"。报应正义不是从个人的意愿出发，更多地是站在国家立场上惩罚犯罪人，忽视了最应当关注的被害人和社区的利益。恢复正义弥补了这一不足，其将目光集中在被害人身上，使其受损尽可能得到弥补，争取最大利益，弥合被损害的关系，同时也使犯罪人利益最大化，复归社会、享有自由。刑事和解使任何一方都得到了其应得的东西，被害人得到了尊严、财产，加害人得到了监外自由，社会恢复了安宁。

从报应正义到恢复正义，这是人类自身感情与理性博弈的结局。大多情况下，前者是发泄愤怒的结果，是所有人面对犯罪的第一本能，后者是解决问题的方案，是人的理性回归。报应正义以人作为工具，通过对犯罪分子的惩罚，实现正义；恢复正义通过对犯罪分子所造成的损害的恢复使被害人及社会得到最大限度的安慰与补偿，从而尽可能地回到犯罪前的状态。

"正义不仅仅是作为偶然的因素被权衡和考虑的许多价值中最重要的一种价值，而且更是权衡和估量各种价值的方法。"① "当诸价值间与诸善观念间的相互冲突无法解决时，正义就是这些价值和观念相互和解的标

---

① 参见〔美〕迈克尔·J.桑德尔《自由主义与正义的局限》，万俊人等译，凤凰出版传媒集团、译林出版社，2011，第29页。

准。正义相对于其他价值和善具有某种优先性。"①

（二）效率

对于人而言，时空的局限性决定了人行为时的价值目标之一就是"快"，以对抗时间和空间的限制，但当"快"与"好"发生冲突时，人同样面临选择。"效率"（efficiency）一词，就是指的快，它最早出现在拉丁文里，意思是"有效的因素"，在哲学上经常使用。工业革命后期，机械工程学和物理学将"效率"引入本学科，用以说明一种机械工作时的输出能量与输入能量的比值，即"效率＝输出能量/输入能量"。随着经济学和管理学突飞猛进的发展，"效率"被引进来，在该学术范畴内专指消耗的劳动量与所获得的劳动成果的比率，简化为"效率＝产出/投入"。目前，对"效率"一词引用最广泛的是经济学领域，刑事司法领域的制度改革也在遵循效率原则。

20世纪60年代在美国兴起的经济分析法学把效率原则引入法学领域，将之作为研究和解决法律问题的核心。波斯纳指出，"从最近的法律经济学研究中获得一个最重要的发现是，法本身——它的规范、程序和制度——极大地注重于促进经济效益"②。而且"正义的第二种含义——也许是最普遍的含义——是效率"③。

法律发展至今，效率原则早已渗透其中。无论是实体法还是程序法，无论是公法还是私法，从成文法到不成文法乃至各类司法解释和判决，都有其内在的追求效率、节约资源、合理配置资源的经济逻辑与宗旨。"法律通过对权利、义务、责任等的合理配置，可以减少交易成本，给人们带来实际的利益，法律活动的实质就是权利义务规范遮蔽下各方利益的追求，是这些利益的平衡和妥协。"④ 人间的任何资源供给都有限度，投入最小、产出最多，是人们经过理性筛选后决定的结果。

刑事和解注重效率，但效率并不是它的核心内容，因为刑事和解有可能让案件的解决更没有效率。当两种价值发生冲突时，只能有所取舍，鱼

---

① 参见〔美〕迈克尔·J. 桑德尔《自由主义与正义的局限》，万俊人等译，凤凰出版传媒集团、译林出版社，2011，第29页。

② Richard A. Posner, *Economic Analysis of Law* (Little, Brow and Company, 1977), p. 517.

③ 参见〔美〕理查德·A. 波斯纳《法律的经济分析》，蒋兆康译，中国大百科全书出版社，1997，第31页。

④ 参见冯玉军《法律的成本效益分析》，兰州大学出版社，2000，第160~164页。

与熊掌不可兼得。在刑事司法领域，效率解决的是程序的快慢及条件压力问题，以及在这些过程中，刑事司法资源的利用及节省程度，它指的更多的是快，而不是好，当然既快且好是刑事和解所追求的内在目标。

四 宽容与宽恕

（一）宽容

美国的房龙在《宽容》一书中，采用了《大不列颠百科全书》对"宽容"所下的定义："宽容（来自拉丁文 tolerare——忍耐）：允许别人有行动和判断的自由，容许和没有偏见地忍耐那些不顺从自己的或被普遍接受的行为或观点。"[1] 与房龙相比，同是美国人的当代学者迈克尔·沃尔泽（Michael Walzer）似乎部分地克服了房龙所使用的"宽容"概念的缺陷。沃尔泽在《论宽容》一书中指出："宽容被理解为一种态度或一种心境，它描述了某些潜在的价值。"[2]

宽容是人类符合人性善和自然规律的行为方式及结果，它看似是一种主观态度，但其实质是客观的。[3] "宽容不受约束，它像天上的细雨，滋润大地，带来双重祝福，祝福施予者，也祝福被施予者。它力量巨大，贵比皇冠，它与王权同在，与上帝并存。"[4] 但是，在当今社会对宽容价值普遍认同的同时，人们在对宽容的定义和范围的认识上却存在深刻分歧。而这些分歧主要是我们对宽容的条件认识的不清晰抑或存在差异所造成的。[5]

当人们不得不与历史会面，尤其是当令人发指的犯罪事实——残酷的真相大白时，人们愤怒的情感、复仇的心理膨胀，此时是选择回顾过去还

① 房龙指出：I refer to the Encyclopedia Britannica. There on page 1052 of volume XXVI stands written："Tolerance（from Latin tolerare）：The allowance of freedom of action or judgment to other people，the patient and unprejudiced endurance of dissent from one's own or the generally received course or view."See Hendrik Willem Van Loon, Tolerance, Boni & Liveright Inc. , New York, 1925, p. 21. 参见〔美〕亨德里克·威廉·房龙《宽容》，秦立彦、冯士新译，中国人民大学出版社，2003，第4页。
② 参见〔美〕迈克尔·沃尔泽《论宽容》，袁建华译，上海人民出版社，2000，第10~11页。
③ 参见陈根发《宽容是什么》，《云南大学学报（法学版）》2006年5月。
④ 参见苏隶东编《学会宽容》，中国民航出版社，2004，第5页。
⑤ 参见刘曙辉、赵庆杰《宽容的条件分析》，《河南师范大学学报（哲学社会科学版）》2001年1月。

是放眼未来，绝望还是希望，报复还是宽容，这一艰难的抉择千百年来一直萦绕在人们的脑际。人类的相互依存性，使得每一个来到这个世界只有300万亿分之一概率的个体，[1] 除了自我珍惜外还要彼此相互珍惜，因为人与人之间不可分离，这个世界没有一个人可以单独生活下去。站在峰顶俯瞰人性，善待他人是最高的利己而不是利他，或许这是别无他法、不得已的选择，也或许这是经过利弊权衡后的理性选择。仁者、智者首先发现了这一点，谓之宽容。

人之所以为人，其完美性的体现就在于他的不完美，人不是神，人存在社会中总会有过错，这也是认识论的基本原理。如果对于出现问题的人不去宽容，那么世界将会是一片混乱。刑事问题民事化解决就是人们宽容心理的具体化。很多时候，不是事实本身，而是我们对待事实的态度至关重要。因为既是事实，就无法改变，而我们的态度可以千变万化，宽容是态度问题，功利主义者的结论是我们可将其控制在利益化最大的范围。

（二）宽恕

"宽恕的真正意思是宽恕那些不可宽恕的事情和不请求宽恕的人。这是对宽恕概念的一种符合逻辑的分析。宽恕应该是名副其实的、高尚的、胸怀大度的"[2]。"应该坚持，所有的人，不管他犯下了什么样的罪行，仍属于人类，不能把他驱逐出人类的行列。暴行、迫害狂、癫狂等都属于人类行为的范畴。如果不把这些人当人来看待，那就成为问题了。……宽恕那些不容宽恕的行为是人类理智的升华，或至少是将理智的原则具体化，这是一种人类心胸宽广的标志。宽恕就意味着自我超越。也许有人认为宽恕别人是没有必要的，甚至不相信宽恕会真的存在。但把不可能变为可能，这正是宽恕的可贵之处。"[3]

让我们看一个宽恕的典型案例："白人统治南非的时期，也是种族歧视盛行和黑人人权遭到践踏的最为黑暗的时期，无数的家庭失去了亲人鲜活的生命。面对无以复加的苦难和巨大伤痛，政权移交后，主要由黑人执掌的政府和南非绝大多数人民选择的不是对罪犯的复仇，而是赦免，只要罪犯说出真

---

[1] 参见《读者》2010年第6期，第57页。

[2] 参见〔法〕里达、卢迪内斯库《明天会怎样——雅克·德里达与伊丽莎白·卢迪内斯库对话录》，苏旭译，中信出版社，2002，第208页。

[3] 参见〔法〕里达、卢迪内斯库《明天会怎样——雅克·德里达与伊丽莎白·卢迪内斯库对话录》，苏旭译，中信出版社，2002，第210、212页。

相，审判也可以免除。他们本可以选择复仇，但他们宽恕了所有愿意被宽恕的人。图图大主教说：没有宽恕就没有未来，南非因此获得了新生。"①

宽恕在现代刑事司法过程中体现为法官等掌控公权力的人对罪犯的宽恕，社会整体对犯罪嫌疑人的宽恕，更重要的是被害人对被告人的宽恕、谅解等。在适用恢复性司法的过程中，虽然有国家司法的介入，但司法工作人员仍然以一个中立者的地位，或者作为其他的中立调停人，主持被害人与加害人的协商、对话，使他们能够谈论犯罪行为对各自生活的影响，交换看法；加害人承认罪过、表达歉意，而被害人可能因此而宽恕、谅解加害人的行为；最终，在调停人的主持下，加害人与被害人之间达成书面赔偿协议，这一制度体现了恢复性司法与国家司法的有机结合。

在现实生活中，宽恕他人就是宽恕自己，就是既在心中也在行为中给予他人的未来更多的自由。某种时候，人在行为时即便对结果了如指掌，他自己在当时的瞬间也无法判断这一因果关系的是非与对错。如杨佳杀人案②、邓玉娇防卫过当案③中的被告人，在那样的时间、那样的地点做出那样的选择，杨佳本可以通过其他正当渠道解决自己所遇到的不公平问题而不致杀人，邓玉娇本可以选择逃走而不致伤害他人致死。现代社会，价值多元导致行为多元，个人的生活主动权越来越大，可以自由地支配自己的行为。而宽恕承载起了解决冲突的前提性理念及惯性思维，其法律表现形式即公正的处理方法和手段为刑事和解。

刑事和解因为有了宽恕的基本理念才得以发展起来。在以往刑事法领域，宽恕不仅体现在立法中，也体现在司法环节，如在量刑时法官更多地考虑犯罪人的主观恶性，对于可以宽恕的罪行予以从轻判决。刑事和解是对现行刑法、刑事诉讼法的发展，被害人对犯罪嫌疑人宽恕后才可达成和解。如果说物质主义即赔偿是刑事和解最接地气的实体方案，那宽恕就是高调的意识形态，甚至是刑事和解的最大助推力量。

---

① 参见〔法〕里达、卢迪内斯库《明天会怎样——雅克·德里达与伊丽莎白·卢迪内斯库对话录》，苏旭译，中信出版社，2002，第51页。

② 杨佳于2008年7月1日携带尖刀等作案工具闯入上海闸北公安分局机关大楼，持刀对数名公安民警及保安人员的头、颈、胸、腹等要害部位连续捅刺，造成6名民警死亡，2名民警轻伤，1名民警和1名保安人员轻微伤。法院依照刑法第232条判处杨佳死刑。

③ 邓玉娇于2009年5月10日晚，在野三关镇雄风宾馆梦幻娱乐城遭受邓贵大、黄德智无理纠缠、拉扯推搡、言词侮辱等不法侵害并实施反击，故意伤害致邓贵大死亡、黄德智所受伤情经鉴定为轻伤。法院依法判决邓玉娇的行为为防卫过当，对邓玉娇免予刑事处罚。

第四章 刑事和解的社会根基

第一节 经济基础——市场经济

一 一种经济体系

市场经济是人性自私自利、趋利避害在经济领域的最好注解。市场经济是一种经济体系,与它相对应的是计划经济。前者受自由价格机制的引导,没有一个中央体制来协调,而是由一种内在规律主宰市场,让市场有序地完成调解,人们发现并按照市场规律追求最大的利润。后者由国家计划所引导。追求利益是人的本能,是人性的最好释放,而市场经济为每一个人提供了最符合其本能的经济制度。

我国市场经济的发展是改革开放以后的事情,在此之前,一直是计划经济体制。2015年《政府工作报告》中提出,中国经济的行稳致远,须全面深化改革,用好政府和市场这两只手,"一方面使市场在资源配置中起决定性作用,培育打造新引擎;另一方面更好发挥政府作用,改造升级传统引擎,传统产业加快升级,新兴生产力加快成长,实现稳增长与高结构的平衡"。这是中国特色市场经济的突出特征。

无论怎样,不容否认的是,中国的市场经济已经走过了三十多年,尽管经历了许多弯路与挫折,但我们的方向是不能改变的。它是人们主观上追求利益最大化而表现在客观上的行为,对于行为必须有统一的标准来规范。因为客观行为不像人的精神世界，丰富多彩是其魅力所在，内在精神的表现形式如文学、音乐、美术、舞蹈等，只有民族的才是世界的，只有特色的才是永恒的。而对于行为的规范标准只有同一的才是平等的，必须一致才可共同遵守。中国的市场经济只有融入全球市场经济中，才可立于不败之地。

二　契约精神是刑事和解的内在品格

市场经济为刑事和解提供了存在空间，同时，它也是刑事和解的市场经济保障。人人从自利出发追求最大利益空间，最后却能达到互利互惠的目的，也就是说在实现的过程中，利益与道德、利己与利他得到了最大限度的平衡与一致。

契约是当事人双方本意约定后遵守该约定的行为，即兑现诺言，一诺千金的道德感与责任感的实现；契约精神是一种价值理念，是人们在经济活动及社会其他生活中根植于内心外化于行为的观念，是从契约关系中派生出来的准则。市场经济与契约精神互为支撑，有契约精神才可能有市场经济，有了市场经济又需要更进一步强化契约精神。订立契约是基于双方的合意，契约成立后双方必须依此承担各自的责任。契约的第一步是形成要约，民法学中的要约是指"一方当事人以缔结合同为目的，向对方当事人提出合同条件，希望对方当事人接受的意思表示"。① 传统的解决犯罪问题的刑法自古以来就属于公法范畴，但伴随着社会的多元化，刑事有必要民事化。德国刑法学者克劳斯·罗克辛指出"刑法与民法在概念上的明确区别，是 19 世纪法学的重大成就。但在今日，我们认为此项严格区别是一个错误观念，刑法与民法的再接近实有必要"②。时至今日，已不是刑法与民法相接近，而是民法直接融入刑法之中，当事人通过要约再合意最后达成和解，以民事手段解决了刑事问题。

公诉案件刑事和解的要约有其特定性，它不仅仅类似于传统的民事要约，即犯罪嫌疑人与被害人中一方提出要约，实践中大多是犯罪嫌疑人一方首先提出，被害人一方也可能捷足先登，重要的是双方达成合意。但它

---

① 参见魏振瀛主编《民法》第 4 版，北京大学出版社，2010，第 427 页。
② 转引自何帆《刑民交叉案件审理的基本思路》，中国法制出版社，2007，第 1 页。

不同于民事上的合意的地方还在于介入了国家这一主体，即双方当事人之间的合意约定不是最终的法律后果，在此之前、过程中及之后还必须介入国家一方，当然是以国家机关作为出现。国家机关依照《刑事诉讼法》规定，判断合意后的协议的法律效力如何，它不同于传统的刑法国家是唯一主角，却又有权力施用的情形。"我们正处于一个以多元化、一体化、全球化为特征的高度复杂与开放的世界。在多元开放的社会，主权并不必然依附国家而被认为是世界最高和最终的事物。"① 个人对自己的"主权"应当被肯定，但对他人不可有"主权"，权利的边界不可逾越。

法国莫泊桑的《项链》充分体现了契约精神。虽然小说是以文学的方式描述社会生活，但我们从中也可窥见那种诚信的契约精神。而在我国的现实生活中，某些地方的强制拆迁却难以体现契约精神。刑事和解建立在理性契约精神之上，但在价值冲突时，或许更需要情感的注入，同样的个案因情感不同结果可能不同。

三　私有财产为刑事和解提供了经济保障

相对于计划经济下的公有制，市场经济体制下，私有财产神圣不可侵犯，自己有处置自己财产的权利，以自己的财产为他人提供赔偿既有现实性也有可能性。人性的最大需求是产权明确，对于那些产权不明确的东西，多数人不会去珍惜，除了圣人，可凡间不会有太多圣人。私有财产保护的制度化是对人性的尊重，因为占有是人性中无法抑制的冲动，哪怕占有的东西生活中并不需要，贪官的数亿赃款就是贪婪的极好证明。人性中的私欲至今没有退却的痕迹，换个视角，它也是社会进步的动力之一，通过人性化的法律导向，使它得到规范，并上升到道德的高度。

私有财产正当与人身自由正当本来是天然的无须证明的公理，只是人为的制度将它们一再异化，成为需要不断论证的命题。相对于私有财产而言，国家财产还涉及政权的更迭，其实国家财产即是政府财产，只有当政府通过暴力或其他手段获得合法性时财产归属政府才有合法性，而自然法支撑下的私有财产可以世世代代以私有者的意志传承下来。国家财产只是手段，其最终目的是将福祉落实到每一个人身上，而个人财产本身就是目

---

① 参见〔英〕约翰·霍夫曼《主权》，陆彬译，吉林人民出版社，2005，第154页。

的，它遵从个人的意志为个人服务。建立国家也是为了最大限度地保障公民个人私有财产神圣不可侵犯，非经正当程序国家不得剥夺个人的私有财产也已成为法治国家通行的宪法规则。

人的欲望促使人去不断地创造财富，从而在某些情况下得以通过自己的财富实现自己的意志。个人财产是手段、是方法，也是目的，与人身自由一样与生俱来，具有自足的特征。利益最大化是市场经济下人们追求的目标，利益最大化的驱动让人们更理性地行为，更审慎地选择。刑事和解制度下，犯罪嫌疑人可以用自己的私有财产换取人身的自由；被害人可以增加自己的私有财产方式兑现对犯罪嫌疑人的原谅和宽恕，私有财产的失去与得到，成全了当事人自身的需求，实现了私有财产的应有价值。

四　以诚信为前提

市场经济下人与人之间的关系、法律规定等都是以诚信为前提，虽然它所有的制度建立在人性恶的基础之上，因为如果人性善也就无须法律制度规范人的行为，处处谦谦君子、道德高尚，争议冲突很难发生，即便发生也会瞬间化解。人性恶与人之诚信的良好品质兼容，诚信是对对方的人品、人格的尊重，是保障双方共同利益合理合法实现的伦理基础。

中国人的聪明智慧闻名于世，但国民性中的某些小聪明常常让西方的法律无所适从。记得有学者论证过，人为什么要遵守规则，并举一例说明，中国留学生在所在学校期末考试时到唐人区诊所开一假条，然后申请补考，补考题目与正常考试题目一致。学校制定考试请假补考制度是以所有学生的诚信为前提的，当这一规则的前提被破坏时，这一规则也就失去了规范意义，学校或者重定规则，或者不录取类似的学生。诚信应当被上升为一种主体的自觉意识、一种观念意识形态，使得人们在行为时已无须考虑这一前提性的存在，也让规则制定者有所适从。

2015年3月李克强总理在《政府工作报告》中专门指出，中国人的信用制度要建立起来。报告中谈道："建立全国统一的信用代码制度，意味着公民和机构有了自己的信用代码，无论是财产信息还是其他信用信息，都将得到有效整合，不诚信记录将很难潜水。"报告提出："建立全国统一的社会信用、代码制度和信用信息共享交换平台，依法保护企业和个人信息安全。"在当下全球一体化时代，信用制度引导公民必须具备诚信品德，信息共享但不侵犯他人权益。

　　市场经济是刑事和解的经济制度保障。市场经济的主旨就是追求利益最大化，资源配置由市场决定，人们需要认识它，并基于自由意志做出决定。自己的行为自己负责，国家、政府、企业、单位及他人都不会为个人的失败决策买单，比如市场经济条件下，房屋买卖合同双方并不因为房屋价格的涨跌而不按合同履约，契约精神应当深入人心，因为那是自由意志的结果。刑事和解就是自由意志的结果，也是一张契约，只有在市场经济体制下，建立在法律基础上的刑事和解才有经济制度的基础与保障。

第二节　社会基础——市民社会

　　市场经济发展必然导致市民社会的高度发达。如果说市场经济的发展为财产的私有化提供了制度空间，从而为刑事和解的赔偿提供了经济上的保障，那市民社会的发达则满足了刑事和解所需要的极强的个人独立意志、第三方中立的立场及全球化下的借鉴与同一。市场经济发展，人均收入提高，社会结构和文化价值随之变化，包括城市化进程加快、产业工人阶级扩大、教育普及提高、信息传播渠道丰富多样、专业阶层兴起、财产迅速积累和产权意识增强、市民社会进一步发达等等。我国当下正在走着这样一条路径。社会是系统性整体，以个人存在为前提，但又超越任何个人，它是任何制度生存的沃土。市民社会是对某种社会状态的概括，它说明这种社会的特征。成熟的市民社会就是现代刑事和解生成与发展的沃土。

一　市民社会概念

（一）市民社会的含义

　　就其基本内涵而言，市民社会主要包括两种含义：首先，市民社会是指区别于国家政治活动领域的社会生活领域，"此一意义上的市民社会与国家相对，并部分独立于国家。它包括了那些不能与国家相混淆或者不能为国家所淹没的社会生活领域"①。在这一领域中，正如马克思所指出的那样，经济生活或经济活动居于核心的地位。其次，市民社会是指区别于国家政治机构的社会自主性组织及其活动的总和，"是由一套经济的、宗教的、知识的、政治的自主性机构组成的，有别于家庭、地域或国家的一部分社会"②。马克思也曾在这一意义上使用市民社会概念，他在《德意志意识形态》中指出，市民社会"这一名称始终标志着直接从生产和交换中发展起来的社会组织，这种社会组织在一切时代构成国家的基础以及任何其他的观念的上层建筑"③。

现代市民社会泛指一切独立于国家的自主性社会组织，这些自主性社会组织作为国家权力的外在制约力量，对于法治秩序的形成具有不可或缺的重要作用。

（二）市民社会的特征

1. 市民社会是一个以个人独立为原则的社会。黑格尔指出："市民社会，这是各个成员作为独立的单个人的联合。"④ 个人具有独立意志，独立的人格，却又在某一层面中对自己、对他人、对社会、对国家承担责任。2. 市民社会是一个以个人利益为本位的社会。马克思曾精辟地指出："实际需要、利己主义就是市民社会的原则。"⑤ 每个人如果得到满足，幸福并快乐地生活着，则国家大幸。3. 市民社会是一个以工商业市场经济为基础的社会。计划经济完全没有了市场，国家调整也必须尊重市场规律，强制的行政领导行为会成为市场经济发展的障碍。

二 个人意志独立

（一）个人意志

"我所谓意志只是指我们自觉地发动自己身体的任何一种新的运动、

---

① 参见〔加〕查尔斯·泰勒《市民社会的模式》，载邓正来、〔美〕亚历山大编《国家与市民社会——一种社会理论的研究途径》，中央编译出版社，2002，第3页。
② 参见〔美〕爱德华·希尔斯《市民社会的美德》，载邓正来、〔美〕亚历山大编《国家与市民社会——一种社会理论的研究途径》，中央编译出版社，2002，第33页。
③ 《马克思恩格斯全集》第3卷，人民出版社，1960，第41页。
④ 参见〔德〕黑格尔《法哲学原理》，商务印书馆，1982，第174页。
⑤ 《马克思恩格斯全集》第1卷，人民出版社，1960，第448页。

或自己心灵的任何一个新的知觉时、所感觉到和所意识到的那个印象。"①意志就像万物的自由行为背后的天然控制力量，很难被准确表达，对人而言，其来自个体内心真实的意愿。

市民社会所形成的个人独立的意志，为刑事和解奠定了人文基础。只有在现代的市民社会框架里，才能有真正的刑事和解。虽然古代也有刑事和解，但那些都是建立在君王制、家长制的基础上，那时和解不是个人独立意志的体现，而是国家为了长治久安、家族为了兴旺发达而淹没或不顾个人的感受，甚至牺牲个人而换取整体利益，更确切地说是牺牲渺小个人而换取不同层次顶级个人的利益。

社会是由每一个个人组成，个人在社会中的地位决定了社会制度，反过来社会制度更加明确个人地位。封建社会以国家为本位的制度构成坚固的堤坝，堵塞每一阶层的个人的欲望，并以不同程度的压制阻止他们释放。当代普遍认为，独立的个人原本就是社会的基础，应当只依法律确定个人与他人、与国家、与社会的关系，使个人在群体中自由平等地生活，并以每个人作为终极的目的与价值而不是手段与方法。如果没有长久的市民社会的锻造，观念与行为难以确立。

市民社会本身的多元使得每一个人有权选择自己的生活，他人无权干涉，个性是社会发展的动力，它是人类社会向前发展的生命源泉，同时符合人性解放的需求，充分体现个人的价值，这也是存在与发展的重要外在显现。

（二）个人责任

个人独立意志的结果是个人对自己的行为独立承担责任。犯罪后无论哪种刑事责任都得是个人承担，近代以来还有罪责自负反对株连的原则普遍适用，刑事和解与传统国家司法的区别在于谁来决定责任的承担方式，或者说谁是主要的决定者。前者主要由双方当事人决定，司法机关工作人员只起引导、主持、调解的作用，其意志不会渗透到双方当事人的意志里；后者主要由司法工作人员依照法律决定犯罪嫌疑人应当承担的刑事责任，犯罪嫌疑人与被害人无权决定刑事责任的承担方式，只能在极小的程度上影响刑事责任的程度，如被告人的自首、立功情节可以从轻、减轻处罚，但还是在法定刑的幅度内。

① 参见〔英〕休谟《人性论》下册，关文运译，商务印书馆，2005，第339页。

当国家作为家长时，国家要承担更多的责任，也有可能权力被滥用，从而导致无法挽回的恶果。如房价的涨跌，作为市场经济中的主体，买房者应当独立承担涨跌的后果，而不是在房价大跌时找开发商或政府讨要说法要求返还差价或退掉房子，在大涨时享受因自己聪明才智获得的利益。国家或单位承担责任的惯性还在百姓的潜意识里并化作具体的行为，但市场经济下的市民社会，个人独立意志下由个人承担全部的责任，国家或单位不会再为个人的行为及所造成的结果买单，正如当子女年满 18 周岁，家长不能替他做决定，同样也不能替他承担责任。同理，2015 年 8 月 22 日天津滨海爆炸案，谁的意志谁的行为就由谁承担责任，而不是国家以纳税人的钱填补因个人行为造成的巨大损失，那样不公平，既损害了他人的利益，国家也没了信誉。

（三）他人意志

与个人意志相对应的是不将自己的某些意志凌驾在他人意志之上。一是掌权者的意志，二是自以为是的意志，三是善良意志。这三种意志之所以不能强加或压制当事人的意志，就在于没有统一的标准来判断它们是否符合当事人的自由意志，不同立场、不同利益、不同目的都会影响到个人的出发点和对结果的追求。

或许每一种意志的表达都具有真理性，都可以或多或少为当事人带来实际的好处，或许也有利于社会的和谐与发展，但每一个个体都有独特的生活体验、感受、处理问题方式，只要不碰触法律，个人意志的表达与实现构成或成就他的个人生活，从而使其与众不同，多姿多彩。史上许多宁负荣华、不负春光的故事，比如众所周知的吴敬梓写就的《儒林外史》，传承至今依然光芒四射，而其本人生前拒绝当官，即便皇上亲临南京征召，他也坚持在家中自由自在地独享快乐时光。在封建社会人人向往的仕途之功名，于他分文不值。如果将父母或他人的意志强加于他个人，人们深刻地怀疑，是否还能有千秋文字的《儒林外史》，当然历史没有假设，可个性难以更改。

事实上，不受他人意志影响几乎是不可能的，如司法独立是现代司法的一项基本准则，但人们有目共睹民意对刑事司法的渗透。[①] 大多民意是部分人情感的宣泄，而无法律上的逻辑可言，因为无知掩盖了真相，而理

① 参见李卫红《刑事司法裁判权的独立与受制》，中国人民公安大学出版社，2008。

性思考与探究案件的来龙去脉、长久而非短视地制定刑事政策，需要冷静、平和，而情绪的发泄却简单得多。

影响与决定是两回事。主体不同，决定的主体尽量避免影响的主体对自己意志的渗透，独立最为重要，当市民社会培养出人们坚强的独立意志时，受他人影响的因素会越来越少。

三　社区发达

刑事和解需要中立的第三方出面主持调解，双方达成共识后和解。发达后的中国市民社会为刑事和解提供了社会沃土。

市民社会的另一标志即是独立于国家公权力的公共领域的存在，它是由各种非官方的组织或机构构成的私域，主要包括不受制于国家权力的支配而独立自主的社团、党派、报纸杂志等。社区的发达是市民社会的重要成果之一，它为刑事和解的实现提供了只服从法律不受任何其他制约的第三方。

中国历史上国家的力量一直比较强大，因此与西方不同，中国的国家与社会没有形成一种逐渐分离甚至对立的局面。"个人及群体的权利湮没于皇权之中，形成'普遍奴隶制'，即市民社会被国家所吞噬了"。[①]专制主义、重农抑商的政策致使商品经济在中国始终难以发达，建立在商品经济基础之上的市民社会便始终无法成形。

改革开放以后，中国开始逐步摆脱高度集权的模式，市民社会形成并迅速发展。市民阶层的形成，以城市化为前提。近些年来，我国大量农业人口进入城市，他们如何融入城市社会，是中国城市化、现代化所面临的重大挑战，也是形成市民社会的关键所在。从中国城市化当前遭遇的现实问题出发，参照欧美先行城市化国家的经验教训，中国的城市化需要升级转型。而对于当前的农业转移人口"市民化"战略，一种政策的导向是更侧重于阶层定位而非法律定位、策略性选择而非制度性安排，是一种分列式方案而非一体化布局，这种政策导向未免存在诸多局限和问题。现代化国家治理要求城市化中农业转移人口应从市民化转向公民化，重点在"化"，让原来的农民成为对自己、对他人、对国家负有责任的立体公民，

---

① 　参见马长山《国家、市民社会与法治》，商务印书馆，2002，第122页。

这是形成市民社会的基础性前提。着力于公民角色担当、参政议政空间、文化兼容并包和一体格局的建设和拓展，"公民化"有利于促进制度认同、公共参与和自律秩序的形成，从而形成多元治理秩序。只有实现了农业转移人口的公民化，才能真正建立起有效的城市治理秩序，才可形成多元有序的市民社会。

中国的市民社会还存在很多的问题，需要慢慢发展。刑事和解所需要的居委会、村委会以及许多行业的行业协会，按照法律规定应当是完全自治的民间组织，然而事实上，它们的自治作用受到党政机关权力的极大限制，在很多地方甚至流于形式。这些自治组织发挥作用的空间完全取决于政府释放出来的权力大小，因而政府职能的简化才可能给这些自治组织活动以更大的空间。

无论是各种行业协会，还是商会、学术团体、慈善组织和专业团体，应当更独立自主，充当好第三方，实现刑事和解。

四 借鉴与同一

全球化让中国融入世界，恢复性司法源于西方，刑事和解产生于本土，在此我们将两者结合起来，解决了部分犯罪的实体与程序问题。如果我们不打开国门，先进制度无法本土化，刑事和解将得不到应有的完善。我国的刑法及刑事诉讼法中的先进规定无一不是借鉴英美法系及大陆法系其他国家的理念与制度，如刑法中的三大基本原则，罪刑法定原则、罪责刑相适应原则及刑法面前人人平等原则；刑事诉讼法中的无罪推定原则、证明责任分配原则、辩诉交易等，这些在全球范围内早已被公认的原则也已在我国普遍适用，成为实现公平正义的法宝。恢复性司法在全球的风靡促成我国加快了这一制度的建设，在共同的法律背景下，反过来保障市场经济的正常运行。

地球已是一个小村庄，并且已是不依任何人的意志为转移的现实，所能考虑的只是如何清醒地分析局势，正确地做出回应。全球化既是一种客观性力量，又是一种扩张性过程。诚然全球化进程仍然是以国家体系作为政治保障的，不宜夸大全球进程中民族国家权力的衰落，但是，全球化将促进各国政府和社会自觉调整其角色和功能。一是重新确立国家的身份，身份是主体在共同体或者社会关系所形成的稳定结构中所处的地位。在国际化和全球化的过程中，中国扮演过旁观者、被动接受者、选择借鉴者、国际规则参与者和制定者四种角色和身份。二是渐进形成公共领域。"所谓公共领域是指介于市民社会和国家之间进行调节的一个领域，在这个领域中，有关一般利益问题的批判性的公共讨论能够得到体制性的保障，形成所谓公共意见，以监督国家权力并影响国家的公共政策。""公共领域的特征是非强制地参与，在体制化的保障之下自由、公开合理性地讨论普遍利益问题，促使公共权力的合理化。"①

　　中国不能游离于国际规则之外，在当今世界纵向上表现为现代化、横向上表现为全球一体化的形势下，中国的市民社会，不管是无奈地选择还是主动地介入，都会以超常规的速度迅速发展。在利益的驱动下，这世界不会太平，不管是被动还是主动，全球各个国家在一起依国情、国力的不同而会有不同的待遇。1840 年的鸦片战争使中国被动地打开国门，西方国家为了掠夺财富以大炮攻城；2001 年的中国加入世贸组织是中国主动选择的结果，加入世贸、强化国力，使中国真正融入全球化进程，这是一个新起点。全球一体化就包含着法律趋同化。"法律趋同化，是指不同国家的法律，随着社会需要的发展，在国际交往日益发达的基础上，逐渐相互吸收、相互渗透，从而趋于接近甚至一致的现象。"②在共同的国际背景下，游戏规则一定得同一，外在行为的调整才会有统一的标准。

　　当代中国如果与世界同步的话，有些功课是必须要补上的。历史不可能被超越，中国与其他国家的合作越来越多，互利共赢，共同发展。中国千百年来基于身份等级和道德话语的秩序建构是否可以长治久安呢？它有效地维护了中国传统社会的秩序，虽然伴随的是朝代的不断更迭。而西方基于自由、平等和权利话语的契约建构是否是当代全球化背景下各国的必然呢？历史的长河流淌至今，实际上是一种从"身份"到"契约"的运动，人们还是建立了更为自由、平等、民主的国家与社会。身份、道德或许是更高级别的轮回。

---

① 参见马长山《国家、市民社会与法治》，商务印书馆，2002，第122页。
② 参见李双元等《中国法律趋同化问题之研究》，《武汉大学学报（哲学社会科学版）》1994年第3期。

第三节　权力的制约与分割

市场经济的发展需要法治国家，由市场经济的发展与市民社会的发达而导致的权力的被制约与被分割为刑事和解提供了权力的保障。权力不被分割，自由就没有保障，权力的合一是最极致的专制，当个人没有自由意志时，刑事和解就无法实现。但是，我国封建社会的历史悠久，对权力的崇拜早已渗透到百姓的血液里，日常表现为全民的官本位意识，甚至权力被视为图腾，人们对其顶礼膜拜——"学而优则仕"，社会各阶层对权力拼命追求，几乎所有职业都能和权力挂钩。例如，教授相当于哪一级别？主任医生相当于哪一级别？在日常生活中的体现之一是在享受的国家福利待遇上，教授或主任医生也是与官阶相对应。这样仅仅以官阶为尊严的社会会产生各种后果：一是特别容易让人丧失人格尊严，而刑事和解恰恰需要的是个人以独立的人格在社会中解决个人的犯罪问题；二是国家权力至上，而享有国家权力的人就会成为某种程度上至上的人，公民个人的意识及行为以有权人的意志为中心，唯长官是从，而刑事和解恰恰需要从国家权力分出一部分给个人作为私权使用，个人享有完全的自由意志，不受任何公权的制约。

中国的权力分割与制约一直在进行中，以最近的 2015 年 3 月的政府工作报告为例，文中提道："大道至简，有权不可任性"，意思是约束权力，简政放权。"有权不可任性"来源于网络用语"有钱就是任性"的变通说法，用在此处既通俗易懂，又恰到好处。全面推进依法治国，依法行政、依法宪政，对权力要有制约。报告提出，制定市场准入负面清单，公布省级政府权力清单、责任清单，切实做到法无授权不可为、法定职责必须为。这些关于行政权力的规定，为所有权力的分割与制约提供了样板，更为改变权力至极的意识提供了政府观点。

近现代以来，规范国家权力有两个步骤，一是制约国家权力，二是分割国家权力。人类早已对人性弱点有充分的认识，只是资产阶级革命以后，对国家权力的分割与制约才有了制度上的保障。各国宪法都对此有相应的规定。同样，我国也面临着权力配置的问题，无论怎样都绕不过去，索性面对，将其宏旨弄出个所以然来。在 2018 年的第十三届全国人大会议上，习近平主席就职宣誓中有一句话，"接受人民的监督"，这也是监督制约权力的一种方式。

一　权力的制约

（一）立法权、行政权和司法权的划分

这一划分在西方有着深刻的理论渊源。"西方政治思想史描绘的是一套价值——正义、自由、平等和私有权神圣不可侵犯——的发展和阐发"，但这些价值只有在特定的制度结构和程序中才能实现，所以"政体"问题一直以来是西方政治学家和法学家所论述的重要问题。① 从亚里士多德到洛克再到孟德斯鸠，今天西方分权理论的基本要素逐渐形成。美国宪法吸取了分权理论的精华，并对之进行了创造性的发展，形成了其独特的"三权分立"体制，经过两百多年的实践和修正已臻完善。三权分立的格局，是以野心对抗野心、以权力制约权力的具体形式。正如立国者们认识到的，国会和总统的力量在法院之上，其权力的膨胀一方面挤压了司法权的生存空间，另一方面也成为公民权利的巨大威胁。

美国是确立议会的权力以反抗王权的典型（反抗王权的需求在美国也并非那么迫切）；它确立的是一种以自由主义、个人主义为思想原则的、注重保护少数和分权制衡的政治体制。② 司法权在宪法文本里并未被赋予那么崇高的地位，毋宁说，司法权相对立法权和行政权来说必定是赢弱的。联邦党人认识到："司法权既无军权、又无财权，不能支配社会的力量与财富，不能采取任何主动的行动。故可正确断言：司法部门既无强制、又无意志，而只有判断；而且为实施其判断亦需借助于行政部门的力量。"③ 然而在后来的宪政实践中，联邦最高法院睿智的大法官们使司法权在美国分权格局中占据了举足轻重的地位，可以说，司法权与立法权或行政权混合威胁个人自由的情况没有出现，美国政治权力运行也能大体保持在宪法的框架之内。

---

① 参见〔英〕M.J.C. 维尔《宪政与分权》，三联书店，1997，第 1 页。
② 参见谭融《权力的分配与权力的角逐》，天津大学出版社，1994，第 1~29、149 页。
③ 参见何宁生、支振锋《〈联邦党人文集〉导读》，四川教育出版社，2002，第 194 页。

法院作为宪法（某种意义上说也就是正义）的守护者的观念深入人心，这就使司法权拥有了来自道德上而非力量上的优势，也为司法权有力地制约立法权和行政权提供了基本支持。"像法律在私人领域以和平和秩序取代了私人暴力一样，宪政将政治纳入了法律程序，以制度化的法律程序在公共领域取代了宫廷政变和集团暴力，将围绕政治权力的斗争控制在和平与秩序的范围内。"① 美国的司法独立，并不意味着司法权完全与政治无涉，恰恰相反，这种独立建立在对政治的深刻体察和坚决的纠偏行为的基础上，只有如此才能在动态中保持国家权力的均衡。

（二）制约种种

经验告诉人们，权力在运行中往往发生两个方向的异化。其一，权力的使用者滥用权力，主要表现为权力的使用者超越权限或者不正确使用权力。为了私欲滥用权力，腐败就不可避免。其二，权力的使用者玩忽职守。权力源于权利，它是人民为了更好地保障和增进自身利益，而以明示或默示的方式转让一部分自身权利才凝聚成权力这一公共产品。权力的合目的性表明权力的所有者即人民与权力的使用者之间是一种委托关系，因此，权力的使用者不得怠于行使权力从而损害权力所有者的利益。为了防止权力滥用和玩忽职守，必须使权力制度化，建立完善的权力约束机制。

第一，以权利制约权力。权力起源于权利、服务于权利，这是以权利制约权力的逻辑前提。因此，在权力与权利相冲突时，应贯彻权利优先原则。但必须认识到，个体的权利在与强大的国家权力相对峙时，力量是极其微弱的。为此，一方面须保障个体权利的有效行使，另一方面须限制国家权力。不仅应适当分散国家权力以削弱其强度，同时还应当让国家权力的不同构成部分之间形成一定形式的制约平衡关系以自我抵消一部分强度。②

比如，在刑事诉讼的内部构造中，辩护制度是权力制衡的必要组成部分。现行《刑事诉讼法》赋予了国家司法机关强大的公权力以保障刑事诉讼的顺利进行，如采取强制措施限制或者剥夺犯罪嫌疑人的人身自由，采取搜查、扣押、监听等侦查行为。与此同时，也必须赋予犯罪嫌疑人、被告人对抗防御性的体系性权利，以制衡国家的追诉权力。防御性权利就

---

① 参见程竹汝《司法改革与政治发展》，中国社会科学出版社，2001，第 59~60 页。

② 参见童之伟《公民权利国家权力对立统一关系论纲》，《中国法学》1995 年第 6 期。

是以辩护权为核心的权利体系，辩护权可由自己行使，但由于专业的局限，当事人主要还是请具有专业水准的律师来帮助辩护。现代民主法治国家必须赋予被追诉人以辩护权，而且辩护权要得到有效、充分地行使，这样才能够较大程度上遏制公权力的滥用，特别是避免刑讯逼供之类严重侵犯人权的行为。在一定程度上刑事诉讼过程也是权力与权利的博弈，而辩护权在博弈的过程中扮演了维护被追诉人合法权利的重要角色。这一具体制度保障的权力制衡在一定程度上成为权力制约机制的范本。

第二，以权力制约权力即权力分工。权力分工，也就是国家权力的配置，而从整体意义上国家权力的配置其目的就是以权力制约权力。权力分工的内容包括：横向分工、纵向分工、内部分工。其中的纵向分工首先体现的是中央和地方的关系。在这个问题上，联邦制国家和单一制国家的思维方式大相径庭。在联邦制国家，一般认为联邦是由各州通过转让自身一部分权力而组成的，因此，凡联邦宪法和法律未赋予联邦的权力，理所当然属于各州；而在单一制国家，一般认为凡宪法和法律未授予地方的权力属于中央。

第三，以责任制约权力。权力不可自由选择和放弃，这是权力起源于权利的逻辑结论。权力行为的目的不在于权力行使者自身的利益，而在于公共利益和人民的权利，滥用权力或者怠于行使权力必然使公共利益和人民的权利受损，所以，权力必须行使，并且不可滥用、不可放弃。在这个意义上，权力与义务相近，或者说权力内容内含着义务。作为义务，权力不履行或不正确履行，必然导致一定的责任。

第四，以程序制约权力。为防止权力运行中的任意性，必须制定详细并切实可行的权力行为规则。从微观上讲，任何一项权力都包括了谁来行使权力、权力控制和支配的对象、权力的具体表现形式、权力范围等内容。应当从上述四个方面严格约束权力行为的行使，确保权力行为的合法性。

第五，公众参与监督。建立完善的信息公开机制，让公众知道领导干部及其配偶子女的真实信息，建章立制规范干部经商问题，规范其子女就业，从源头上防止父子、夫妻等家族腐败的出现。

以社会制约权力。权力的所有者退隐后，为防止权力的使用者不正当行使权力，必须通过一定的途径和方式对权力行为进行监督。对权力行为进行监督的前提是权力行为的公开性，立法、司法、行政等权力行为都必须向社会公开，同时，社会各方面的力量包括公民个人应当积极参与对权力行为的监督。

二 权力的分割

中共十一届三中全会开创了确立法治的时代，公民权利和法律面前人人平等的原则得到宪法保障，司法独立，不允许任何单位、组织及个人有超于法律之上的特权。私权得到张扬，既确立了公权的边界，也界定了私权的范围，隐私权、产权受到前所未有的保护。后来私权利不断扩张，由被动转为主动，由消极转为积极，以 2008 年的两事件为例，一是汶川大地震，志愿者们及民间合作所体现出来的积极参与公共事务的精神；二是北京奥运会，个体与整体相协调，人们积极地主动地承担责任，在公共管理事务中体现出私权的力量。

后来的《劳动合同法》及党的《十七届三中全会关于推动农村改革和发展的若干重大问题的决定》等更进一步保障了私权实现。通过法律及党的文件来提升个人在制度中的地位、作为社会主体应当享有的权利，以私权为基础的民主政治才有可能推行下去，并重新定位公权。

政府不可能解决所有问题，因为它本身也有许多问题，为解决这些问题世界各国政府及公民各显神通。如土耳其一个叫阿亚兰的渔村的渔民分配渔场的机制就充分体现了渔民的自治。① 当公民能够发挥自己的主观能动性进行自我管理时，问题总会得到更好的解决，同时国家也会省去大量的人力、物力、财力。

---

① 参见《第三条道路》，《读者》2012 年第 21 期，第 52 页。这个村子有 100 位渔民，其中大多数参加了一个合作社，另一些渔民则保持独立身份拒绝入社，再加上渔场分配，使得情况格外复杂。但是，在没有外力介入的情况下，该村人民通过自我管理、自我约束，达成了很好的契约。具体内容如下：一、每年 9 月发入社登记表，对合格的渔民进行登记认证，不管他是不是合作社的成员；二、在渔场中设定 100 个捕捞点，并对其进行命名登记。这些捕捞点彼此间有足够的距离，以保证鱼群在这些捕捞点间游弋有足够的空间；三、每个渔民抽签决定自己去哪一个捕捞点；四、从 9 月到次年 1 月，每个渔民每天向东迁移一个点，次年 1 月到 5 月再改成每天向西迁移一个点。每年渔民们都是在咖啡馆里达成这个协议，然后把协议交给当地的一个宪兵，由他来做仲裁或保人。但他从来没有机会发挥实质性的作用，因为有鸡毛蒜皮的小纠纷，渔民自己就解决了。

三　刑事和解的权力依据

人类在生物学上和生理学的共性和求取生存与发展的基本共同要求导致人类在某些事务上有达成国际一致的基础。社会是由人组成的，人在生物学上具有同质性，心理生理方式都是基本一致的；虽然在文化上存在差异，但文化是可以交流、沟通、融合的。在全人类共同以人为本的社会中，人的感知、感受、感情应当是人类共同追求的目标。人类发展的正面与负面影响如科技的进步、人口的增长、环境的污染、资源的短缺等等，都可以促使人们达成某种共识。权力被制约与分割后，刑事和解才有实现的可能。

从根本说，刑事和解及恢复性司法的出现是公权力与私权利较量的一种结果。人类追求美好生活的一个重要指标就是公权力与私权利在整个权力结构中的份额比例，抛开公民的参政议政权利不论，仅就刑事领域而言，也就是每一个公民对自己行为及其结果的处分程度即说话算数的程度，它也是国家德性与公民德性的显现结果在刑事领域中的体现。

自从国家产生以来，国家强大的公权力不断膨胀、私权利不断萎缩。直到近代资产阶级革命建立资本主义国家后，这种状态倒置，公权力不断退却让步、私权利相对扩张，这是权力与权利之间的转换，此消彼长、此长彼消。目的是尽可能实现多数范畴内的每个人的利益，其哲学基础既有功利主义也有人道主义，当今以人道主义为主要基础。

刑事和解的实体内容及其实现过程改变了犯罪人及被害人在纠纷解决程序中的地位，他们由原来的被动转变为现行的主动，从而在一定程度上自己决定了自己的命运。实体与程序的拓展与延伸从某种意义上改变了犯罪人及被害人解决问题的思路，行为人实施犯罪行为后及出现犯罪结果后、被害人的合法权益受到侵犯后，双方在一定程度上可以选择解决冲突的方式方法，而不仅仅等候国家对他们的处置。犯罪人与被害人从"被动"到"主动"的位移，使得每一个主体能充分行使本应享有的各项权利。

目前，我国对大多数犯罪的处理一般还是通过国家司法程序予以犯罪人刑罚或是非刑罚制裁措施处罚，只有少数案件中的犯罪人与被害人可以通过恢复性司法程序来实现刑事和解。但即使只是少数案件可以实现刑事和解，也说明了一种趋势的存在，如果以权利作为支撑的主线，公民个人越来越从被动的被支配转为更多地主动地解决自己的所有问题，只有当自己无法解决时，才转给国家，而国家有义务接手、无权利放弃。

在国家刑罚权统治时代，国家一直处于刑事司法的主导地位，国家自身不能行使司法权，只能通过它的代表机关弘扬正义。一方面，国家通过刑事司法的功能的实现，让犯罪人得到应有的报应，并吓阻行为人可能的再犯或其他人从事类似的犯罪行为。另一方面，百姓遵守法律，以此作为国家保护其根本利益的回报并获得国家自诩的有效控制犯罪的承诺。犯罪人无论是在诉讼过程中还是在处罚结果完成后始终处于被动状态，在犯罪发生后，国家司法机关通常主动介入案件，结果是大多数犯罪分子被处以刑罚，自由刑在刑罚结构中所占比例居高不下。刑事被害人更是被置于完全被动的地位，大多国家没有将其定位于刑事诉讼当事人，只要实现所谓的报应即将犯罪人绳之以法，案件处理就算大功告成，根本不会理会被害人的感受及经济上的困境。

在传统的司法模式里，国家司法面临着困境，刑事和解的出现改变了相关现状，促使人们开始更深一层地追究传统刑罚观及其刑事司法模式存在的问题，很好地契合了现代社会的发展需求。人类理性的伟大，不仅体现在人拒绝弱肉强食，对弱者体现出强烈的同情与怜悯，而且体现于对过错的宽容与理解。

因此，我可以大胆地假设，国家将刑罚权让渡给个人，不仅是从无到有，而且还会在量上逐步增加，即被害人、犯罪人的主动权将有更大的空间。但民主对于法治也具有相当的依赖性，因为理想的协商情境必然是在法治的程序保障之下，协商不能超脱法治而存在，当事人的主动权不管走到哪一步，都少不了国家司法的保障。关键是公民个人有了更多的选择，其权利也有了充分的保障。

当然权利也是相对的，不可能无边无际。法理学上，学者们对于权利相对性理论有许多探讨，认为它是一个现代性的理论，这一讨论也是我们认识权利现象的方法之一。权利并不独特，它也如任何其他事物一样，其限度的樊篱不断地扩张或伸缩，但有一点不会改变，即有权利就会有限度，超越了权利的限度就可能走向权利滥用，就有可能导致危害结果的发生。虽然法律赋予了加害人与被害人更多的权利，但不可滥用，否则将会步入无底的深渊。

第五章　刑事和解的实体实现

第一节　刑事责任的一种

一　刑事和解是解决已然犯罪的一种方法

（一）解决已然犯罪的传统实体方法

自国家产生以来，尽管各个时代刑罚的内容不尽相同，但它一直是实现犯罪人刑事责任的主要的基本方法，社会中的绝大多数人沿袭传统，认为没有比这种解决犯罪问题的方式更顺理成章的，甚至今天大多数人的观念依然是杀人偿命、欠债还钱，废除死刑的道路艰难又曲折。自有国家以来的犯罪对应方式是：犯罪后行为人承担刑事责任，而承担刑事责任的基本方式就是刑罚，即行为人的行为构成刑法规定的犯罪以后，行为人承担相应的刑事责任，以刑罚、非刑罚制裁措施、免予刑事处分、不起诉为实现犯罪人刑事责任的方式。其中，刑罚被适用地最为广泛，它是实现刑事责任的主要方式，但不是唯一的方式。当下的部分犯罪（不是所有的犯罪都适用刑事和解）的对应方式是：犯罪后需要承担刑事责任，其中，刑事和解也是一种承担刑事责任的方式；或犯罪后承担刑事责任，其中包括刑事和解+刑罚（非刑罚措施等），即行为人的行为构成犯罪后，行为人依然要承担刑事责任，只是以刑事和解中的内容如赔礼道歉、赔偿损失、经济补偿等实现，或刑事和解后通过从轻或减轻刑罚的方式承担。

传统的刑事责任经历了报复刑、报应刑、预防刑、报应与预防相结合刑的历程，每一时代的刑罚不同，在于人们对刑事责任的根据及刑事责任的目的认识的不同，行为、行为人、被害人、社会、国家几个中心词中的主词不同，从而得出的结论不同。无论国家多么有权威、社会多么强大，最后的落脚点还是个人，只有个人生活回归正常状态才是制度的成功。当然，个人如何回归，是我们面临的最大问题。

（二）刑事和解也是解决已然犯罪的一种方法

加害人犯罪后与被害人刑事和解，部分案件的加害人即可不以传统刑罚方式承担刑事责任，从某种意义上说，刑事和解在实体层面的体现如赔礼道歉、经济赔偿等不过是类似刑罚（管制、拘役、有期徒刑、无期徒刑、死刑等）的一种处置措施。犯罪人犯罪后，无论是对其适用刑罚还是适用刑事和解都是对犯罪人的实体处置，都是结果。犯罪人犯罪后通过自己和被害人的沟通、协商，或者通过第三者包括社会工作者、公权力机关的警察、检察官、法官、执行官等的调解，以单独和解、和解加刑罚或非刑罚制裁措施的方式承担刑事责任，完成犯罪后对犯罪问题的实体性解决。

（三）演进简史

"人类自身解决犯罪问题的实体手段一直在不断更新。最早体现在私力救济上的个人的行为，以血还血、以牙还牙以至于代代相仇；后来国家出现了，犯罪后由国家出面公力救济，以刑罚的方式解决。刑罚走过了报复刑、威慑刑、报应刑、教育刑、折中刑的变迁过程。"[1] 刑罚由重趋轻，由野蛮到文明，轻刑化、人道化是刑罚发展的必然趋势[2]。从刑罚结构上说，先后经历了以死刑和身体刑为中心、以自由刑为中心、以自由刑和财产刑为中心三个发展阶段，在以自由刑和财产刑为中心的刑罚结构中，不仅死刑基本上被废除，而且完全剥夺自由刑的适用也受到极大限制，并且自由刑的行刑方式越来越社会化、开放化，刑罚的惩罚和威慑功能进一步削弱，而使犯罪人顺利复归社会和防卫社会占据了刑罚价值的主导地位。

---

① 参见李卫红《刑罚的变迁、回归与突破》，《国家检察官学院学报》2007年第2期。

② 这里主要是指一种趋势。目前世界上还有一些国家存有鞭刑，如众所周知的新加坡、马来西亚等国家根据本国法律的规定每年都有执行鞭刑的案例。但这只是极少数国家才有的刑罚，可算作特例，基本原则总有例外。

到底轻刑还是重刑才可做到既惩处犯罪又预防犯罪？或者从根本上说，犯罪最直接侵犯了国家、社会还是个人的利益，或者三者之间有主次之分？人们一直没有停止思考，所得结论不同，解决问题的方式也不同。至今的结果是：无论哪一刑种，其威慑力无法被证明是有还是无，现实却是人们不得不面对愈演愈烈的犯罪态势。因为犯罪与刑罚是人为拟设的因果关系，如果倒果为因，因刑罚而阻止犯罪，那无异于痴人说梦，刑罚并不能满足人们以此来威慑犯罪的原始初衷。在这种情况下，中外几乎前后都在司法实践中运用刑事和解，虽然在某种程度上，中外刑事和解在产生的背景、构建的基础价值取向、权力分配、适用范围、适用主体等方面有很大的差异，但仅就解决犯罪实体问题这一点上有着惊人的相同，即刑事和解如同刑罚一样，是犯罪人犯罪后承担刑事责任的一种方式。

　　制度背后的理论论证首先需要有疑问提出，犯罪发生后，或许可以根据犯罪的类型确认"谁最直接受到了犯罪的伤害？受到了怎样的伤害？谁来恢复这种伤害？"① 法理上可以将犯罪划分为侵犯个人法益的犯罪、侵犯社会法益的犯罪和侵犯国家法益的犯罪。侵犯个人法益的犯罪如故意杀人罪、故意伤害罪、抢劫罪、强奸罪、盗窃罪、过失致人死亡罪、过失致人重伤罪等，犯罪最直接侵犯的对象是受害人及其直系亲属；侵犯社会法益的犯罪如聚众斗殴罪、寻衅滋事罪、妨害公务罪、聚众扰乱公共秩序罪等所造成的破坏性和侵犯性，大多还是通过直接侵害具体的被害人来实现；侵犯国家法益的犯罪直接受害者是国家，但大多是举动犯或行为犯，以类罪危害国家安全罪为主，即使是其中的个罪规定，行为人也不可能达到个人目的或出现他所要追求的结果，即国家并没有被伤筋动骨，所受的侵犯相对个人而言数量少、程度小。如果说被害人在处理犯罪的过程中应该有相当的主动性和积极性的话，那么个人被害人应当比国家受害人受到更多的重视。同时，我们还必须转变以往的国家主义犯罪观，因为大多犯罪其实都是对个人的侵犯，国家与社会所受到的伤害只能是在其次。刑事和解就是被告人、被害人或许还有第三方一起共同解决犯罪问题的结果，是刑事民事化的具体体现。虽然像是民事责任，但其性质正如刑罚、保安处分、非刑罚处罚措施等刑事责任一样，它是刑事实体法发展到今天的一

---

① 参见〔美〕霍华德·泽尔《恢复性司法》，章其、闫刚、徐青果、钟连福译，载王平主编《恢复性司法论坛》，群众出版社，2005。

个阶段性成果。

二　刑事和解解决部分行为人的刑事责任

（一）刑事责任要义

1. 什么是刑事责任

刑法学意义上的刑事责任的概念自近代以来一直被争论不休。我国有学者认为："刑事责任是刑事法律规定的，因实施犯罪行为而产生的，由司法机关强制犯罪者承受的刑事惩罚或单纯否定性法律评价的负担。"[①]另有国外学者认为，"只有在行为恰当地反映出行为人是行动者时，行为人才要对其行为负责"[②]。刑事责任是指犯罪人实施犯罪行为后所应当承担的义务。这种义务源于国家法律的规定，是强制性义务。在现行《刑法》及 2012 年修订以前的《刑事诉讼法》的规定里，行为人个人没有选择的余地，只能听凭国家的代表机关公、检、法的处置，尤其是必经法院的审判。立案、侦查、起诉、审判、执行各个环节都是公权力在主导，个人的私权没有任何可适用的空间，行为人基于自己的犯罪行为所造成的后果依法被审判，承担判决书所宣判的责任。

2. 行为人承担刑事责任的根据

行为责任论以行为为中心，行为人基于故意或过失实施了危害社会的行为，所以应当承担刑事责任。性格责任论认为，行为人基于故意或过失实施了危害社会的行为，但他承担刑事责任的根据不在于行为，而在于行为人通过行为表现出来的对社会的危险性。人格责任论认为，行为人基于故意或过失实施了危害社会的行为，但他承担刑事责任的根据不在于行为，而在于通过行为表现出来的行为人的危险人格，包括先天与后天共同形成的人格。心理责任论认为，行为人承担刑事责任主要基于实施危害行为时的故意或过失，这种心理成为行为人应当承担刑事责任的根据。规范责任论认为，仅仅有故意或过失是不够的，行为人必须在法律规定的前提下具有期待可能性，即行为人承担刑事责任的根据在于不应当实施违法行为。[③]

---

① 参见高铭暄、马克昌主编《刑法学》，北京大学出版社、高等教育出版社，2011，第 200 页。
② 参见〔英〕维克托·塔德洛斯《刑事责任论》，谭淦译，中国人民大学出版社，2009，第 23 页。
③ 参见张明楷《刑法学》第 4 版，法律出版社，2011，第 223~225 页。

3. 行为人承担刑事责任的方式

根据我国《刑法》与《刑事诉讼法》的规定，行为人承担刑事责任的方式有以下四种。

（1）刑罚

这是主要的、基本的方式，但不唯一。刑事古典学派时期犯罪与刑罚相对应，这一因果关系建立在理性人基础之上，即你既然选择了犯罪，当然也就同时选择了刑罚，因为罪刑法定已事先告知天下公民与犯罪相对应的刑罚是什么，别无其他选择。到刑事人类学派及社会学派时期，又有了保安处分，侧重于预防犯罪，但由于有侵犯人权之嫌，"二战"后各国所用极少，还是惩处已然犯罪的刑罚被更为广泛适用。

（2）非刑罚制裁措施

指行为人的行为构成犯罪，但不对其判处刑罚，只需要承担刑罚外的刑事责任，我国刑法规定的非刑罚制裁措施有训诫、责令具结悔过、赔礼道歉、赔偿损失、由司法机关责令主管部门予以行政处分或行政处罚等。非刑罚制裁措施有刑事民事化倾向，在我国现行刑法中被规定下来，与资本主义社会在封建社会后期萌芽有相似之处，它极具前瞻性与前沿性，是实现刑事责任的一种非常好的方式，并代表了一种趋势。国家不仅仅放权给被告人，同时将被害人拉进刑事诉讼中来，使其在被告人刑事责任的承担上起到举足轻重的作用。

（3）定罪免刑

指只对行为人作有罪宣告，不判处其刑罚或非刑罚措施。公开宣布行为人的行为构成犯罪，就是对其犯罪行为的否定性评价，同时对是对其犯罪行为的公开谴责，此举会对行为人今后的生活产生不良影响，对其名誉也是一种不利影响，具有刑事制裁的实质内容，因此也是承担刑事责任的一种方式。虽然从犯罪学的角度看，为实行轻微犯罪的行为人打上犯罪标签，弊大利小。

在日常生活中，每个人都会发生一些不同程度的越轨，如闯红灯、不走斑马线、小偷小摸、打架斗殴等，但大多数是偶然的，程度也不严重。心理学及犯罪学认为，不能给越轨者贴标签，当他被社会及其他人认为是越轨者时，他就会朝着越轨的道路越走越远。正如年幼儿童并不知道什么是盗窃一样，如果强化他这种行为，那么他以后就会明知不可为却拼命为之，行为越来越危险，对社会的危害也会越来越大。因为社会反应比行为本身史具有强化的作用。

犯罪学主张不给行为人加上犯罪的标签，那样会强化他们的与众不同，从而会再次三次 N 次犯罪；而刑法又要求行为人承担刑事责任，刑事责任是对行为人、被害人及社会的一个交代、一个结果，注重已然的惩罚。这种往前看与往后看、注重行为与注重行为人的不同视角会得出不同的结论，应当先在本法或本学科领域内解决问题，然后再试图调和，将这种有罪判决予以封存，不对社会上的人公布，减少对行为人的所有不利影响，使其更容易重返社会、过正常人的生活，或许这样对于减少犯罪是一项不坏的举措。

（4）酌定不起诉

《中华人民共和国刑事诉讼法》第 173 条第 2 款规定："对于犯罪情节轻微，依照刑法规定不需要判处刑罚或者免除刑罚的，人民检察院可以依法做出不起诉的决定。"第 3 款规定了对不起诉案件的处理方式："人民检察院决定不起诉的案件，应当同时对侦查中查封、扣押、冻结的财物解除查封、扣押、冻结。对被不起诉人需要给予行政处罚、行政处分或者需要没收其违法所得的，人民检察院应当提出检察意见，移送有关主管机关处理。有关主管机关应当将处理结果及时通知人民检察院。"它与《刑法》第 37 条规定的非刑罚处理措施的不同在于行为人的行为虽然构成犯罪，但到起诉机关这里就被中止了刑事诉讼程序，虽然根据无罪推定原则，未经法院审理并宣判不得认定任何人有罪，但根据效率原则，行为人承担刑事责任的方式就是酌定不起诉，其行为依然构成犯罪。

（二）刑事和解是承担刑事责任的一种方式

1. 刑事和解所承载的是部分刑事责任

刑事和解是犯罪后行为人应当承担的一种后果，不需要论证承担的根据，因为它是一种事实、是一种刑事措施，其必然的结论就是刑事和解解决部分加害人的刑事责任。作为有理性的人，一般常识是自己对自己的行为负责。那么，犯罪后无论根据自然法①还是实定法，行为人都要承担犯罪后果。不同时代的人如何承担犯罪后果，这一脉络也体现了人类刑罚制度发展进程的举步维艰。古代那一幅幅"凌迟"、"点天灯"、"腰斩"等让人不寒而栗的死刑执行画面，随着文明时代的到来，不会再重演。

---

① 中国人一般叫"天理"，即永恒的无须论证的自然法则。

　　行为人犯罪以后，无论刑法有无规定，行为人都要承担由这一行为导致的后果所产生的责任。有学者认为，"刑事和解是当事人只处分其民事权益的刑事司法制度"①。就刑事案件中的民事部分进行和解，是当事人对民事部分的处分，而非对刑事部分进行的处分。行为人的刑事责任仍需要由国家司法机关即行使公权力的机关进行认定，但在某种程度上可以认为，和解的结果对刑事责任有影响或是有渗透。还有学者认为，"刑事和解是当事人既解决刑事责任也处分民事权益"②的刑事司法制度。当事人可以商讨的是赔偿数额及是否原谅犯罪嫌疑人，并要求司法机关不追究其刑事责任，但犯罪嫌疑人最终需要承担怎样的刑事责任需要经过国家司法机关确定。

　　刑事和解是解决行为人的刑事责任还是民事责任？当然是刑事责任，刑事和解中的赔偿问题与单纯的民事责任并无太多的不同，其根本区别就是不同性质的案件适用相同的方法。刑事与民事的区别在于是犯罪还是违法，在公权力盛行的时代两者有着不可逾越的界限，当刑事和解出现时，可以用它来解决犯罪问题，即通过刑事和解，加害人不需要再被判刑，以致脱离开放性的社会而在狱中生活。此时二者的结果具有实质性的相同，通过赔偿等方式，双方握手言和、不再对立。当然，刑事民事化只是表征，其背后有着深层历史的、社会的、经济的、政治的等原因。当事人的意思自治应当被扩大，自己解决自己的问题，不仅仅在民事领域，在刑事领域也应当如此。

　　2. 刑事责任民事化倾向

　　中国古代社会本来刑民不分，但这种原始的刑民不分是基于人们认识水平与当时的社会发展状况，人们不可能将其明显地区分出来。后来，法律被分为刑法、民法，分别由公权和私权行使。但当人类发展到一定阶段后，公权与私权的界限在一定程度上又被打破、重新划分，私权应当扩张、公权应当收缩，公民的刑事责任由原来的必须由公权解决发展到一部分或许将来有可能全部由私权来解决，公权只作为一个保底手段。这是由人类社会发展的内在逻辑决定的，不依任何个人的意志为转移。全球市场

---

①　参见宋英辉等主编《我国刑事和解的理论与实践》，北京大学出版社，2009，第31页。
②　参见《刑事和解与刑事诉讼法完善研讨会》会议材料，第33页。"刑事和解，是指犯罪嫌疑人、被告人或罪犯与被害人通过面对面的会谈，协商解决案件的刑事责任与民事责任，并由国家专门机关予以确认的刑事司法制度。"

经济的发达一定会导致市民社会的兴盛，巿民社会中每个理性人都会渴望并努力实现个人享有最大权利，他们会迫使国家妥协让步，交付出原来公权的一部分来成全公民个人的最多意思自治，而由此催生的观念的改变反过来为制度的更新提供注释。刑事责任民事化成为历史的必然。

当个人权利不断被强化的同时，相对地国家权力即公权力一定会收缩，否则，整体的权力机制无法运转。刑事和解的要义是以人为本，它既不以被害人为核心，也不以加害人为核心，而是以所有的当事人为中心。人类面对犯罪，最早关注的就是受害人，受害人可以"以血还血，以牙还牙"；近代国家权力被限制以来，更多地在程序方面保护犯罪人的合法权益不被侵犯；随着 20 世纪 70 年代被害人学的兴起，被害人的权益又被提到应有的高度并予以足够的重视。而当今的刑事和解已发展到全方位地关注每一个人，无论被害人、被告人还是社会中的其他成员，它不偏袒任何一方，任何一方都有权对实体及程序问题做出选择以达成共识。如果合意不成，最后交由国家司法解决，在此之前，每一个案件的当事人都可以充分行使个人处理案件的权利。它的宗旨是使每一个人充分发挥自己的主观能动性，在犯罪发生后，尽可能复原止损，自己的问题最大限度地自己解决而不累及国家、社会及他人。这种原来只是民事上的个人意思自治已推而广之到刑事领域，并慢慢渗透，被用于解决部分犯罪人的刑事责任。

第二节 "刑事和解"在死刑案件中对刑事责任的分担

从某种意义上，刑事和解的实体性还体现在它是一种酌定量刑情节，在所有的刑事案件中均起到从轻减轻的作用，尤其在死刑案件中起到生死命悬一线的至关重要的作用，它是被告人的最后一根救命稻草。死刑是极刑，如果在死刑案件中，因为刑事和解可以扣除被告人的部分刑事责任，那么可以证明刑事和解同时具有实现实体责任的功能。根据《刑事诉讼法》第 288 条的规定，死刑案件不可以刑事和解。但在《刑事诉讼法》实施以前，"刑事和解"已影响到死刑案件被告人的刑事责任。正如废除死刑步履维艰一样，死刑案件的刑事和解也会有一个过程。在《刑事诉讼法》实施以前的司法实践中，法官对许多重刑案件已在具体做法上适用"刑事和解"，当然是加引号的刑事和解，因为它不是法定的刑事和解，只具有类似性质。当时法官只能将死刑案件中的和解作为量刑情节进行考量。笔者曾经带领学生到山东省高院做调研，下面是访谈记录，从中我们可以看到由于赔偿而由死刑立即执行改为死刑缓期执行，及没有和解被害人后悔的各种案例的具体情况。

时间：2012 年 5 月 5 日

地点：山东省高院会议室

采访对象：刑二庭、刑三庭、刑四庭的 18 名法官（刑一庭集体组织外出学习）

负责案件：

刑二庭：负责按地域划分的普通刑事案件的审判工作；全省法院危害国家安全、破坏社会主义市场经济秩序、贪污、贿赂、渎职、涉外等刑事案件的审判及指导工作。

刑三庭：负责按地域划分的普通刑事案件的审判工作。

刑四庭：负责按地域划分的普通刑事案件的审判工作；承担全省法院刑事审判综合指导、信息、调研及协调工作。

一 法官们谈及的案例

案例一：甲抢劫出租车，杀死司机并抢得数百元，后被告人与被害人家属达成谅解，甲被判处死缓。

案例二：甲抢劫废品收购站，期间遭到抵抗，为了防止其报警将其杀死，后双方亲属达成和解，甲被判处死缓。

（"两个案例中，甲的家庭情况均一般，因为有钱人是不会去抢劫的。"——法官语）

案例三：甲为某小加工厂老板，家庭富裕、有房有车，妻子貌美，子女乖巧，自己也很聪明，但总是感觉社会不公平、自己不顺心，遂产生报复社会的想法。甲之后潜心研究，将自制炸弹放于广场，该炸弹为瓶装酷似饮料，只要颠倒过来放置就会爆炸。一孩童在广场玩耍，将瓶子拾到车中，其父看见后处于好奇将瓶子颠倒，结果炸弹爆炸，自己被炸死，孩子被炸伤，妻子严重毁容。后妻子强烈要求和解，并说"我丈夫和孩子都没有了，要是不和解，就没钱整容，他死了也没用，不能挽回我们的损失"。承办法官则极力主张对其适用死刑，"他并没有悔悟表现，在庭审过程中对杀人一事供认不讳，并表示就是对这个社会不满，就是要报复这个不公平的社会，只要出狱，仍可能会实施类似行为，可见其具有极强的社会危害性，重返社会后难免会再实施犯罪行为"。

（"但被害人要求和解的意愿很强烈，天天来我们法院，她也没办法呀，只有和解被告人家属才会给予较多的经济赔偿。这个案子法官之间的争议也较大，不好处理。"——法官语）

案例四：最高院调解的案例：甲杀死乙，后乙妻携子改嫁，并告知法院对和解与否无所谓，家中只有老母一人。甲家亦很贫困、无力赔偿，后高院报请最高人民法院核准死刑。最高人民法院派员来进行调解，后甲家凑够2万元赔偿乙母，乙母同意和解，甲被判处死缓。

案例五：甲男老家在江苏，后来山东德州打工，结识来自四川的乙女，并与其恋爱。后乙因甲家庭贫困而抛弃之，甲越想越气愤，将乙杀死。承办法官去江苏实地考察后，发现甲家庭特别贫困，而乙女家人（也较为贫困）因为其长期在外打工，从不联系家人，而认为其已失踪，即使得到其死讯也并无多大伤心，认为"给点钱就行"。后该案和解，赔款数额较少。

案例六：甲、乙都为家中独子，家中只有老母亲，生活贫困。甲因普通纠纷杀死乙后，甲家人欲卖房、卖车积极赔偿，但被害人家属纷纷劝乙母拒绝和解，并表示共同接济乙母，受亲属影响，乙母打消了和解念头，没有与甲家达成和解。后甲被执行死刑，乙亲属都没有接济乙母，乙母生活困难且身患疾病，后悔不已。

（"媒体与社会舆论对被害人家属的影响比较大，很多案件的被害人在起初并不拒绝和解，但其亲属多劝告道'杀了他，大不了我们养你'，在被告人被执行死刑后，时间长了，亲属的诺言并不能兑现，困扰被害人家属的仍然是经济方面的问题，被害人父母意识到'被告人的死并不能改善任何现状，还不如获得一些经济方面的补偿'。"——法官语）

案例七：甲绑架并杀死乙，甲亲属想和解，被乙父母拒绝，且要求法官严判，最终甲被判处死刑立即执行，但在执行死刑后，乙父母后悔。

（"曾经发生过不少类似这样开始被害人家属不同意和解，但是在有时候被告人已经被执行死刑了，被害人亲属生活困难，生活没有着落又要求和解的，但已经晚了，主要原因在于我国的社会救助制度的缺失，补助金太少，杯水车薪啊。"——法官语）

案例八： 甲是东营人，做石油生意，经济条件较好；乙是菏泽人，在家务农，经济条件较差。两人都因故意杀人被判处死刑，后都因达成和解被判处死缓，但甲以几十万元赔偿款和解，乙却以几万元和解，但和解后案例处理效果都不错。

（"类似案件赔偿数额不固定，主要是看地区的差异，例如东营人有钱，菏泽比较穷，主要还是看被害人的意愿。"——法官语）

案例九： 甲男山东人，乙女四川人，家庭都比较贫困，两人在青岛打工时认识并确定了恋爱关系，后两人因分手产生纠纷，甲在出租屋内将乙杀死（捅了好几刀，手段残忍）。在被判处死刑后，甲父母积极联系乙家人主动提出赔偿，甲也非常后悔，并表示出狱后要终生赡养乙父母，最终取得乙父母谅解，后改判死缓。

案例十： 甲抢劫出租车杀人，仅抢得几百元钱，审理法官认为应该被判处死刑，在上报最高人民法院死刑复核时，最高院派人下来主持和解，最后判处死缓。

案例十一： 甲（男）、乙（女）为熟人，甲以游玩为由，将乙带至东营市区的家中使用暴力手段强奸，并拍照威胁不让乙报警，后乙在家人劝说下报案。在审理过程中，被告人亲属积极赔偿被害方经济损失，甲也不断表示悔过，后取得被害人谅解，在量刑时得以从轻处罚。

案例十二： 甲之前实施过绑架罪，后又故意杀人，某中级人民法院在审理过程中，认为甲实施故意杀人、情节严重，且又是累犯，社会危害性较大，故判处死刑立即执行。后该案被上诉至省高院，期间，甲家人不断与被害人亲属接触，积极赔偿，安抚被害人家人情绪，后被害人亲属情绪渐趋平和，同意谅解并达成和解协议，高院根据这一情况改判死缓。

案例十三： 甲（男）、乙（女）系恋人关系，且甲去过乙家数次，颇得乙父母欢心，两人准备在年底结婚。后乙与丙产生恋情被甲发现，甲用水果刀捅伤丙，乙在阻止甲行凶的过程中被捅伤，后抢救无效死亡。在案件审理过程中，甲不断表达出对乙的爱，并向乙父母表示悔悟，取得乙父母谅解，并认其为义子，该案最终得到轻判。

案例十四：某普通故意杀人案件审判过程中被告人取得被害人亲属谅解达成和解。被告人已经将赔偿款项打到法院指定的账户上，但之后被害人家属之间对如何分钱没有达成协议，在产生分歧后，有些亲属反悔，表示不同意谅解。

（"对这类案件，我们只能先压着案子，等待他们分配款项的结果确定后再做出最终处理决定"。——法官语）

案例十五：某非法集资诈骗案件，一审中级人民法院判处犯罪嫌疑人死刑立即执行，后被告人上诉至高级人民法院，通过与被害人达成和解协议承诺积极赔偿的方式被改判死缓。对此，主审该案的高院法官讲了自己的改判理由，"和解在这里是改判死缓保他一命的一种手段，对这些经济类案件比如吴英案，我还是不主张判处死刑的，因为经济政策在变化，安利以前是传销，现在也变成直销，因为国家允许了，因此这些案件要慎重。如果不被判处死刑，而能积极赔偿，对挽回损失更具有价值，执行死刑并无多大意义，受害人的损失就更无法挽回了"。

案例十六：甲与乙系生意伙伴。甲从乙处购置一批货物后，一直拖延货款，乙几次追讨均未果。后乙因一笔大额贷款未获银行批准，生产经营发生困难，情急之下绑架了甲，并在此过程中造成甲重伤。后在审理案件过程中，乙表示自己也是因为资金周转问题急火攻心，乙在案发后积极赔礼道歉并协助甲进行治疗。甲方也承认自己有错在先，既然对方已经悔过，就选择原谅乙。此后双方达成和解，法院从轻处罚。

（"如果重判两家肯定就结下深仇了，而轻判则更易化解两人甚至两家之间的积怨和矛盾，还能让被告人认识错误、改邪归正，这样的刑事和解很具社会价值。"——法官语）

案例十七：甲（男）、乙（女）系夫妻关系，但婚后经常因为家庭琐事发生争吵，两人一直关系不睦。案发当天，甲发现妻子乙与丙有暧昧关系，遂产生杀人动机，并趁乙不注意将其掐死。在案件审理过程中，甲表示悔过，并积极赔偿乙亲属经济损失，最后双方达成谅解，最终法院判处甲死缓。

（"这类案件多因家庭矛盾、生活琐事、恋爱婚姻等产生纠纷，被告人主观恶性相对较小，而且一定程度上被害人也起到了推波助澜的作用，比较适合刑事和解。"——法官语）

案例十八：被告人甲、乙酒后到位于青岛某小区附近盗窃摩托车，被公安局巡警丙、丁发现，遂上前实施抓捕，甲、乙弃车逃跑，在逃跑过程中，甲用随身携带的锥子将丙捅成重伤。在审理案件过程中，甲、乙自愿认罪，表示悔悟，并积极与受害人亲属联系、赔偿经济损失，后获得谅解、达成和解协议，法院从轻判处。

案例十九：被告人甲与乙系邻居关系，后因琐事发生纠纷，双方用拳头互相殴打对方，甲被殴打致重伤，乙轻伤。在案件审理过程中，乙积极赔偿甲损失，双方达成谅解。

案例二十：甲系山东潍坊人，乙系辽宁人，均在山东潍坊打工。两人在山东潍坊一彩票店内因琐事发生争执并厮打。事后，乙觉得自己吃亏，心怀不满，欲报复甲，甲得知后购买了一把水果刀，并随身携带。某晚，甲行至潍坊某处碰见乙，乙用所携木棒殴打甲，甲掏出水果刀向乙连捅数刀致其死亡并潜逃，后被抓获。甲被抓捕归案后，认罪态度较好，其亲属也积极赔偿被害人经济损失，并取得被害人亲属谅解，后双方达成和解，法院对其从轻处罚。

案例二十一：甲（男）与女友约会，发现口袋内钱不多，在等待女友期间，到乙（女）所开商店内买东西时，发现商店内就乙一人，且柜台的盒子内有不少钱，顿生抢劫之意，随手捡起柜台上的一把水果刀，对乙进行威胁，遭到乙反抗后，甲持刀向乙头部、颈部连捅数刀，致乙失血过多死亡。甲抢得盒内数百元及手机后逃走，后被抓获。抓获后，甲认罪态度较好，积极赔偿被害人经济损失，取得了被害人亲属谅解，后被判处死缓。

二　法官对"刑事和解"的观点整理

（一）对和解的认识

1. 部分法官表示：刑事和解的关键在于对被害人利益的关注，被害人在现实中总是处于被忽视的地位，其利益诉求难以得到满足。大多数案件中，被害人的家庭较为贫穷，即使对被告人执行死刑，也难以缓解被害人家庭的负担，而且很多被害人都是家里的精神支柱和主要经济来源者，他们的逝去对于家庭来说无疑雪上加霜。

2. 另有法官表示：愿意和解主要出于以下原因：第一，出于对被害人利益的关注；第二，被告人也是人，生命的价值是崇高的，不能轻易剥夺一个人的生命；第三，有时候被告人的家庭也较为困难，被告人的子女在父母的阴影下长大，将对社会不利，甚至会出现反社会的行为，对和谐社会的构建不利。

3. 还有法官表示：法官愿意和解的原因包括：第一，为了响应最高院少杀、慎杀的要求；第二，对被害人利益的关注，认为他们处于弱势地位；第三，为了化解双方的纠纷与矛盾。如果这些案件发生在一个地方，两家可能为此结成世仇，不利于社会的稳定。

4. 还有的法官认为，死刑案件中适用刑事和解，不光是基于控制死刑的目的考量，还有对被害人利益的关注、对被告人利益的关注，毕竟现在强调和谐社会。

5. 有的法官指出，刑事和解案件主要考虑的还是判决结果对案件主体即加害人与被害人双方带来的效果，谈及社会效果，应该说社会也不知道，一般没有什么太大的影响。

（二）刑事和解的范围

在死刑案件中，法官对双方当事人的调解，在"刑事和解"中起到相当大的作用。

1. 有些法官认为，并非所有的刑事案件都可以进行调解，有条件能调解的就调解，没有条件调解的不调解。这里的条件主要指的是被害人的意愿，案件的社会影响，危害后果等。主张累犯一般不予调解，但是如果被害人强烈要求的，一般应提交审委会讨论决定。手段特别恶劣、后果特别严重的一般不主张进行调解。

2. 有些法官认为，是否适合调解的考量因素还是案件的性质，例如邻里纠纷、激情杀人这样的案件，它们比较适合调解；但是对人身危险性较大、社会影响恶劣的案件，一般是不主张和解的，比如像抢劫、强奸等案件，这类案件除非被害人家属强烈要求，才提交审委会讨论。主要还是看案件性质，其次才是被害人谅解。

3. 还有些法官强调在法律规定与政策允许的范围内进行和解。有些案件社会危害性大、媒体与社会关注度高，要办成"铁案"，除此之外，有些案件办成精品案，有些案件办成和谐案，具体要看案件的性质、情节、社会危害性等，不能一概而论。对计划办成铁案的案件，即使被害人家属强烈要求和解，最终也要提交审委会讨论。

4. 有些法官认为，即便是被害人家里很穷、强烈要求和解的案件，也需要严格按照法律规定来办，毕竟国家有被害人救助制度。但是现实的被害人救助制度非常不健全，被害人得不到及时救助，这也是问题。他们强调严格遵守法律规定以及国家死刑政策，如果不符合这两项规定，即使被害人强烈要求也还是要判。实践当中，很多审批技巧和审判方式，只能做、不能说。

（三）各主体在和解中的角色

1. 有些法官表示：对和解协议的达成只是进行程序性审查，不做实质性干预，一旦法院得知被害人受到被告人的威胁，或者被告人的家属到被害人家闹事，便告知被告人律师终止和解、进行判决。

2. 还有些法官表示：根据案情的不同，有些案件比如家庭矛盾纠纷、邻里纠纷等类似案件，法官认为其具备和解的条件就积极主动地进行调解。有些案件，根据其性质与社会危害性，法官不主张和解的，就处于被动与消极地位，此时发挥作用的主要是律师、村委会、居委会等社会第三方。（可见社会第三方作用的发挥与法官积极与否成反比，这种状况应当得到改善）。

3. 有些法官表示：法官应该始终处于消极、中立的地位，主要还是由律师、居委会、村委会、单位、民间调解组织，甚至其他不相干的人进行调解。法官不能显露自己的态度，以免给当事人造成误解。即使是法官召集双方开会协商，也基本不上法院，由双方进行充分争论、协商。最终达成协议书后，法官只是做出形式上的审查，不进行实质判断与干预。而且法官主动召集会议是因为审限快到，这样召集双方方便，也有利于节省时间。

4. 另有受访法官表示：在和解中律师有些起到好的作用，有些起到不好的作用。除了律师，农村基层组织、居委会、单位领导等都起到了很好的作用，农村基层组织的调解效果尤其好。

5. 有些法官认为，检察机关也愿意和解，有时候是主动提出，有时候是法院提出、检方同意。检察机关只关注定罪，量刑是法院的任务。

6. 有些法官认为，只要被害人家属同意和解、赔偿到位就可做出判决。至于如何分配，以及由此引发的矛盾如何处理，是他们的家务事，法官不关注也不参与进来。

7. "我们法官一般处于中立的、被动的地位，不去主动和解，因为和解过程是非常烦琐与复杂的"，"有时候光接双方电话就够累了"，还得"接受双方亲属、劝慰双方，到了中午还要管饭"。一般都是律师在积极主动地协调，法院只是告知被害人或者其律师，被告人有和解的意愿，至于和解的过程、程序，法官从不过问。而且刑事和解对法官的业绩并无多大影响，法官业绩主要基于判案数量的多少与案件的重审与重判率。

（四）影响和解的因素

1. 法官的价值观念影响着和解的适用。"有些法官是很喜欢调解的"——因此要重视法官的性格或者价值理念对这些案件的影响。例如该法官认为累犯行为人的社会危害性较大是不能和解的，而该案法官自己办理累犯案件时认为可以进行和解。可见法官的价值理念差异较大，对案件的影响也较大。

还有的法官认为：对累犯一般不进行调解，但也不是绝对的，要分情况对待，主要还是看案件性质及被害人的要求，如果被害人强烈要求的话法院会考虑和解，但是都要提交审委会讨论。

2. 性别也影响着是否适用和解。"女性法官多容易动恻隐之心，多感性，这点是我的体会。"因此也要注意性别的不同对案件的影响。

3. 被害人家属、社会与媒体对这些刑事和解案件的关注较少，没有受到多大的阻力与压力，只要被害人家属同意和解不闹腾就行。

（五）达成和解的方式

1 受访法官表示：主要还是经济赔偿，在我们办理的和解案件中，被害方主要还是出于获得经济赔偿的目的答应和解。

2. 达成和解协议后，必须先给钱，由法院进行保管，在此基础上才进行轻判，以防被告人反悔。死刑案件基本不存在判决后被告人不执行和解的情形。

3. 有些法官认为，虽然随着时间的推移，被害人家属的态度会发生变化，但是法官不会有意拖延审期，基本都能在法律规定的审限内进行。

（六）和解中的二次伤害

实践中出现过被害人二次受害的情形，例如被告方的家人到被害人家里闹腾，但被害人一般都会给法官打电话，要是发生在农村，可以反映到大队和 110。法官一般会及时了解状况，结束和解，进行宣判。

（七）和解效果及趋势

1. 目前和解的死刑案件还没有反悔的，收到了比较好的社会效果。被害人与被告人双赢的效果为我们所追求，因此法官们对刑事和解未来的发展持乐观态度，主张还是先调后判。

2. 有的认为，调解效果还是挺好的，以后调解会越来越多。以前也是有调解的，但主要是在最高人民法院收回死刑复核权后，和解才被应用得越来越多。

3. 有的认为，刑事和解的效果应该说是很好的，但是很多事情是可以做不能说的，因为"花钱买刑"的舆论影响还是很大的。

（八）法官在和解过程中的自由裁量权

1. 针对刑事和解可能造成法官自由裁量权过大的质疑，法官认为，在这些案件中，他们并没有多大的自由裁量权。能否和解取决于法官主动或者被动的程度，因为和解协议的达成与否，主要还是看被害人或者其家属的意愿，他们不同意，即使法官愿意也难以进行和解。

2. 法官的主要权力体现于为被害人多争取些经济利益，例如律师说 40 万元，法官让其准备 60 万元。前提在于，看到被害人家庭经济拮据，法官产生怜悯之心。

3. 法官自由裁量权太大的说法不实。因为死刑案件审查很严格，对其比较慎重，而且法官也怕担责任，就是给过大的自由裁量权法官也不敢要，他们往往认为提交审委会讨论更稳妥。

（九）刑事和解＝花钱买刑的质疑

媒体与社会对案件高度关注、反映强烈的案件，法官处理得一般比较慎重，大多都不适用和解。但有人认为和解是"花钱买刑"，有法官认为这是社会对刑事和解不理解，经济赔偿虽然是主要方式，但不是唯一方式，还有赔礼道歉、悔过等。虽然社会不理解，但是法院一般还是会坚持，因为不理解并不代表没有合理性。

（十）和解适用比例

各省高级法院主办的案件中，和解的适用比例很小，因为一审、二审法院已经做了大量工作，最终能到省高院的案子都是调解不成的，因此大部分都比较难再行调解，但也出现过死刑上报后，最高人民法院下来调解的。

（十一）对刑事和解＝调解的质疑

1. 有些受访法官认为，两者在本质上是一致的，都在强调被害人家属的谅解，所不同的地方在于，高级人民法院主要在死刑案件中适用刑事和解。

2. 有的认为，应注意区分刑事附带民事诉讼的调解与刑事和解。在刑事附带民事诉讼的调解中，被告人经济赔偿仅限于被告人本人，而刑事和解的赔偿可以扩及亲朋，所以对被害人家属的补偿力度会大些。

（十二）被害人及其亲属谅解的原因

法官们认为，大部分被害人同意和解主要还是出于经济原因的考虑。因为我国目前被害人司法救济制度太不完善，国家健全被害人司法救助制度后，被害人谅解的数量会减少很多，也就是说经济原因是促使他们和解的主要因素。但是国家的救助渠道单一、资金太少，而且时间较长，被害人家属的需求难以得到满足，难以从根本上解决问题；但是和解就不一样了，赔偿一般较多。

（十三）法官在和解中关注的重点

实践中也出现过被告人家属打动被害人家属，获得家属谅解的情形，法官关注的不是经济赔偿多少，而是被害人家属是否谅解。在调解中，法官不仅仅关注被害人，也关注被告人一方，只是会更多关注被害人一些。

（十四）法官们的刑罚观念

1. 有些法官表示：感觉到这几年自己的刑罚观念发生了变化，尤其时间越长，判处的死刑案件越多，内心的怜悯之心越重，因为生命是珍贵的，剥夺别人生命的事，法官们也不愿意去做。

2. 有些法官表示：明显感觉到自己脑海中的犯罪观在逐步发生改变，以前认为“杀人偿命、欠债还钱”天经地义，但是现在认识到生命的价值、宽容、宽恕的重要性，认为改变的主要原因在于社会的发展、人们观念的改变。以前的一些案件，不考虑社会效果，忽视被害人的利益，现在要改变思路，减少死刑，突出被害人的利益，为和谐社会努力。

3 有些法官认为：死刑应该暂时不会废除，至少在其有生之年是不会废除的，因为老百姓的传统观念仍然很强烈，不得不考虑，所以在死刑案件中适用和解还是很有价值的。

三 小结

上述实证研究虽然还有一些欠缺，但基本反映了山东省高院在《刑事诉讼法》适用前对于死刑案件适用刑事和解的基本情况，在观念层面、制度层面、适用层面等都有积极的借鉴与推广意义，无论在社会效果还是法律效果方面，都是积极的良性的尝试。

从理论上看，刑事和解制度适用于死刑案件有其正当性与必要性；从法律上看，刑事和解作为一种酌定考量因素在死刑案件中发挥作用也存在法律基础。所以尽管理论界对此有诸多怀疑，《刑事诉讼法》对刑事和解制度的适用范围有明确规定，也不影响刑事和解以另外一种形式在死刑案件中产生有利影响。

如果法官在综合刑事和解协议、犯罪事实、犯罪情节等多种量刑依据之后，仍然认为应当判处行为人死刑立即执行，此时也不能否定刑事和解在死刑案件中的作用，因为其确实为加害方提供了一个可能获得较轻处罚的机会。虽然这个机会带有风险，但因为行为人是在自愿的情况下做出和解选择的，也是在自由意志支配之下实行犯罪行为的，所以其就应该承担所有可能的有利或不利后果。作为制度设计者和司法裁判人员，也无须因为担心死刑案件中的刑事和解可能流于形式、可能逐渐失去意义，而直接将其规定为必减情节或者在司法实践中刻意特别考虑，因为刑事和解是一种个案纠纷解决方式，不同的案件必然可能得出不同的处理结果。法官司法可上升为法律的精神，因为法律就在他们的执行中体现精神，而执行中法官的逻辑推理、法学素养、经验累积、情感掌控、法官分别与被害人与被告人之间的关系等直接影响和渗透案件的处理结果。

第三节 执行阶段刑事和解对刑事责任的影响

一 现状

犯罪人对自己刑事责任的承担一直持续到刑罚执行完毕。那么，在法院判决后的刑罚执行过程中，可否进行刑事和解？如果可以，是否也可减轻一些犯罪人的刑事责任？《刑事诉讼法》没有规定此阶段的刑事和解，在理论上及司法实践中，都可以论证并操作。《刑事诉讼法》修改前的司法实践有在监狱里对服刑犯人"赔偿减刑"的做法，《刑事诉讼法》修改后，也还可以某种方式进行。

二　根据

(一) 流水不腐

即使是刑事古典学派倡导并已被立法规定的罪刑相适应原则，也注入了后来的刑事人类学派及刑事社会学派的内容，将静态的、已然的罪刑对应发展到动态的、未然（包括已然）的罪刑相对应。在刑罚执行阶段，根据行为时的社会危害性及主观罪过早已被确定的刑期可以被更改，如果犯罪人被矫正成功，他可以被减刑和假释，缩短的刑期其实就是对最初罪刑相应的否定与完善和发展，是对犯罪人的人道与鼓励，对国家则是一种负担的减轻。如果罪刑相应原则不随着时代的变迁与发展而被不断地丰满丰富，它也就没有了持久的生命力。同理，刑事和解不仅仅可适用在国家司法的立案、侦查、起诉、审判阶段，也可适用于刑罚执行阶段，同样会取得预期的效果。

(二) 心理学根据

这里涉及比较深奥的心理学问题，即理性人标准。在狱中的犯罪人与在狱外的被害人都需要更多的理性来对待已然服刑多年的事实，是尽早出去还是服完刑期，应当给犯罪人以选择，让法律赋予他机会。但实现和解需要主体达到一定层次的理性人。

理论上由于他人内心世界的无法直接获知性，这需要行为主体理性人标准的不可或缺。司法实践中，需要运用理性人标准来完成相应的评价工作，从而判定当事人是否有能力进入到刑事和解中。理性人标准的运用包括三个阶段：理性人建构、场景重构、透过认知图式得出结论。在具体个案中，通过设想一个具有特定知识结构和能力水准之人，在具体的场景下会形成什么样的认识，来完成对行为人的评价任务。理性人的系统化即其内部结构主要包括知识结构、认知能力和行动能力，理性人的具体化的表现为理性人的知识结构和能力水准的具体确定。理性人标准所要实现的价值，必须结合其所要解决的问题领域具体地加以确定，如在刑事和解领域中，就是针对案件达成共识，并就和解内容取得一致。价值实现的基本途径是，将价值取向作为确定理性人能力水平和具体知识状况的标准，并指引场景的重构。理性人标准在刑事和解中有着非常广泛的适用空间。

另外，感情恢复需要时间。随着时间的推移，被害人的火气慢慢消退，渐渐滋生一些悲天悯人的心性，为下一步的刑事和解准备了理性与情感的基础。时间再移，火气褪尽，心平气和，就可以进行刑事和解了。但刑事诉讼的期限又不容被害人无限期地消磨气性，从立案侦查到起诉审判《刑事诉讼法》对期限都有明确的规定，两种司法模式在此发生了冲突，或许等到将犯罪人投放到监狱后，双方更加冷静、理性，从而有了更好地实现刑事和解的空间。当然，一定要将被害人的情绪平复永远放到第一位，否则失去了刑事和解的意义。

（三）刑罚轻缓的另一理由

从历史发展的角度着眼，各国刑罚渐呈轻缓趋势，尤其在当下，很多国家十分重视如何恢复社会关系与补偿犯罪被害人，这或许是对刑事制裁功能的局限性进行深刻反思的结果。到目前为止，人们从多种角度论证刑罚轻缓的理由，总要给它一个说法，但在刑罚执行阶段和解可以使部分犯罪获得刑罚轻缓的结果，也可成为一个新的视角，在实践中操作。

在具体的实现方式上，刑罚轻缓可以在各个阶段都予以考虑，更深入地分析，其实是行为人承担刑事责任的大小。在整个刑事诉讼的过程中，司法人员根据案件事实及行为人动态的主客观表现的不同，都在采取不同的措施，如侦查起诉阶段的司法转处、审判阶段法官自由裁量权的适用等，都在不同程度上走向刑罚的轻缓。在刑罚的执行阶段，同样可以做到。

三　具体方式

（一）监狱内和解

在监狱中也可以适用恢复性司法，以期达到刑事和解的目的。既然在理论上探讨监狱内和解，实践中也可进行操作，虽然没有法律上的直接根据，但可依照动态的罪责刑相适应原则进行减刑、假释。其程序如下：

一是确认犯罪人的基本情况。程序负责人即狱中的司法人员应当了解案件的性质，是侵犯人身还是侵犯财产类的犯罪或其他犯罪，只要符合刑法基本原则，并有自然人被害人，不受案件种类的限制。同时更多地了解犯罪人犯罪的原因，找出直接与间接原因后便于有的放矢地开展工作。综观罪犯的悔罪程度，包括案发后直到改造过程中犯罪人在狱中的表现，可以说明他对自己的犯罪行为悔过的程度。考察案件发生后及处理后的社会影响，把握分寸，以免发生恶劣的后果。

二是了解被害人的基本情况。如被害人的性别、年龄、性格、生活背景、客观受害程度以及对于受害的主观感受度，想要获得赔偿的理由等。

三是尽量满足当事人双方需求。如征询双方当事人的意见，是否需要相关法律专业人士、心理专家参加，需经认可同意后发出邀请。应告知罪犯和被害人及其家属、社区代表参加程序的目的、享有的权利，并且解答双方的疑问。

四是双方和解的达成。经过罪犯、被害人及其家属、社区代表的共同讨论，重点在物质损失、补偿、身体伤害、精神压力等方面达成共识和一致的看法，是否同意缓刑①、同意假释、同意减刑达成协议，并由与会者签署，以便作为监狱审查、减少刑期的依据。

在具体操作中，也有负责减刑、假释的官员被收买的情形，他们不是真正地根据犯罪人在监狱中的表现，以及基于犯罪人赔偿而被害人原谅双方和解等理由对犯罪人减刑、假释，而是犯罪人在享有公权力的人身上下功夫行贿、收买公权力以达早些出监狱的目的。2014 年 3 月至 12 月最高人民检察院在全国开展减刑、假释暂予监外执行专项检查活动，严查"花钱买刑"、"以权赎身"，共立案查办违法减刑、假释、暂予监外执行相关职务犯罪案件 213 件 252 人。这些在实践中走偏的做法应当杜绝发生，要对那些真正有忏悔之心、赔偿之意的犯罪人适用狱中和解。空气中的"雾霾"让人们充满了对蓝天白云的期盼，自然的生态让人置身其中清清爽爽，那么，刑事和解也需要和自然的生态一样，干干净净，没有任

---

① 参见杜永浩《附条件缓刑：超越公私权间的藩篱》，《人民法院报》2004 年 4 月 1 日，第 8 版。这也是一种恢复模式。它和传统刑法意义上的缓刑并不相同，不是以往的消极不作为，而是犯罪人以积极的行为来换取刑罚的不执行。例如"山东省日照市东港区法院 2004 年对一件因扫墓导致的失火案做出一审判决，依法判处被告人尚妇秀有期徒刑二年，缓期三年执行。同时，准许其在缓刑考验期内植树，以恢复被毁损山林植被的请求；如被告人在三年内不能完成植树任务，则撤销缓刑，执行原判刑罚"。有人称之为附条件缓刑。

何的权力至上、权钱交易，当事人可以完全地行使自由意志。

（二）缓刑、假释的附加义务

被害人与犯罪人的和解也可以为犯罪人设定一种缓刑或假释后的附加义务。[①] 这种附加的义务先是倒果为因，然后再互为因果。如果缓刑或假释犯罪人没有履行对被害人伤害后应当承担的赔偿，再考虑撤销缓刑或假释。在犯罪嫌疑人或被告人被采取强制措施后开始直到服刑期间，国家机关的工作人员都有引导、教育他们脱胎换骨、重新做人的间接义务，并时刻观察他们是否在一路向善，适当地给予回馈和鼓励，让他们得到充分的肯定后对未来更加充满信心。

这种方式的刑事和解要求法官具有相当的水准，不仅仅要有丰富的实践经验，还要有扎实深厚的理论功底，对理论流派的发展及实践中的运用炉火纯青，同时还要有博爱精神及爱心奉献，因为对被告人的教育过程更甚于判决形成的过程，那是智慧的闪光结果。这些同样适用于假释官及其他和解主体。

（三）社区矫正

社区矫正是从国外传进来并已本土化的制度，我国《刑法修正案（八）》已做了明确规定。它是由专门机关在社会团体的协助下，在法院判决后将罪犯置于社区内，在判决确定的期限内，进行社区服务或其他受教育、被培训等方式，得到其犯罪心理和行为恶习的不同程度的矫正，促进其尽快并顺利回归社会的司法活动。社区矫正是在开放的社会当中各社区内进行，在非监禁状态下改正罪犯已有的恶习，既有心理上的疏导，也有职业上的训练，以帮助其提升以后的生活能力，回归社会正常生活。因此，监禁刑所固有的诸多弊端，社区矫正都已避开，从某种程度上，它应更有利于刑罚目标的实现。

加害人与被害人刑事和解后，可以对加害人适用社区矫正的方式承担刑事责任而不是将其监禁。当然，我国还需要进一步完善这一制度。社区矫正源于西方，以市场经济和市民社会为经济社会基础的发达国家，其反应高度自治的居民社区同样发达，其成熟度足以从某个侧面保障社会平稳、生活安定，在出现犯罪问题时可以积极消化、自行解决，而不更多地

---

① 此种做法在德国少年犯罪处罚中已经成功实践。例如德国《少年法院法》第 23 条、第 88 条均是对少年犯罪人缓刑、假释后将其与被害人和解作为附加义务的规定。

浪费国家资源。我们急需建立健全社区体系，这是一项庞大的社会工程，它甚至需要国家权力赋予民间社区更多的自治权，他们可以向服刑人员提供监狱以及其他政府部门所很难提供的充分的理解、关心、尊重、鼓励，从而帮助服刑人员得到社会和家庭的支持，回归社会。如果国家一统并垄断所有管理权，那么社区矫正的政府化、行政化就有可能使它变成国家附属的另一管理部门，甚至可能是变相扩大的监狱。社区应当制定针对矫正效果的相关评价机制，对于服刑人员接受社区矫正后是否发生转变及未来发展趋势设立专门的评估人员进行评价，然后不断改进，争取最好的效果。同时，社区应当尽可能帮助被矫正人员解决在就业、生活、法律、心理等方面遇到的困难和问题，从根本上减少再犯罪的概率。

第六章　刑事和解的程序实现

　　刑事和解的内容实现也许只是解决刑事案件的一个终极结果，但这一结果如何实现呢？它依然需要正当程序，而且不同于或不完全同于传统正当程序。徒法不足以自行，即便刑事和解制度已经存在，只有具备实现的程序，才可以将可能转化成现实。如何实现刑事和解是问题的关键，在此，对程序的探讨必不可少。近代以来的诸多法治国家，将刑法与刑事诉讼法配套使用，将实体与程序结合起来共同解决犯罪问题。在英美法系国家，程序法甚至被上升到宪法的高度，以凸显对人权的最大保障，而实体法与程序法也就成了保护公民合法权益的两条并行铁轨，两者在解决犯罪的问题上不可分离，否则，法治的列车将无法前行。

　　刑法与刑事诉讼法的关系是实体法与程序法的关系，刑事和解需要通过程序实现实体这一最终结果，它本身包含了实体与程序的内容，或者说它本身就是两者的有机结合，实体与程序通过枕木的对接共同以一种全新的理念与方式解决部分犯罪问题，结果是立法与司法更具人性与人道。刑事和解的实体部分是解决已然犯罪的一种结果，其程序部分即恢复性司法是解决已然犯罪的一个过程，这样就实现了实体与程序的配套。但是，在它们还不能完全独立并被唯一地适用于犯罪的情况下，还有必要将其中大部分掺杂在传统的国家刑事诉讼过程里，以共同完成对犯罪的最佳处理，最大限度地体现公平、正义与人道。

　　在全球一体化的大背景下，源于本土的刑事和解不能不融入现代刑事司法的流程中，从而得以具体充分地实现其原本价值。在传统国家司法占据主导地位的当下，除了单独的一套恢复性司法程序外，只有将刑事和解的操作流程嵌入立案、侦查、起诉、审判、执行各诉讼阶段，才能使得刑事和解不被置于空中楼阁，从理想走向现实。

理论上，刑事和解的实现应当通过恢复性司法程序进行，而且是独立于国家司法的恢复性司法。但是，在目前的情况下还不可能单独操作，原因是条件不成熟，包括公权力不退出、社会不适应、加害人与被害人不是每一个案件都可以达成自由意志的和解。另外还有协商性司法，它极易与恢复性司法混淆在一起。刑事和解的程序并非由单一司法模式完成，而是通过三种司法模式同时运行，或者说恢复性司法通过对国家司法及协商性司法的嵌入及渗透来实现。什么是国家司法？什么是协商性司法？什么是恢复性司法？恢复性司法如何嵌入国家司法与协商性司法？现实中程序的操作应既符合理论论证又符合法律的规定。

第一节　三种司法模式的并存

刑事和解的实现正如刑罚的实现一样，需要通过正当程序进行。刑罚通过刑事诉讼程序完成其使命，那么什么程序可以让刑事和解彻底实现？笔者认为，纯粹的当事人双方的刑事和解应当通过恢复性司法进行，但目前公诉案件的刑事和解运行于三种司法模式中，它不能独立存在于任何一种单独司法模式里，在这样复杂情况下，必须在理论上澄清各种界限，不能将国家司法、协商性司法与恢复性司法混为一谈，这样才能清晰地区分出实体与相关对应的程序，以及实现主体责、权、利的一致。

一　国家司法

（一）演化过程

1. 国家追诉犯罪过程

在国家出现之前，人们生活在一种原始自由、平等且没有一个公共权力使大家慑服的环境中，私力救济、血亲复仇是当时社会冲突的惯常解决方式。暴力等同于司法，以武力对抗武力、以暴力还击暴力，构成了当时社会解决纠纷的主要手段。当然，个人之间的严重冲突主要是通过诉诸武力或互相残杀的方式来自行解决，这主要是因为在原始社会，没有一个凌驾于氏族或部落各群体之上的公共权威来调处社会纠纷。在人类进入阶级社会以后，一个凌驾于社会各群体之上的公共权力——国家，破土而出，并以第三者的身份介入了社会冲突的解决过程。当今社会我们所称"犯罪"实质上就是一国之内最严重的社会冲突形式。有学者认为，"犯罪概念的确立就是私犯向公犯的转变过程，是犯罪的私法性质祛除，公法性质得以确认的过程。当犯罪不再被看作公民之间的纠纷、不在被看作单纯的对公民个人利益的侵害，而是公民个人与国家之间的纠纷、是对国家和社会的侵害的时候，犯罪的概念才算真正走向成熟"[①]。随着犯罪概念的确立，被害人不能像以往那样凭私力对行为人进行报复，对犯罪的追诉由国家来进行，成了国家的责任。由此，逐渐形成了一整套由国家追诉犯罪、惩罚犯罪的运行制度，也就是我们所称的国家刑事司法。

2. 理由

在我们的刑法观念中，犯罪是一种严重危害社会的行为，就是危害国家安全和社会秩序的行为，犯罪的本质是"孤立的个人犯罪对统治关系的斗争"。在以国家为主导的刑事司法模式下，犯罪是对国家利益的侵犯，即便犯罪有直接具体的被害人也不是对个人的侵犯，而是对整个国家安全秩序、管理秩序、发展秩序等的破坏，国家被认为是犯罪行为的直接受害者，理所当然地追究犯罪是国家的责任，同时也是国家的义务。所以，国家依据其对犯罪追诉权的垄断可以对犯罪人实行统一公诉、定罪和量刑，使犯罪人受到权威的谴责，并以社会全体成员的名义使犯罪人受到剥夺自由、财产甚至生命的刑罚。毫无疑问，刑罚是作为犯罪的对应物而存在的。与原始复仇的报复性质不同，对付犯罪的刑罚，其基本属性是惩罚，因而也是一种"恶"，但这里的惩罚已经不是简单地反映受害一方对犯罪一方的报复，而是体现社会或国家，即"公力"，对犯罪的一种报应。与"私了"的报复本质不同，"公了"的报应是理智的行为，是有节制的反应。[②] 刑罚的适用，一方面来说，是为了实现刑罚的报应目标，使犯罪人承受道义上的报应和法律上的制裁；而从另一方面来说，则是为了发挥威慑作用，使犯罪人不再重新实施犯罪，也对那些社会上潜在的犯罪人产生阻遏效果。

---

① 参见陈兴良主编《刑事法评论》，中国政法大学出版社，2001，第4页。

② 参见陈兴良《刑法哲学》，中国政法大学出版社，1992，第283页。

（二）国家刑事司法的含义

1. 定义

国家刑事司法（近代以来）是指国家通过《刑法》和《刑事诉讼法》，以罪刑法定和无罪推定为基本原则，确立统一的犯罪成立标准和刑罚幅度，建立专门的国家公诉机关，对于那些具有社会危害性、威胁全社会共同利益的犯罪行为，使其受到统一的刑事追诉和刑事处罚的一整套运行机制。按照这一概念的要求，追究和惩罚犯罪的活动应当由国家专门机关发动，从事侦查、起诉和审判的国家刑事司法工作人员需要全面收集和审查证据材料，使证据符合法定的证明标准，尽可能地忠于案件的事实真相；由国家依据法律赋予的职权发动刑事追诉活动，除非法定终止，如被告人死亡等，其他如被告人拒绝认罪、被害人或其近亲属提出终止追诉的要求等，都不影响诉讼的正常进行，它是国家意志，被告人、被害人意志不起决定性的作用。由此不难看出，在国家刑事司法模式中，对犯罪追诉的权力由国家垄断，被告人会享有特定的权利，被害人不具有刑事诉讼上的地位。

在国家司法中，有一个完整的诉讼过程，包括立案、侦查、起诉、审判、执行，必须最终通过法院的判决来追究犯罪人的刑事责任。刑事诉讼法学理论称其为刑事诉讼模式，它侧重于从结构模式上对刑事诉讼进行研究。对此的各种表述"刑事诉讼模式"、"刑事诉讼构造"、"刑事诉讼结构"、"刑事诉讼形式"、"刑事诉讼方式"大同小异。① 不管采取何种概念，它的实质意义相差无几，总体来说，刑事诉讼模式是指在刑事诉讼中所采用的诉讼方式、方法，具体说，就是法定的司法机关、公安机关、人民检察院、人民法院和当事人在刑事诉讼中的地位、所享有的诉讼权利和应当承担的义务，被害人一方享有怎样的权利没有标准，而控诉方、辩护方、审判方在诉讼中权利、义务的分配方式与承载形式一目了然。刑事诉讼模式的发展经历了一个由奴隶社会的弹劾式诉讼到封建社会的纠问式诉讼再到资本主义的职权主义诉讼模式和当事人主义诉讼模式的漫长过程，刑事诉讼模式存在于国家刑事司法模式范围内。

2. 国家司法的主体

国家司法的主体实际上就是诉讼主体。关于刑事诉讼主体，学界也存

---

① 参见高庆盛《我国刑事诉讼模式透视与重构》，《兰州学刊》2004 年第 3 期。

在争议，主要有以下几种观点。第一，认为"刑事诉讼的主体是在刑事诉讼中具有主导地位，分别行使侦查权、起诉权和审判权的公安机关、检察机关和法院，被告人、被害人等诉讼参与人则不具有诉讼主体的资格"①。第二，认为刑事诉讼主体就是刑事诉讼法律关系的主体，即在刑事诉讼中参与一定的诉讼活动，依照刑事诉讼法享有一定权利、承担一定义务的机关或个人。第三，认为"刑事诉讼主体是指与诉讼结果有法律上的利害关系，承担一定的诉讼职能，并对诉讼进行起重要影响作用的国家机关和当事人，具体包括法院、侦查机关、检察机关、自诉人、被告人"②。第四，认为"刑事诉讼的主体应当是指构成严格意义上的刑事诉讼所不可缺少的、并且承担基本诉讼职能的国家机关和诉讼参与人，具体包括检察机关、自诉人、被告人和法院，公安机关和公诉案件的被害人及其他诉讼参与人都不是刑事诉讼的主体，而且法院作为刑事诉讼的主体并不是基于法院与案件结局有法律上的利害关系"③。

我们倾向于最后一种观点，刑事诉讼主体，即国家司法的主体就是国家、自诉人和被告人。国家具有双重身份，它既是当事人一方，也是裁判者，人民法院是案件的审理者。或许有人质疑"一个人不应成为他自己的案件的法官"，这有违公正审判。但我们要注意这里权力出现了分离，即审判权和公诉权的分离，虽然两者都代表国家，但是行使的公权力不同，公诉代表国家追究犯罪，审判代表国家审理刑事案件，这使得公正审判成为可能。因为法律规定检察机关与作为个体的被告在诉讼地位上平等，即公诉权与辩护权的平等，社会力量并不参与诉讼。

3. 国家司法的权力性

权力意味着不容置疑性，所有案件必须通过法院的最后判决来追究被告人的刑事责任，即使当事人愿意协商解决，公诉机关和审判机关也不允许。它体现了一种国家权力的强制性，体现了国家追究犯罪的责任，它的目的不仅在于解决特定刑事纠纷，还在于从整体上维护社会秩序，体现了社会本位主义。国家司法模式的运作实际上就是一个国家法定的诉讼过程。

---

① 参见陈光中主编《刑事诉讼法学》，中国政法大学出版社，1996，第12页。
② 参见徐静村主编《刑事诉讼法学》上，法律出版社，1999，第83~84页。
③ 参见陈瑞华主编《刑事诉讼的前沿问题》，中国人民大学出版社，2000，第84页。

（三）国家刑事司法程序

这一过程就是我国的刑事诉讼程序，它严格地被划分为立案、侦查、提起公诉、审判、执行五个阶段。

1. 立案

根据我国《刑事诉讼法》第二编第一章关于立案的规定，总结归纳如下：立案主体是公安机关、人民检察院和人民法院，立案的材料来源是报案、控告、举报或犯罪嫌疑人自首，三机关分别根据事实和法律，决定是否将其作为一个案件进行侦查、起诉或审判。我国刑事诉讼的立案是一个独立的诉讼阶段，是刑事诉讼活动的开始，是一个刑事案件侦查、起诉以及审判的前提条件，是每个刑事案件的必经程序。而如上所述的西方国家的刑事诉讼程序，我们可以看出，大多数西方国家都没有将立案作为独立的诉讼阶段来进行。如英国和美国，是以控告犯罪行为作为侦查阶段的开始，但通常不把侦查纳入诉讼程序，而是从逮捕或传讯犯罪嫌疑人开始；日本的规定是侦查从发现犯罪线索开始的；在法国、意大利等国家在侦查前也有登记、审查等手续，但立案并不是独立的阶段而只是侦查开始的准备性阶段。

2. 侦查

根据《刑事诉讼法》第二编第二章关于侦查的规定，侦查是指公安机关、人民检察院在办理案件过程中，依照法律进行的专门调查工作和适用的有关强制性措施。侦查的任务就是收集能证明犯罪是否成立的证据以查明犯罪事实和查获犯罪嫌疑人。侦查工作的主体，主要是负责侦查工作的侦查机关和对特定案件享有侦查权的检察机关，此外，根据《刑事诉讼法》第4条、第290条的规定，国家安全机关和军队保卫部门和监狱也享有部分侦查权。侦查机关对刑事案件依照法律进行各种专门调查工作。

3. 提到公诉

人民检察院对于公安机关侦查终结或者自行侦查终结须提起公诉的案件必须进行审查，以确定是否提起公诉。《刑事诉讼法》第168条规定了人民检察院审查案件的时候必须查明以下内容，才能确定是否提起公诉："一、犯罪事实、情节是否清楚，证据是否确实、充分，犯罪性质和罪名的认定是否正确；二、有无遗漏罪行和其他应当追究刑事责任的人；三、是否属于不应追究刑事责任的；四、有无附带民事诉讼；五、侦查活动是否合法。"人民检察院在进行审查以后最终可能形成两种处理决定，提起公诉和不起诉。

4. 审判

在我国，审判是指人民法院为了解决被告人的刑事责任问题，而在控辩双方参与的情况下对所起诉的犯罪事实进行审理并最终做出裁判的活动。从我国《刑事诉讼法》第 5 条、第 12 条可以看出人民法院是我国唯一的审判机关，未经人民法院依法判决，对任何人不得定罪。在审判中，涉及审判模式的问题，即控诉、辩护、审判三方在审判过程中的地位、权利义务的问题。依据其地位不同，形成了不同的审判模式，主要可以归纳为职权主义和当事人主义两种，这在前面已有所论述。我国现在的刑事审判模式是在职权主义的基础上吸收了当事人主义的抗辩式因素而形成的混合式审判模式。法院作为中立者，凭借职权进行审判，允许控方和辩方进行辩论。审判程序主要有第一审程序，第二审程序，审判监督程序以及死刑复核程序。

5. 执行

执行程序是刑事诉讼程序的最后阶段，也是我国刑事诉讼的重要组成部分，这一阶段功能的充分实现，才可真正得到刑罚目的与功能的彻底实现，否则结果将会大打折扣。这一阶段的执行主体是人民法院、人民检察院和公安机关，还包括法律授权的其他机关如监狱等。执行的依据是已经发生法律效力的判决和裁定，其他任何文件都不能成为执行的依据。

《刑事诉讼法》第 248 条规定，"判决和裁定在发生法律效力后执行。下列的判决和裁定是发生法律效力的判决和裁定：（一）已过法定诉讼期限，没有上诉或抗诉的判决和裁定；（二）终审的判决和裁定；（三）最高人民法院核准死刑的判决和高级人民法院核准的死刑缓期二年执行的判决"。《刑事诉讼法》第 249 条规定，"第一审人民法院判决被告人无罪、免除刑事处罚的，如果被告人在押，在宣判后应当立即释放"。执行具有强制性和及时性，它不依当事人的意志为转移，刑事诉讼程序到了最后执行阶段才将刑事责任落到实处。如果不执行或阻碍执行，都有相应的法律责任需要承担。

上述流程为国家司法的核心内容。理论基础在于所有犯罪都是对国家的侵犯，是对国家统治秩序的破坏，对国家管理的否定，因此国家承担了对所有犯罪的惩罚工作。在此过程中，真正的当事者往往没有任何决定自己命运的权利。犯罪嫌疑人在整个诉讼过程中虽然享有各种各样的诉讼权利，无罪推定做了基本的保障，但他一直处于被动状态，在涉及自己最根本的权益即应当承担什么刑事责任、承担多少刑事责任的实质层面没有发言权。被害人更是徘徊在刑事诉讼程序之外，法律没有将其规定为当事人，他们只有刑事附带民事诉讼的请求权。一切刑事上的问题都由国家说了算，国家代表被害者出于报应正义惩罚犯罪嫌疑人，使被害人口出恶气，民愤平复。所幸的是所有这一切都是按国家法律规定的程序进行，不允许法外用刑。

到目前为止，国家司法是保障公民所追求的正义实现的底线。资本主义以来的国家司法有着诸多的进步，它是对封建时代国家司法的否定，刑事诉讼往前迈了一大步。但随着社会的发展、人们认识水平的不断提高、人权的张扬、效率的被普遍重视，国家司法的局限性渐渐显现出来，为弥补不足及有效发展，协商性司法与恢复性司法在国家刑事司法十分完备的高度法治化社会中应运而生。①

有学者认为"正义是一种调解、协商的过程，而不是一种引用法律做成片面决定的过程"②。这是对协商性司法和恢复性司法相对于国家司法关系的另一种解读。在刑事诉讼中引入协商与商谈，犯罪嫌疑人与被害人加入其中，主动地与国家司法机关一起共同面对犯罪，也是国家理性及个人理性的充分发挥与展示，即便失败，没有协商或商谈成功，依然还有国家司法"兜底"，那既是国家的权力、也是国家的义务，国家司法是我们实现报应公正的强力保证，这一司法模式至今仍保持旺盛的生命力。

二 协商性司法

（一）含义

协商性司法，起源于美国的辩诉交易制度，目前我国检察机关正在试

---

① 参见许春金《人本犯罪学——控制理论与修复式正义理论》，三民书局股份有限公司，2006，第318页。其实恢复性司法理念并非近年来刑事司法改革运动的产物，在历史上，主张补偿、修复的司法活动曾经占有过主导地位，所以有学者说恢复性司法只是回到正义的根本，而非新的观念或看法。但是本文中笔者所说的恢复性司法是指近代法治社会形成之后刑事司法改革中所形成的恢复性司法，虽然吸收和延续了古代修复式正义的一些核心理念，但是其背景、基础及运作已经与古代的修复式正义的不同，此处的恢复性司法完全是法治社会的产物，一切都要纳入法治的轨道进行。

② 参见许春金《人本犯罪学——控制理论与修复式正义理论》，三民书局股份有限公司，2006，第320页。

点的"速裁程序"也属于协商性司法范畴。它是基于效率原则，在刑事诉讼中，控方和辩方（犯罪嫌疑人）通过对话与合作，在控方充分考虑犯罪嫌疑人诉求的基础上，双方相互合作与妥协，就刑事案件的处理意见达成基本共识的一种诉讼模式，现在还是以美国的辩诉交易最为典型。从它产生的那天起，一直毁誉参半。但是，这并没有阻碍它旺盛的生命力向更加广阔的空间蔓延。尤其近年来，除了理论界一直研讨，在我国的司法实践中，以协商性司法解决的案件在大量增长，北京市检察机关在 2015 年下半年将全面推开"速裁程序"的实施。

协商性司法模式具有快速处理案件的效果。国家司法模式下，鉴于国家刑事司法资源的严重匮乏，刑事司法机关不可能面面俱到，刑事案件不会全部被纳入刑事诉讼流程，因此会存储大量积案，从而难以较快地实现正义。协商性司法从程序的起点开始就与国家司法不同，它是以犯罪嫌疑人主动认罪开启程序的，因而上来就否定无罪推定原则以及其他证明原则，但认罪意味着省去公诉机关的许多麻烦，犯罪无须证明，依犯罪嫌疑人的供述即可，他得到的好处是不被起诉或者量刑较轻。近年来，理论界和实务界对它产生了浓厚的兴趣，但是理论上的争议也较多。

（二）协商性司法与传统刑事司法的联系与区别

传统的国家司法是国家严重垄断刑事诉讼，其代表机关通过对法定规则的严格适用，实现公平正义从而建立稳定的法律秩序，权力的支撑完全在国家，社会和个人没有任何决定刑事责任的权利。因此，失去了社会本应存在的内在亲和力，个人的主观能动性无法被有效地发挥出来。

协商性司法往前走了一小步，国家一统的权力分给犯罪嫌疑人一方一部分，如果他认罪并积极地与国家司法机关相配合破案、弄清犯罪事实，国家会让出部分刑罚权，由双方商定是否起诉、是否免予刑事处分、是否在原有法定刑内从轻处罚。它不同于传统国家司法的显著特征，是从"对抗性"转到"协商性"，将仅靠法官根据事实和法律做出判决的机制，转换为多主体参与的机制，最大程度上发挥了每一当事人的主观能动性，通过"协商"实现纠纷的快速、高效解决。

（三）刑事速裁程序

当下正在适用的刑事速裁程序应当属于协商性司法的范畴，在此，对北京市海淀区人民检察院进行的改革作一简介，以丰富协商性司法的内容。

1. 法律根据

2014 年 6 月 27 日第十二届全国人民代表大会常务委员会第九次会议通过了《全国人民代表大会常务委员会关于授权最高人民法院、最高人民检察院在部分地区开展刑事案件速裁程序试点工作的决定》（以下简称速裁程序），授权包括北京市在内的全国 19 个市试点刑事案件速裁程序工作，为期两年；适用案件类型主要为危险驾驶、交通肇事、盗窃、诈骗、抢夺、伤害、寻衅滋事等情节较轻的案件，适用条件为事实清楚，证据充分，被告人自愿认罪，当事人对适用法律没有争议，适用宣判刑一般为可能判处一年以下有期徒刑、拘役、管制。

速裁程序作为一种全新的案件办理程序，有别于以往普通程序和简易程序。最高人民法院、最高人民检察院、公安部、司法部联合制定《关于在部分地区开展刑事案件速裁程序试点工作的办法》。其特点一是简化庭审程序，从办案期限的缩短到庭审程序的压缩，省时省力。二是增加不公开审理情形。对于不公开审理的情形，必须经人民法院院长批准。三是强调实质要件，即被告人自愿认罪，并签写具结书，同意检察机关的量刑建议。

2. 速裁程序的适用——以北京市检察院为例

自速裁程序开始适用以来，全市速裁案件适用率逐步达到 20% 以上的指标。援引市院公诉一处官方数据，2015 年第二季度（3 月 26 日至 6 月 25 日），全市共办理刑事速裁程序的案件 743 件/754 人，占比同期基层院受理案件数量的 15.65%。各院具体的办理情况参见表 6-1。

表 6-1　2015 年二季度适用速裁程序

各区法院	案件数量（件/人）	占比同期受理案件数的比例
东城	18 件/18 人	5.94%
西城	14 件/14 人	6.51%
朝阳	87 件/95 人	10.32%
海淀	103 件/103 人	13.09%
丰台	84 件/84 人	15.80%
石景山	21 件/21 人	19.81%

续表

各区法院	案件数量（件/人）	占比同期受理案件数的比例
通州	32 件/32 人	10.36%
大兴	66 件/66 人	18.38%
昌平	82 件/83 人	25.95%
房山	76 件/77 人	28.15%
门头沟	16 件/16 人	24.24%
密云	37 件/37 人	38.95%
顺义	58 件/58 人	20.35%
平谷	16 件/17 人	13.56%
怀柔	24 件/24 人	28.92%
延庆	9 件/9 人	15%
合计	743 件/754 人	15.65%

3. 速裁程序的适用——以海淀区人民检察院为例

简化程序是刑事速裁程序的一个显著特点，适用刑事速裁程序审理案件主要表现在审查起诉阶段。（1）简化案件审查报告。通过简易案件审查报告（如危险驾驶案件中常用的表格版案件审查报告，采用打钩方式选择在案定罪证据种类、名称），放弃以往对在案证据的内容罗列，简要辅助证据证明内容即可。（2）简化提讯笔录制作内容，增加量刑协商文书和法律援助帮助确认书。提讯过程中，公诉人在核实基本案情的前提下，侧重征求犯罪嫌疑人对公诉机关量刑区间的意见，并告知可以申请法律援助律师进行法律帮助。在庭审阶段，突出表现在：可不进行法庭调查、法庭辩论，简化裁判文书、集中送达、集中调查、集中审理、集中宣判等，这些措施使审理时间大大缩短，实现了案件的快速办理。

速裁程序能优化司法资源配置，缓解案多人少的矛盾。对于案件事实清楚、证据确实充分、当事人自愿认罪的简单刑事案件，采取便捷的程序结案，实现案件繁简分流，节约司法资源，对适用速裁程序的案件办理实行专人负责，即速裁办公室负责。所谓速裁办公室，即公、检、法、司四家联合在海淀看守所设立办公室，提高沟通、送卷效率，四机关相互独立又相互配合，值班速裁员身兼案件管理处（受案职责）、公诉处（审查起诉职责）和法警队（送卷职责）三重身份，具体工作流程如下：分局法制送案、值班公诉人核实是否符合受案标准、移交主任分案、速裁承办人承办（含审查起诉、提讯、提起公诉）、专职速裁出庭支持公诉。

需要强调的是，海淀院扩大速裁案件的受理范围，拓宽公诉机关提起适用刑事速裁程序的渠道。当前，速裁案件主要由侦查机关提起，随着对速裁程序规律的探索和把握，在结合办案实际的前提下，海淀院赋予其他承办人向速裁办公室提起适用速裁的权利，基本的工作除提讯之外，其他工作仍由该承办人进行，这点是区别于直接由侦查机关提起的速裁案件。

另外，刑事速裁程序是简化程序但不减被告人的权利。刑事速裁程序在犯罪嫌疑人、被告人的各项权利仍旧依法得到保护的基础上，尽快地审结案件，做到真正的快捷、便民、公正。"不减权利"表现在：审查起诉阶段，公诉人会全面充分地核实案件事实情况，并向犯罪嫌疑人告知权利义务并询问是否需要法律援助律师；在审判阶段，庭审前、庭审时审判人员也会询问被告人意见，如果被告人对事实、法律、量刑建议等有异议，或法院在审查案件过程中发现不宜适用速裁程序时，将案件转为简易或普通程序重新审理。

刑事速裁程序的各项优点显而易见，但作为一个正在试行的程序目前仍然对公诉工作提出了新挑战。

一是刑事速裁程序无形中提高了对公诉人的要求。如上文所说，公诉人肩负起案管部门和公诉部门处长的受案分案职能，哪些案件符合标准、哪些案件需要及时补充材料以达到收案标准等，如何快速审查每一个证据的合法性和证明力，如何合理排除非法证据，如何保证庭审中的指控能力和力度，如何保证当事人双方的合法权利，对速裁程序判决裁定的法律监督，都是需要积极研究和探索的问题。

二是公检法三家办案时间一共30天，需要协调如何分配时间。原则上，公检法三家办案时间平均分配，各10天，主要是为了保证在押嫌疑人经法院判决后有10天的上诉期，否则就应当先变更强制措施再执行判决。实践中因为案情简单、但证据材料较多或者出现其他变化，理论上的三家各10天的情形不能完全保证。

三是适用范围过窄。根据相关规定适用刑事速裁案件的罪名包括危险驾驶、交通肇事、盗窃、诈骗、抢夺、伤害、寻衅滋事、非法拘禁、毒品犯罪、行贿犯罪等。鉴于这是我国司法实践中的一个新生事物，司法机关对刑事速裁程序的适用采取相对保守的态度。就海淀区法院来说，刑事速裁程序试点以来该程序的适用主要集中在危险驾驶罪、故意伤害罪、毒品犯罪和盗窃罪上面，适用范围过于狭窄。从 2014 年 9 月至 2015 年 2 月，共办理 913 件/924 人的速裁案件，其中危险驾驶罪共 799 件，占全部速裁案件的 87.5%，其他有少量的盗窃、毒品犯罪、故意伤害案等。

四是对量刑情节及量刑标准的把握存在差异。一是在起诉时是否写明量刑情节，目前各区县法院做法不一，海淀院考虑到起诉书作为公诉机关对外的正式文书，具有严肃性和稳定性，且量刑情节在审查终结后可能发生变化，如翻供等，认为量刑情节不应当出现在起诉书中，而是采用量刑协商确认书的方式由犯罪嫌疑人予以确认；二是对犯罪嫌疑人的量刑是区间式还是确定式仍有争议，在适用刑事速裁程序前，犯罪嫌疑人需要同意公诉机关的量刑，审判机关在判决时应遵照公诉机关的量刑，因此公诉机关对量刑的预期与审判机关可能存在认识上的不同。

（四）协商性司法与恢复性司法的联系与区别

目前我国学界对协商性司法与恢复性司法的关系没有统一的界定。有学者认为恢复性司法是协商性司法的一种表现形式，也有学者认为协商性司法与恢复性司法是两个不同概念，代表了两种不同的司法理念。有学者认为，两者的区别既有理论上的，更有实践范式方式方面。[①] 有些学者在分析比较了辩诉交易与刑事和解之后，提出了刑事契约一体化的观点，即把两者有机地糅合起来，以辩诉交易为基础，吸收刑事和解的理性成分，在效率的基础上注重对公共利益、被告人利益及被害人利益的全面保护。

协商性司法与恢复性司法有相通的地方：第一，两种制度都否定国家的刑罚垄断，它们以不同的方式排斥由国家单方面处罚犯罪嫌疑人，认为国家司法机关不能完全是程序的主导者，刑事法律关系的各方都有权参与纠纷解决方案的决定过程；第二，两种司法模式本质上源于契约，操作上源于商谈，都是刑事诉讼的契约关系，并以协商、对话为主要途径来确定犯罪嫌疑人的刑事责任；第三，以协商性司法处理的全部案件和以恢复性司法处理的部分案件，提升了诉讼效率，分担了相关国家司法机关沉重的压力与负担，在以审判为中心的改革过程中，起到刑事诉讼程序分流的效果；第四，虽然两种司法适用的前提都是犯罪嫌疑人主动认罪，但这种司

---

① 参见马明亮《协商性司法》，法律出版社，2007，第 73 页。

法模式本身也在鼓励犯罪嫌疑人主动认罪，人的理性特征的一面决定了事情的结果可以反过来制约行为。在综合考虑两种司法模式的法律结果后，犯罪嫌疑人有可能选择主动认罪，当然也利于他们改过自新，更加体现了人道主义的精神。

协商性司法与恢复性司法虽然在形式上有许多相似之处，但还是具有本质上的不同。第一，国家从刑罚权的收回再到刑罚权的分割也要经历一个漫长过程，而且也存在程度、数量的不同。在协商性司法中，国家的代表机关人民检察院将司法权让渡给犯罪嫌疑人（辩护）一方，如果犯罪嫌疑人认罪，双方商谈后可不被起诉或受到从轻、减轻的处罚；在恢复性司法中，国家的所有司法机关针对案件的不同，将部分司法权让渡给犯罪嫌疑人和被害人双方，被害人享有的实质权利比前两个司法体系所赋予都要多，具有决定侵害方责任的一面之词，这种让渡超越了公法范围，公法直接私法化。第二，上述刑罚权的分割或司法权的过渡，决定了参与协商的主体不同。协商性司法模式是国家权力让位给被告人（辩护律师）一方，检察官和被告人（辩护律师）是协商主体；恢复性司法模式是国家将权力让位给被告人与被害人双方当事人，因此，首先是被告人、被害人成为协商主体，其次是参与协商的他们各自的直系亲属或其他家庭成员、受犯罪行为及结果影响的社区代表或单位代表或其他社会组织代表，如果在国家司法范畴内进行刑事和解，国家属于调解人，也是协商主体。第三，目标不同。诉讼效率的提高是协商性司法的主要目标，面对浩如烟海的刑事案件，司法机关必须提高效率完成工作以实现正义，因此协商处理简化程序加快速度；而恢复性司法的主要目标是人道主义的实现，犯罪人忏悔过去，补偿被害人心理、情感、精神和物质上的损失，他们共同展望未来，进而修复被伤害的人及被损害的社会关系，实现和谐共处。第四，国家让出的权力限度不同。在协商性司法模式中，仅仅由于被告人的认罪，国家就对被告人做出了一定的让步，或不追究或减轻责任，被告人作有罪答辩后有可能面临被追诉；恢复性司法则将一些权力让渡给加害人与被害人双方或社会第三方中介组织，受害方倾诉自己因为犯罪行为所受到的伤害，被告人倾听过程也是感动过程，现场感更能让其真诚悔悟。在被告人自愿认罪的前提下，双方针对赔偿与刑罚措施达成协议，同时国家还保留处分加害人的权力。

德国的合意制度和法国的刑事和解与中国刑事诉讼法规定的刑事和解

不是一回事，从理论上归纳两国的相关规定应当属于协商性司法的范畴，类似于英美法中的辩诉交易。有学者将其与恢复性司法混为一谈①，使得学术上的研究较为混乱。

三　恢复性司法

（一）概念

恢复性司法是舶来品，始于 20 世纪 70 年代加拿大的一个案例，目前学界对于恢复性司法的概念众说纷纭，但大体概括如下："恢复性司法是指，以恢复原有社会秩序为目的，以对被害人、社会所受伤害的补偿为重点，兼顾对犯罪行为人改造的一种对犯罪行为做出的系统性反应。"② 人们越来越认识到，程序不仅仅对于实体重要，对于当事人的权利实现更为重要。解决犯罪的过程超越了解决犯罪的结果，如果国家主导刑事诉讼，则是以对犯罪嫌疑人的惩处而告终；如果以当事人为主导地位地解决犯罪问题的过程，则对犯罪嫌疑人的处理结果由双方当事人协商确定，必要时还有社会中第三方（大多是犯罪人所在的社区），请他们共同参与到对犯罪的处理程序中来，目的不是惩罚，而是修复，同时实现的不仅仅是恢复性正义，也是个案正义，而非普遍正义。

（二）恢复性司法的特征

双方当事人合意之下的处理犯罪的过程与结果，主要特征在于其恢复性，虽然不能如犯罪前的模样，却已尽其所能回到从前。第一，被害人首先是得到来自于加害人的心理安慰，心理上的恢复尤其重要，因为心理健康甚至胜于身体健康。现代日常生活中，人的心理如果被伤害、被扭曲，则必会陷入混乱状态，不仅自己无法正常生活还会波及他人，有的会走上犯罪道路。与此同时，被害人得到社区他人的同情与立场，坚定了自己的被认同感。第二，大多加害人也有一个被害化的过程，③ 在被提升司法主体地位后，其主动性也使其心理恢复正常，主动承担责任，主动改变自己

---

① 参见陈在上《德国刑事诉讼合意制度的流变》，《河南财经政法大学学报》2014 年第 1 期；参见王洪宇《法国刑事和解制度述评》，《现代法学》2010 年第 3 期。

② 参见张会清、杨翠芬、蔡青荣《恢复性司法对我国刑事诉讼制度的挑战》，《河北省社会主义学院学报》2008 年第 1 期。

③ 参见李卫红《限用死刑的另一理由》，《山东警察学院学报》2014 年第 4 期。

非正常的生活。因为认罪、赔礼、赔偿得到被害人谅解后，被告人会有较轻的刑事责任承担方式，或者不被判刑入狱，或判刑入狱却得到从轻、减轻的处罚，或应被判死刑立即执行而因此判为死刑缓期执行，较国家司法体系下更易回归社会。毕竟人是社会的动物，不可能离群索居独立生活，除非忽视生命体验，否则一定会群居，人的心理及身体才能因此得到满足。第三，环境是人的生活重要组成部分，当犯罪发生后，正常的社会生活秩序被打破，比如暴力犯罪故意杀人、故意伤害或强奸抢劫等可能会对整个社区成员造成心理上的恐慌；轻微犯罪如侮辱、诽谤、破坏婚姻家庭的犯罪等也会给社区造成不和谐气氛，社区代表进入恢复性司法程序，利于整个社区直面问题，改进环境，比以前发展更好。第四，一些大案、要案、影响巨大的案件，通过恢复性司法平息社会上其他人的愤怒情绪，社会又会重现祥和的状态。

（三）从理念、模式到制度

说不清道不明的是理念、模式、制度、实践的先后顺序，尤其是理念与实践。或许司法理念是随着社会的不断进步而不断向前发展，它先存在于人们的观念中，其后由于在司法实践中的不断应用得到进一步的升华；或许反其道而行，先有司法实践，然后再上升为理念归纳。比如 20 世纪90 年代我国土生土长的刑事和解，在实践中有很好运作，后来人们又将其升华，上到理念高度。或许潜意识中的理念在支配着行为，也未可知。但一种论证或归纳的顺序却是从理念、模式到制度，首先有了司法理念，其后在理念的指导下，在司法的过程中，理念渗透到实践，便形成了司法模式。随着司法模式不断深入被反复适用，以及在适用中不断地总结经验，最后达到一个成熟阶段，也就形成了制度。

"社会主义司法制度是指建立在社会主义生产力发展水平之上的经济基础和上层建筑统一的司法活动的规范体系，是社会主义国家司法机关及其他的司法性组织的性质、任务组织体系、司法活动运行规则、程序以及工作制度等方面规范的总称。"[①] 侦查制度、检察制度、审判制度、监狱制度、司法行政管理制度、人民调解制度、律师制度、公证制度、国家赔偿制度等都属于司法制度的范畴，制度具有规范性，并且是在理念与理论的前提下制定出来的，具有相当的稳定性。而司法模式是在制度与实践的

----

① 参见王韶华《论社会主义司法制度的优越性》，《中国司法》2008 年第 8 期。

基础上人们归纳总结出来的典型方式方法，是运用司法的不同手段来解决矛盾、处理案件的模型或模板，具有理论性的特征，不具有规范性的特征。

恢复性司法究竟是制度还是模式，说法不一。许多学者直接以"恢复性司法模式"而称，似乎众多学者已经默认了恢复性司法是一种"模式"。当然也有学者认为恢复性司法属于一种制度。[①] 其实，恢复性司法既具有制度的规范性特征，也具有模式的样板特性。首先，在刑事诉讼制度的大背景下，如果对恢复性司法进行立法规范，使其在适用中有规可循、有法可依，那么恢复性司法自然属于一种司法制度；其次，如果恢复性司法在一些国家或地区的适用不具有规范性，只借用恢复性司法处理特殊案例，那么只能说恢复性司法在这一过程中是一种处理案件的方法、一种模式，还没有上升到制度的层面。从理念形成模式再上升到制度，恢复性司法都体现在一个程序中，具有程序的本性。

无论到何时，恢复性司法也取代不了传统的刑事司法程序，它只是同时与传统国家司法、协商性司法一起共同解决犯罪问题的方式之一，只是解决的手段与以往不同，并不意味着加害人完全不承担传统的刑事责任，而是在审判过程中或者服刑前后进行商谈、调解和沟通，是犯罪人认错和依法惩处相结合的处置方式。通常意义上所说的恢复性司法的实现途径有三种，即犯罪人-被害人会谈、家庭小组会议、圆桌会议。我国公诉案件的刑事和解在恢复性司法程序下规定了第一种和第三种形式，无论哪一种都是在恢复性司法的基本原则和精神的指导下，这些模式虽然在形式上有差异但是都有着共同的目标与特征，可谓殊途同归。

（四）恢复性司法的内容

恢复性司法主张的是一个多元对话的机制，任何一个受到刑事诉讼结果影响的人都可以参与到诉讼程序中来，共同商谈面对并处理犯罪，恢复性司法运作的核心就在于将受到犯罪影响的人聚在一起，通过谈话与交流解决问题。这个对话机制有以下特点：

---

① 　参见敖日格乐、王海波《在中国建立恢复性司法制度的可行性探讨》，《内蒙古农业大学学报（社会科学版）》2008年第1期第10卷；参见赵星《论西方国家恢复性司法制度建立和发展的理念基础》，《河北法学》2008年第5期。

1. 恢复性司法适用的范围

"首先，修复性司法指的是通过采取修复性措施，双方当事人达成协议后，犯罪人不需要进入传统刑事司法程序，不需要以刑罚的方式予以处罚的情形。因此，达成协议后仍需要判处监禁刑的案件则不宜适用修复性司法。此外，无被害人案件和危害公共利益、国家利益的案件也无法适用修复性司法，因为无当事人可以协商。其次，对修复性司法适用的案件范围应从不同角度来界定。从当事人之间的关系看，应积极适用于犯罪人与被害人之间存在亲属、邻里、同事、同学等特殊关系的案件；从犯罪人的主体情况看，应积极适用于未成年人犯罪、在校生犯罪案件；从犯罪严重程度看，应积极适用于过失犯罪案件、故意犯罪可能被判处缓刑或短期监禁刑的案件；从追诉权角度看，应积极适用于自诉案件；从处理犯罪的社会效果看，可适用于因客观原因无法查清犯罪人责任的案件。"①

2. 采用方式

恢复性司法是通过谈话、会谈、协商等这些方法来进行的。在主持人（促成人）的主持（帮助）下，被害人、受犯罪影响的人同犯罪人见面会谈。

3. 采用恢复性司法的前提

犯罪人必须认罪，或至少在一定程度上承认自己的罪行，而且被害人的参加必须出于自愿。恢复性司法不仅着眼于被害人、社区损害的弥补，还在于犯罪人从心理上的转化与改变。传统司法模式虽然给予了犯罪人严厉的惩罚，但是仍然不能解决犯罪人心理上的负担与重新回归社会的问题。只有犯罪人真正认识到自己行为的危害性，真正从内心发出忏悔，真正接受社区的改造，才能有效地解决上述问题，从而弥补受到损害的社会关系。

4. 参与的主体

主要有被害人及其亲属、加害者、社区（社区代表参与恢复性司法活动，使社区能够了解本区域内的犯罪规律，进而改进预防犯罪的措施、主持人或促成人（作为中间人促进协议的达成，在会谈过程中具有独立的地位，其来源可以是社区成员、警察、法官等）、确认机构（对当事人

---

① 参见陈晓明、林勇《修复性司法——构建和谐社会的一种路径》，《福建公安高等专科学院学报》2007年第1期。

的协议加以确认）、监督机构，必要的情况下当事人的亲友和双方的支持者、其代理人和提供法律服务的律师也可以出席参加。

5. 会谈的内容与目标

通常都是犯罪人说明自己的犯罪行为、表达自己的歉意与忏悔，被害人讲述自己因为犯罪行为所受到的痛苦，社区成员可以说明犯罪行为使社区受到的不良影响与损失等。然后各方针对犯罪人的赔偿与处理进行协商，最终达成协议。其间还要讨论并制定犯罪人在社区服务时的执行和监督方案。

6. 实施的阶段

恢复性司法既能在开庭审理前、审理中实施，也能在服刑中或者服刑后进行。这是由恢复性司法理念根基中的人本主义或者以人为本的思想所决定的。刑事司法并不是为了惩罚而惩罚，而是为了修复人际关系，恢复人正常的生活状态。"法院审理前或者审理中的恢复性司法方案，在促使加害者承认罪行、做出悔过和承担责任的承诺，其方案可供法院裁量刑罚时参考。服刑中或服刑后的恢复性司法方案，则主要是促使加害者悔过自新、尽快重新融入社会生活。"① 可见，不同阶段的恢复性司法的任务虽然并不完全一致，但是其最终目的和结果仍然殊途同归。

（五）恢复性司法的运作模式

恢复性司法的运作模式类型很多，在此参照 1997 年编制的《恢复性司法实施小册子》，将恢复性司法的运作模式或者运作形式归纳为七种类型，即社区恢复委员会、量刑小组、赔偿、社区服务、被害后果陈述、被害人——犯罪人"对话"、"会议"或者"商谈"、家庭小组会议。

笔者比较赞成将恢复性司法的运作模式分为被害人犯罪人调解、家庭小组会议、量刑小组、被害后果陈述和社区恢复委员会五种，而赔偿、社区服务只是恢复性司法的实现方式。在上文中已经论述了恢复性司法的基本精神以及其运作模式的共性，恢复性司法注重通过对话的途径来弥补被害人、修复社会关系，因此双方的交流与商谈才是恢复性司法运作过程的核心。至于赔偿和社区服务只是双方交流后所达成的结果，因此不应称其为运作模式。

人类早期的司法形式就有恢复性司法的影子，而现代意义上的恢复性

---

① 参见孙国祥《刑事一体化视野下的恢复性司法》，《南京大学学报》2005 年第 4 期。

司法较人类早期的纠纷解决方式而言，是在对现实司法制度反思的基础上的一种理性选择，所以从一定意义上讲，它是古代司法模式的更高层次的回归。

第二节　适用刑事和解的案件

一　所有刑事案件

根据刑事和解的定义，从应然的角度论，所有的刑事案件都可以适用刑事和解，或者说所有的刑事案件都有适用刑事和解的可能性，至于是否应和解，则取决于多种因素。即便是危害国家安全的犯罪、恐怖主义犯罪等符合"敌人刑法"范畴的刑事案件，也有和解的可能性，只是需要等到社会发展到一定程度。一是人们的观念改变并接受全方位的刑事和解；二是法律规定中刑事和解的对象没有限制；三是恢复性司法的全面铺开适用；这同样由刑事和解的本意、条件所决定。

（一）从犯罪人角度

无论触犯刑法的哪一个罪名，犯罪人犯罪后只要真诚悔罪、赔礼道歉，就符合刑事和解的第一个条件。悔罪必是由内心发出的，而不是基于外在强迫或出于其他不正当目的所做出的表象行为，悔罪与道歉都应当是主动所为。当然现实中许多行为人是出于不进监狱的功利目的，但其表象上认罪也是一种认罪。

（二）从被害人角度

所有的犯罪都有被害人，只是对被害人如何定义仍存在争议。正如国家、法人可以成为犯罪人一样，他们也可以成为被害人。被害人接受和解应是其自主理性的选择，在价值观上，这主要源于被害人内心的宽容与宽恕。在此过程中，被害人免受任何外界的干预或强迫。被害人可以换位思考，人都会犯不同程度的错误，违法与犯罪不过一步之遥，自己在迷失方向或行为出现偏差时，需要他人的宽容与宽恕，这也是对自己的宽容与宽恕。在现代社会，宽容与宽恕成为解决冲突的前提性理念，其法律表现形式则为刑事和解。

（三）双方经过沟通与对话最后达成和解

双方经过沟通与对话最后达成和解，其主要内容就是经济赔偿的数额、支付方式、支付期限等，这些方面是刑事和解的核心内容，但不是唯一内容。和解的其他方式还有提供劳动服务（如法律咨询、去社区或学校做足球教练等）、履行赡养、抚养义务（定期给被害人家属父母或子女提供金钱、生活照顾）等。公益劳动包括的内容很多，如去敬老院做义工，为老人提供各种精神上、物质上的帮助；到临终医院做义工，为临终病人带来最后的人间温情与温暖；在某一路段捡拾垃圾，为人们的生活创造更好的环境；做地铁站的义务引导员，让混乱的场面更加有序，提升生活质量，等等；在校大学生可以负责所在宿舍公共区域的卫生，利用专业知识为社会服务，无偿做些院系的行政助理工作等。

在目前的情况下，很难做到所有的刑事案件都以刑事和解的方式结案。一是因为《刑事诉讼法》明确规定了适用刑事和解的公诉案件的范围；二是缘于许多案件中的被害人不和解；三是刑事追诉是国家司法义务，必须亲自追究犯罪，否则难以实现多数国民固有并寄托国家惩罚犯罪的报应正义心态；四是社会公众囿于"花钱买刑"的思维，觉得刑事和解使社会丢失了公平与正义，司法也为有钱人所左右；五是许多案件中的加害人不同意刑事和解。其实，只是观念需要转变，但几千年来形成的"杀人偿命""强奸判刑"观念非一日可更改，人们情绪上的报复或是报应在短期内无法被理性上的宽容与宽恕所取代。

二　刑事诉讼法修改前适用刑事和解的公诉案件

在刑事诉讼法没有修改之前，在我国的司法实践中，适用刑事和解办理的公诉认罪案件，主要集中在以下几种类型。

（一）轻伤害案件

轻伤害案件本身社会危害性小，加害人的主观恶性浅，人身危险性即再犯可能性不大，多数轻伤害案件都是由民事纠纷转化而来，也有因当事人在处理矛盾和纠纷过程中一时冲动而引发的，具有情绪性、非克制性、偶然性的特点。加害人的行为较为容易得到被害人的谅解，通过认罪、悔罪、道歉、赔偿、补偿等方式一般都能解决当事人之间的矛盾，一段时间后，在某种程度上都可修复当事人之间的关系。

（二）过失犯罪案件

过失犯罪，法律有规定的才负刑事责任。因过失而实施犯罪行为的，由于加害人的主观心理态度既非直接故意、也非间接故意，因此加害人的主观恶性小、人身危险性轻，犯罪之后对于给被害人造成的危害后果大多后悔不及，往往能够积极主动采取弥补和赔偿措施并精神安慰，通过与被害人及其亲属进行沟通和协商，获得被害人及其亲属的谅解。这方面最典型的案例就是交通肇事案件。

（三）未成年人和在校学生犯罪案件

未成年人是国家的未来，"少年智则国智，少年富则国富，少年强则国强，少年独立则国独立，少年自由则国自由，少年进步则国进步，少年胜于欧洲，则国胜于欧洲，少年雄于地球，则国雄于地球。"[①] 对于未成年人犯罪，应当更多地着眼于教育和改造，因为未来取决于他们。具体到犯罪案件适用刑事和解，主要考虑到以下三个原因：

1. 未成年人属于特殊群体，成年群体对他们的失足行为大多抱有宽容的态度，世界各国都有对未成年人犯罪予以轻缓化处理的倾向，我国也不例外，体现在相关刑事法律、法规和司法解释的规定中，例如，我国《刑法》第 17 条第 3 款明文规定："已满十四周岁不满十八周岁的人犯罪，应当从轻或者减轻处罚。"

2. 未成年人尚处于身心发育阶段，他们的可塑性极强，可左可右，并易受外界影响，"青少年不良行为和犯罪的模式是通过习得获得的，特别是通过对他人的模仿和与他人的交往习得获得的"[②]，他们的理性尚不健全，感情极易冲动，控制能力弱，突发性和盲目性较多，社会危害性及人身危险性的大小因人而异。

3. 未成年人犯罪大多发生在局部范围内，无论从案件性质还是未成年人的自身成长出发，适用刑事和解是最好的选择。另外对于在校学生也基于上述考虑多适用刑事和解。

---

① 参见梁启超《少年中国说》。
② 参见〔英〕韦恩·莫里森《理论犯罪学》，刘仁文、吴宗宪、徐雨衡、周振杰译，法律出版社，2004，第 140 页。

（四）其他轻罪案件

对于可能判处三年以下有期徒刑、拘役、管制或者单独适用附加刑的轻微刑事案件，充分考虑被追诉人的认罪态度、赔偿情况等因素并结合案件的具体情形后，办案机关可以考虑适用刑事和解进行处理。

（五）部分重罪案件

理论上不以重罪和轻罪的划分来决定是否适用刑事和解。然而在司法实践中，各地办案机关对于重罪案件适用刑事和解还是相当谨慎的，一般具备法定的从轻、减轻情节的，才允许适用刑事和解予以处理。

上述适用刑事和解的案件都是相对社会危害性较小、犯罪嫌疑人或被告人为未成年人，或者是主观恶性及人身危险性都在可控范围内，没有因此而造成严重的危害后果，这些案件被规定在了修改后的《刑事诉讼法》中，所不同的是法律规定得更明确些。

三　当下适用刑事和解的案件

（一）法律规定

现行《刑事诉讼法》第277条专门规定了适用刑事和解的公诉案件范围："下列公诉案件，犯罪嫌疑人、被告人真诚悔罪，通过向被害人赔偿损失、赔礼道歉等方式获得被害人谅解，被害人自愿和解的，双方当事人可以和解：

（一）因民间纠纷引起，涉嫌刑法分则第四章、第五章规定的犯罪案件，可能判处三年有期徒刑以下刑罚的；

（二）除渎职犯罪以外的可能判处七年有期徒刑以下刑罚的过失犯罪案件。

犯罪嫌疑人、被告人在五年以内曾经故意犯罪的，不适用本章规定的程序。"

（二）针对本法条的学理解释以及刑事和解的实质要件

1. 犯罪嫌疑人、被告人真诚悔罪

什么是"真诚"？真实诚恳、真心实意，坦诚相待以从心底感动他人，最终获得他人的理解和信任。在汉语中，其为描述性词语，用以形容个人的人格，类似的描述还有真挚、真切、诚恳、诚实、坦诚等，其反义词为虚伪、虚假。如何判断"真诚"？诚毕竟存于心中，但表露于外部，可以通过各种外在行为加以认定。

对于真诚悔罪，只能通过客观上的行为进行判断，主观心理可以被全部或部分掩饰，有个别案件行为人为了得到从轻或减轻处罚的结果而假意认罪。司法人员应当有一个综合判断，并结合以下两点条件断定是否适用刑事和解，即加害人是否赔礼道歉、赔偿损失，被害是否谅解加害人并自愿和解，虽然这样陷入了循环论证的误区。例如，刑法是规定犯罪及其法律后果的规范总和；犯罪是刑法规定的应当承担其法律后果的危害社会行为，这种概念之间的相互依赖、相互说明，从大陆法系及英美法系的研究中都可找到证明。事实上，另外的法定条件确实在一定程度上说明真诚悔罪内心的真挚与坦诚。

2. 被害人谅解后自愿和解与犯罪嫌疑人、被告人和解。双方当事人和解既有行为人的努力，也有被害人的谅解与自愿，问题依然是如何判断被害人的主观心理？自愿的反义是被迫，现实中有各种表面上是自愿实际上却是被迫的现象存在，有些被害人为了生活所迫期盼得到赔偿；有时为了事后平安屈服权势；有时慑于对方的咄咄逼人而不得已违背自己的真实意愿。司法人员同样要做出判断，在不同的阶段刑事和解都应当符合条件，否则，容易给下一阶段的司法工作带来不必要的麻烦。

公诉案件的刑事和解就是用私权处理本该由公权处理的部分事情，其本质在于刑事性而不是民事性，加害人与被害人的意思自治自愿达成刑事和解协议，其内容只要在法律规定的范围内，就具有法律上的效力，而且是刑事效力，其他机关、团体、个人都无权否定。因为刑事和解的制度功能就在于实现加害方与被害方自我处置的权利，私权扩大、公权压缩，就像目前正在进行的行政改革，不断压缩行政审批的权力，将更多的主动权交给行为主体和市场。在许多情况下，刑事和解并不能有效提升刑事司法效率、节约司法资源。在适用时，既要重视刑事和解的结果，又要重视刑事和解的过程。

3. 和解的方式包括赔偿损失、赔礼道歉等。在当下，主要是赔偿经济损失，有些是精神与物质双方面的补偿。刑事和解实践中赔偿方式单一。

现行刑事诉讼法及各类解释、规则、规定，将赔礼道歉、赔偿损失都作为刑事和解的方式，但是在司法实践中，还是以经济赔偿或补偿损失为主。造成这种现状的原因有：一是人们对物质的需要；二是物质的补偿最为直接，真诚悔罪属于主观范畴，通过积极赔偿的方式，在某种程度上可以显现其真诚度；三是精神层面的欠缺。应当在知识、文化、音乐、美学、价值等方面提升人的精神需求，通过这些，使人的精神得到洗礼和净化，使不同等级社会成员之间彼此在情感上共通，从而达到人与人之间、人与社会之间的和谐。

随着上述三方面的改进与提升，贫富差距缩小，和解的难度降低，实现刑事和解立法宗旨、发挥刑事和解适用效果等目标近在咫尺。但是，当前法律不能对刑事和解的赔偿数额做出限制。

司法实践中会出现同罪而赔偿数额相差巨大却同样适用刑事和解结案时；或当同罪富人有钱可拿出巨额款项赔偿而穷人没钱支付给被害人时，因人的贫富不同出现不同的结果，前者可刑事和解，后者面临被起诉被审判及刑罚制裁。人们每当目睹相同或相似的案件时，胸中即刻升腾公平公正之心怜悯恻隐之情。人生而不平等，法律只是创造各种机会，让人们根据自己的情况有所选择。正如人人都享有受教育的权利，但并不是每一个人都能考上清华北大一样，公平与平均不是一个概念，但中国传统思想却往往将两者混为一谈，"均贫富""打土豪、分田地"等平均思想一直被作为平等思想在大众中流行。所以，赔偿数额应因人而异，没有一个统一标准。

依据私权自由与意思自治原则，现行实体法与程序法及司法解释，都没有对刑事和解协议中被害方提出或要求的赔偿数额进行限制，这也是刑事和解协议不公开原因之一。如果被害方得到天价赔偿金，那也是基于加害人的同意，刑事和解的条件制约着刑事和解主体的每一方，即便一方过分行使权利，另一方不答应，协议就无法达成。私权就是私权，公权不可过多干涉，赔偿数额即便是天价，只要加害人一方出于自由意志没有受到威胁、强迫等外在力量的驱使或主宰，协议应当生效，虽然可能存在不均等的现象，但不存在事实上的不公平。

公平不是均等，均等是人人一样，遵循共同的标准，相同或类似的案件赔偿数额在一定的范围之内。均等忽视了与生俱来的不同，如出身、阶层、智商、情商及能力等，当然还有后天的努力苍天的厚爱等，这些造成人与人不可能完全一样，因人而异的赔偿不符合均等原则，却恰恰是公平的体现。《解释》第 501 条明确规定的对协议中赔偿内容"双方当事人要求保密的，人民法院应当准许"等规定，保护了加害人与被害人的隐私。不同案件刑事和解赔偿不均等的现象会长久存在，正如无论社会多么倡导并建立公平的制度，依然有人过着锦衣玉食的生活，有人却流浪街头，食不果腹、衣不御寒。如果社会保障体系健全后，依然有人流浪，那纯属个人选择的一种生活方式。

4. 关于民间纠纷的界定

何谓民间纠纷？这是一个极难定义的概念。司法解释"两高一部"相关的配套规定均未对此进行正面规定，仅公安部规定第 323 条从反面规定了符合下列情形之一的，"不属于因民间纠纷引起的犯罪案件：（一）雇凶伤害他人的；（二）涉及黑社会性质组织犯罪的；（三）涉及寻衅滋事的；（四）涉及聚众斗殴的；（五）多次故意伤害他人身体的；（六）其他不宜和解的"。这样的反面规定依然不能准确地确定适用刑事和解的案件。例如，由于邻里纠纷而多次故意伤害他人身体的能否适用刑事和解？还是要根据案件的具体情况进行处理。

1990 年司法部颁发的《民间纠纷处理办法》，其中第 3 条规定的民间纠纷"为《人民调解委员会组织条例》规定的民间纠纷，即公民之间有关人身、财产权益和其他日常生活中发生的纠纷"。根据全国人大法工委的立法释义，"因民间纠纷引起"是指犯罪的起因是公民之间因人身、财产权益等问题引起的纠纷，既包括因婚姻家庭、邻里纠纷等民间矛盾激化引起的案件，也包括因口角、泄愤等偶发性矛盾引发的案件。民间纠纷不是法律术语，因此会产生多重含义，人们对此不能够有统一标准来衡量。对于这样一个内涵与外延无法确定的概念，在司法实践中作为判断适用刑事和解的要素，会引发司法混乱及当事人的权利被侵犯的可能。

其实没必要规定这一限定条件。因为刑事和解的条件与民间纠纷的案件没有必然的联系。整体上看，民间纠纷不过就是公民之间在日常生活中发生的纠纷，关涉人身权益、财产权益、家庭关系和其他权益，用以前的话语表达就是人民内部矛盾，这是以前斗争思维的潜在延续。既然立法规定下来，实践中应当注意，熟人之间发生的纠纷大多是民间纠纷，但民间纠纷不限于此，应当做扩大解释，只要不直接侵犯国家利益或社会利益的刑事案件就可适用当事人和解程序，限制过严并不利于化解社会矛盾。以下将以个案说明不属于因民间纠纷引起的犯罪案件也可以适用刑事和解，只是在刑事诉讼法没有明文规定的情况下，只能适用刑法司法解释或教义学中的理论即酌定量刑情节来对犯罪嫌疑人进行从轻或减轻处罚，在其根本性相一致的情况下也无大碍，但形式上的不公平依然存在。

5. 关于除外规定

刑事诉讼法第277条第2款规定"犯罪嫌疑人、被告人在五年以内曾经故意犯罪的，不适用本章规定的程序"。这一规定有以下问题需要解决：

（1）"五年内"如何计算？

应当指两罪行为时的时间间隔在5年以内。例如，2010年3月22日加害人实施犯罪，后推5年的时间是2015年3月22日24点；2015年3月23日零点以后就不属于5年以内了，这两个点实际上是交叉在一起的，法律规定非常清晰，间隔是两罪犯罪行为时间的间隔，而非追究犯罪时间的间隔，如果犯罪行为有持续或继续状态的，以行为终了时为准。

（2）前罪是故意犯罪，后罪既可是故意也可是过失

前罪是故意犯罪的，无论后罪是故意犯罪还是过失犯罪，都不能适用本章关于当事人和解的规定。前罪是过失犯罪，满足本条规定的其他条件的，当事人之间仍然可以和解。高检规则第510条第3款规定"犯罪嫌疑人在犯刑事诉讼法第277条第1款规定的犯罪前五年内曾故意犯罪，无论该故意犯罪是否已经追究，均应当认定为前款规定的五年以内曾经故意犯罪"。对这一解释，笔者有不同看法：

第一，前罪只有实质上的犯罪，但并没有受到刑事追究即未进入国家正式诉讼程序的犯罪嫌疑人，不能属于5年以内曾经故意犯罪这个范畴，都可适用和解程序。根据无罪推定原则，任何人未经法院的审判都是无罪的，如果未经法院审判就可在国家正式程序上认定加害人已构成故意犯罪，不仅仅是逻辑上不通畅，更重要的是违背了无罪推定原则，是对加害人人权的侵犯。

第二，前罪行为本身已经达到故意犯罪的定罪标准，只是因犯罪情节轻微被检察机关相对不起诉，或者是未成年人认罪悔罪在附条件不起诉的考察期届满后对其做出不起诉决定，即使前罪属于故意犯罪，不能属于5年以内曾经故意犯罪这个范畴，也不影响于后罪适用该程序。

第三，对于未成年人加害人，法律更应当以宽容的姿态面对。对于前罪因为是未成年犯罪嫌疑人而轻罪前科记录封存的情况下，在犯后罪时，

出于办案需要应对前罪进行查询，但结果不应当影响后罪适用当事人和解程序，一是因为轻罪，二是因为前科记录已经封存，没有对加害人提及的必要。

第四，如果前罪属于自诉案件，而被害人没有自诉，即使加害人的行为成立故意犯罪，也不能纳入前罪是故意犯罪的范畴。

6. 另一法律后果

学理上解释为酌定量刑情节，虽然曾因故意犯罪未能适用该程序，但在犯罪嫌疑人一方赔礼道歉、赔偿损失的情况下，基于刑法关于量刑情节的法律规定，犯罪嫌疑人也可以得到从宽处理。两者的区别在于真诚悔罪的程度，公诉案件刑事和解中的真诚悔罪，是指在没有侦查机关介入侦查的情况下，犯罪嫌疑人或被告人已将案件事实交代清楚，证据已被保存足以确实、充分地证明犯罪成立；而刑法上酌定量刑情节里的行为人认罪、悔罪，还包括侦查机关侦查完毕后，查明案件事实清楚、证据确实充分，一个是主动，另一个是被动，两者真诚悔罪的程度不同。

四 立法规定出现的问题

（一）法定刑事和解案件范围太窄

1. 现状并解释

高检院的解释者称，"此次修改刑事诉讼法，对公诉案件当事人和解的案件范围做了明确的限定，这就存在一个正确理解当事人和解与公安司法机关适用当事人和解的公诉案件诉讼程序的关系问题。当事人和解，从理论和立法精神上看，是允许和鼓励的，其范围也不应有任何限制。但是其和解是否能够产生刑事责任上的效果，则要根据刑事诉讼法的明确规定加以判定。在刑事诉讼法规定的适用范围的案件，当事人达成和解的，才会引起公安机关、人民检察院、人民法院对犯罪嫌疑人、被告人从宽处理的效力。超出该范围的，则不具有这种效力。"这种解释虽符合立法精神，但却与司法实务有不符之处。

2. 以往的司法实践

在新的《刑事诉讼法》适用以前，即公诉案件的刑事和解被规定在《刑事诉讼法》之前的司法实践中，刑事和解成功的案件范围广泛、效果明显。在本文中已引用出了北京市检察机关适用刑事和解的部分案例，以及山东高级人民法院关于死刑案件适用刑事和解的调研情况，上述实践将可能判处的刑罚基本全部涵盖，并不以 3 年或 5 年或 7 年以下为标准，超出了现《刑事诉讼法》的规定；案件类型涉及《刑法》第二、三、四、五章所规定的罪名。尤其是实践中常见多发的寻衅滋事罪，虽然该罪法定侵犯的法益是社会管理秩序，但本罪出现的结果大多是被害人的轻伤、轻微伤或财产的小额损失，在犯罪嫌疑人认罪、悔罪、赔礼道歉、赔偿损失后，在被害人谅解的情况下，也都适用过刑事和解，对犯罪嫌疑人进行了从宽处理，成为不起诉决定书、判决书酌情从轻处理的理由。法律根据是2010 年《人民法院量刑指导意见（试行）》，其规定非常详细，从当庭认罪、退赔、退赃、积极赔偿被害人经济损失、取得被害人或其家属谅解，到综合考虑犯罪性质、罪行轻重、谅解的原因以及认罪悔罪的程度等情况可以减少基准刑的 10% 或 20% 或 30% 以下①。

3. 当下的司法实践

与以往司法解释原则性的规定相比，《刑事诉讼法》关于公诉案件刑事和解的规定较为谨慎与保守，以期严格规范刑事和解程序。但由此带来的负面效应随之渐显，司法人员在承办案件过程中，对于以前可以适用刑事和解的案件因无法可依不得不放弃适用，宏观上与构建和谐社会、深入贯彻宽严相济刑事政策和大力倡导恢复性司法理念相背，微观上对于被害人、犯罪嫌疑人本应当享有的权利及诉讼地位没有突出出来，司法实务有些混乱。虽然在司法实践中对于犯罪嫌疑人、被告人在和解后便获从轻处理依然可以上述《人民法院量刑指导意见（试行）》中的规定为标准，但在立法明确规定的情况下，突破涉嫌刑法第四章、第五章罪名的条件限制，而对寻衅滋事罪、妨害公务罪等直接适用刑事和解，毕竟有违法之实。如果基于同样的犯罪嫌疑人认罪、悔罪、赔偿被害人的经济损失、获得被害人及其家属的谅解等条件，只是因为罪名不同不能适用同一的刑事和解来解决犯罪嫌疑人的刑事责任问题，那将是立法与司法的明显不公平，立法应当被修订，在此之前，司法应当做出合宪性解释，并本着有利于被告的原则进行司法实践。现行立法中公诉案件刑事和解的诉讼程序对适用范围的严格限制在实践中成为司法的障碍，因此适用案件类型应当扩大。

---

① 参见《最高人民法院关于常见犯罪的量刑指导意见（三）（试行）》第 7、8、9、10 条的规定。

就像死刑罪名越来越少一样，刑事和解的适用范围应当越来越大。可以先行扩大至有直接自然人被害人的案件，即便是妨害公务罪，只要有具体的依法正在执行公务的人员被伤害，就可适用刑事和解，至于是否还要承担其他刑事责任，最终取决于案件的性质、社会危害程度、行为人的主观恶性及其人身危险性。

（二）本文观点

刑事和解的目的是化解社会矛盾。毫无疑问，新刑诉法规定的刑事和解的案件范围过于狭窄，使得刑事和解制度的真正价值难以淋漓尽致地被发挥出来。实践中，只要发生刑事案件，都可在一定程度上进行和解，只有极个别的案件被害人或其家属基于报应理念坚决不原谅行为人，以表现自己的所谓气节，不为金钱所动只要行为人的性命。但实际上，随着时间的推移，被害人及其家属的生活还要继续，面对一贫如洗的现状或不可复原的事实，被害人需要赔偿的意愿会越来越迫切，社会上的多数人可以接受这样的结果，人同此心、日子相似。尤其是极其严重的刑事案件，如涉及死刑、无期徒刑的案件，一方是杀人伤害者，另一方是被害人死亡、重伤者，被害人的近亲属或者被害人本人面对凄惨的生活状况，更是期盼得到及时有效的赔偿，以平复内心的愤怒，继续正常地生活。同时，就犯罪嫌疑人而言，赔偿后不能得到减轻处罚的效果，犯罪嫌疑人及其近亲属赔偿被害人物质损失的做法就会失去动力，因为他们内心功利性的期待——不去监狱或少在监狱几年等，一直是他们赔偿的初心和努力的方向。

（三）其他案件

还有大量的刑事案件不在这一范畴，但也可以通过刑事和解不再追究行为人的刑事责任。以下以北京某基层检察院办理的案件为例，说明刑事和解的对象可以扩大，以刑事和解的方式解决的结果远胜于起诉后审判、执行。

案例一：杜某某涉嫌妨害公务罪

2014 年 12 月 1 日下午，在北京市某县太师镇松树峪卡点，北京市某县公安局太师派出所民警要对车牌号为冀 HN6839 的客车进行检查时，该车未停车接受检查。后民警在太师收费站进承德方向的匝道将该车拦截并要求配合民警工作，该车售标员杜某某拒不配合民警工作并拦截警车。办案民警张某、胡某依法传唤杜某某，犯罪嫌疑人杜某某拒不配合民警工作，并将民警张某踹倒，造成张某体表皮肤挫伤。经鉴定，张某身体所受损伤程度构成轻微伤。

本案最后经检委会讨论，对犯罪嫌疑人杜某某以妨害公务罪作相对不起诉处理。相对不起诉的前提条件是犯罪嫌疑人的行为构成犯罪，杜某某在本案中拒不配合民警执行公务，采用辱骂、脚踹等方式阻碍民警办案的行为，符合妨害公务罪的客观方面，即以暴力、威胁方法阻碍国家机关工作人员依法执行职务；犯罪嫌疑人在主观上明知是国家机关工作人员依法执行公务的情况下，采取暴力、威胁的方法阻碍、攻击执行公务的民警，致使民警受伤，符合妨害公务罪的主观方面。但犯罪嫌疑人在此之前没有受到过刑事处罚、其人身危险性不大、该案事出有因、主观危害性不大，及本案案发后，杜某某及其家属诚恳地向民警致歉，受伤民警一方对杜某某也已表示谅解，不再追究杜某某的刑事责任。基于上面的理由，某县人民检察院检察委员会以相对不起诉处理本案。

问题1：妨害公务罪是否属于公诉案件刑事和解的范畴？

理论上，对于侵犯国家秩序及社会利益的刑事案件是否可以和解，如刑法分则第一章危害国家安全罪、第二章危害公共安全罪、第六章妨害社会管理秩序罪、第八章贪污贿赂罪、第九章渎职罪等章节中的个罪，具体如背叛国家罪、放火罪、妨害公务罪、贪污罪、滥用职权罪等，这些犯罪都侵犯的是国家或社会利益，个人与国家或社会能否和解？能否有代表国家与社会利益的自然人与加害人和解？理论上是可以的，因为现代意义上的国家，其政治权力已公共化、制度化，早已超出个人人格化、家族化的领域，即抽象的公共权力与执政者个人相分离，执政者不能与国家、公共权力画等号，而只是它一定时期内的执行者，他的位置是他成就的一部分，但不是他个人本身，如国家主席、总统、法院院长、公安部长等，他们是公共权力的代表。另外，现代法治国家的公共权力的行使应严格限制在法定范围之内，法不授权不可为，法律划出当权者的权力边界，防止他们滥用公共权力，与此对应的是法律保障公民的合法权益，使其不受侵犯。社会更是一宏观概念，由社会成员构成，整个社会的利益由众人共享，但社会也要由代表人表达并代表公共利益的说明，如社会团体等。因此，国家与社会完全可由利益代表者与加害人进行和解，至于观念上国家、社会是否可以与个人平起平坐，则是慢慢改进的一个过程，如果是民事上的平等主体，在刑事上也应当是平等主体。

问题 2：如果不属于立法规定范围，可否进行和解？

现行立法没有将妨害公务罪明确列入刑事和解案件的范围，公安内部规定不能和解，即不允许民警私下与当事人和解、谅解犯罪嫌疑人的行为，使其不受刑法追究。现行的做法只能是将和解作为量刑时考虑的从轻处罚的酌定情节，司法实践中不可作为刑事和解案件进行处理。检察官对本案作不起诉处理并不是行为人与警察和解的结果，而是综合案件行为人的主客观表现，认定其本身具有较小的社会危害性。但如果案件性质足以达到法定起诉的标准，而行为人与警察刑事和解了，警察原谅了行为人的行为，国家是否也可以原谅行为人的行为？笔者认为，可以，但不可超过一定的限度，如果有一量化的起诉标准，只可在起诉标准的底线甚至上浮10%的范围之内考虑。

问题 3：赔礼道歉可以作为和解的重要内容？

从大的范围来划分，人的需求有两种：物质和精神。物质需求的满足是前提，即吃饭、穿衣、性等得到满足，人才可以活下去并一代一代地传承。当物质需求满足时，人更渴望的是精神需求的满足，包括情感的满足。经济赔偿属于前一范畴，赔礼道歉属于后一范畴，在国家与个人的经济条件好转、物质需求已基本满足、而人们更加渴望精神需要时，赔礼道歉将成为刑事和解的重要内容，经济赔偿将退居其次。现阶段，大多数被害人需要物质赔偿，因此容易让人忽视精神需求的重要性及更高层次性。

问题 4：刑事和解对不起诉的影响

《刑事诉讼法》第 15 条规定了依法不起诉原则，第 173 条第 2 款规定了酌定不起诉的条件，影响不起诉的第一条件是案件的性质、情节，包括其社会危害性及行为人的人身危险性。前者指已然的客观危害和加害人的主观恶性；后者指加害人未然的再犯可能性。公诉案件的刑事和解，其实是在现有事实被认定构成犯罪、应当起诉的前提下，部分行为人与被害人在这一阶段达成和解。理论上，如果赋予公民更多处理自己犯罪行为的私权利，那么，公权力没有必要再行使，无论从诉讼效率、追求公平公正的结局、减少监狱人口、减轻国家负担等方面，都无须对行为人进行起诉，刑事和解可以作为案件的终结。如果当事人双方毁约，再启动诉讼程序也为时不迟。当然，刑事和解对于不起诉的影响范围不应太大，保证法定刑为三年以下有期徒刑即可。

案例二：穆某某等六人涉嫌寻衅滋事罪

2014 年 5 月 20 日 20 时许，在北京市某县穆家峪镇北穆家峪村大院内，犯罪嫌疑人穆某某因琐事与张某等人发生纠纷，穆某某电话纠集穆某，穆某持菜刀到现场，后穆某某与穆某伙同赶至现场的另外穆姓三人对在场的张某、张某某、信某等人进行殴打，造成多人受伤。在殴打过程中，穆某某持凳子将院内的桌子、玻璃等物品砸坏。经鉴定，张某、张某某、信某身体所受损伤程度均属轻微伤；经鉴定，被砸坏的桌子、玻璃等物品价值人民币 426 元。

案发后 2014 年 7 月 9 日穆某某与张某、张某某、信某达成了赔偿协议，共赔偿三被害人 5 万元，三被害人对穆某某表示谅解。某县人民检察院检察委员会通过起诉到法院处理本案。

本案构成寻衅滋事罪。依据是最高人民法院、最高人民检察院《关于办理寻衅滋事刑事案件适用法律若干问题的解释》（自 2013 年 7 月 22 日起施行）第 2 条规定："随意殴打他人，破坏社会秩序，具有下列情形之一的，应当认定为刑法第 293 条第一款第一项规定的情节恶劣：（1）致 1 人轻伤或者 2 人以上轻微伤，（4）持凶器随意殴打他人的。"本案被告人穆某某因日常生活中的偶发矛盾纠纷，借故生非，持菜刀这一凶器将两人打成轻微伤，符合《刑法》第 293 条及两高司法解释的规定，构成寻衅滋事罪。但本案被告人赔偿了被害人 5 万块钱，双方达成谅解协议。

问题 1：寻衅滋事罪不属于公诉案件刑事和解的范围，可否和解？

寻衅滋事罪被归为《刑法》分则第六章妨害社会管理秩序罪，依《刑事诉讼法》的规定不属于刑事和解的范畴。但最高人民法院、最高人民检察院《关于办理寻衅滋事刑事案件适用法律若干问题的解释》（自 2013 年 7 月 22 日起施行）第 8 条规定："行为人认罪、悔罪、积极赔偿被害人损失或者取得被害人谅解的，可以从轻处罚，犯罪情节轻微的，可以不起诉或者免予刑事处罚。"本案完全符合这一规定，被告人穆某某完全地认罪、悔罪，对 3 名被害人张某、张某某、信某赔礼道歉、赔偿损失 5 万元，并且得到了他们的谅解。本案也属于同村村民纠纷，犯罪情节较轻，发生殴打只造成轻微伤，破坏的财物价值较小，检察机关完全可以根据本案的具体情况进行不起诉处理。但检察院还要考虑社会效果，有些案外的因素对于案件处理的影响更大些，因此，没有按照此司法解释进行处理，还是诉到了法院。

笔者认为，完全可以不起诉本案，刑事和解可以扩大到这一章所有可被判处 3 年以下有期徒刑的案件。

问题 2：该协议具有怎样的法律效力？

问题的症结在于本案不属于刑事和解的范畴，因此，案件双方当事人即使签订了和解协议，也不具有法律上的效力，只是在构成犯罪的前提下，可以作为对犯罪人进行量刑时的参考。

案例三：犯罪嫌疑人周某某纠集韩某某和于某某与犯罪嫌疑人苏某某纠集刘某、张某、魏某、李某、崔某、周某、王某同赵某、孙某、钱某（不在案）等人于 2014 年 7 月 18 日 22 时许，以歌厅有情况、不要在这里唱歌、不用结账的方式无故对北京市密云县沙河盛世夜都歌厅正常营业的五层、四层进行清场，期间，王某和钱某等人在前台阻拦客人结账，钱某辱骂前台服务员并推倒了前台的电脑一台，致使电脑显示屏损坏。经鉴定，在案嫌疑人的清场行为，造成歌厅损失达 4310 元。

2014 年 12 月 28 日苏某某的朋友崔某某代表苏某某等人向盛世夜都歌厅负责人李某某赔偿经济损失 4310 元，李某某出具了收条和谅解书，表示不再追究周某某和苏某某等人的刑事责任。

检察官对本案的定性有四种意见：

第一种意见认为，该案应当以聚众扰乱社会秩序罪对 13 人定罪处罚。主要理由为，本案人数众多，且是以清场为目的聚集在一起，致使歌厅的工作和经营无法进行，并造成了一定损失，情节严重。

第二种意见认为，该案构成寻衅滋事罪，属于在公共场所起哄闹事，造成了公共场所秩序严重混乱。主要理由为：在案 13 人无故在歌厅清场，属于起哄闹事行为，该起哄闹事行为侵犯了不特定人的行为自由，且发生在歌厅这种本身就不稳定的环境下，增加了引发混乱的可能性；在案行为人清理的包间多、涉及人数多，严重影响了歌厅的正常营业秩序，致使正常的公共秩序不能顺利进行；行为人的行为是有目的有组织的，客人和服务员对行为人都心存畏惧，行为人所实施的行为实质上是一种精神上的强制，属于软暴力。

第三种意见认为，该案构成寻衅滋事罪，但无法评价为公共场所秩序严重混乱，应该以任意损毁公私财物对 13 人定罪处罚。主要理由为：在法律没有明确解释的情况下，将该清场行为解读为造成公共场所秩序严重混乱没有确定性，尤其是在混乱还不典型的情况下；损毁包含损坏和毁灭，损害可以针对财产性利益，本案中行为人清场不让客人结账的行为属于损害行为；财产性的利益是包含在公私财物之中的，对于毁损可以从宽泛的角度予以理解，只要是造成可得利益不能实现的行为，就可以评价为毁损行为。

第四种意见认为，本案中行为人的行为明显具有寻衅滋事的故意，但该清场行为无法评价为寻衅滋事的行为，依法不构成寻衅滋事罪，建议法定不诉。主要理由为：本案中行为人并没有针对鉴定物品进行损坏，仅针对歌厅对顾客的债权即可得利益，属于明显侵权行为。对于该种可得利益是否包含在公私财物概念中以及清场是否是毁损行为，法律没有明确规定，理论上也有争议，不适宜将该行为扩大解释为损毁公私财物的行为；行为人采用平和的手段要求客人离开，并没有造成公共秩序的混乱，从视频录像看客人是在服务员的指引下有序离开的，且整个过程时间短，仅10 分钟，无法判断为公共秩序严重混乱；对于有人推倒电脑的行为，因该人不在案，且电脑没有作价，不能将该人的行为评价在整个寻衅滋事的行为中，考虑到本案的社会效果，应该对在案人员给予治安处罚。

笔者同意第四种意见。当行为人的行为不构成犯罪时，也就无所谓刑事和解。本案的赔偿属于民事范畴，是侵权行为导致的结果，而不是犯罪行为导致的结果，因此，不能属于刑事和解，必须构成刑法上的犯罪，和解后才能属于刑事和解。即便本案最终被认定为刑事犯罪，也可适用刑事和解，不再追究行为人的刑事责任。

综上，立法规定的刑事和解的案件范围太过狭窄，司法实践中大量案件可以适用，并已被证明具有积极的社会意义和价值，对于化解社会矛盾功不可没，也符合中共中央办公厅、国务院办公厅《关于贯彻落实党的十八届四中全会决定进一步深化司法体制和社会体制改革的实施方案》的改革要求。其中最高人民法院司改办主任贺小荣在答记者问时说："人民法院还将完善各项配套措施，包括健全案件繁简分流机制；充分发挥简易程序、小额诉讼程序、刑事和解程序、轻微刑事案件快速审理机制等制度优势，降低当事人诉讼成本，减轻诉累；注重多元化纠纷解决机制对案件的分流作用，加强诉前调解和诉调对接，发挥人民法院在化解社会矛盾中的职能作用。"应当从应然的所有案件发展到实然的所有案件皆可刑事和解。

第三节　刑事和解的主体

一　犯罪人

（一）一般概念

犯罪人是指所有实施了社会危害性行为的人，不具有规范意义，既包括《刑法》规定之内也包括《刑法》规定之外的犯罪人。前者虽然容易理解，却存有争议。如实施危害国家政权的犯罪人、侵犯社会公共秩序的犯罪人（尤其是实施黑社会性质犯罪的犯罪人），对于这些犯罪性质严重的案件是否可以适用刑事和解存有很大争议，法律上没有规定，理论上或肯定或否定，司法实践中只以赔偿减刑（如死刑案件）的方式进行；规范之外的犯罪人不在本书研究视野之内，因为公诉案件的前提是公诉机关认为行为人的行为构成刑法上规定的犯罪。

（二）不同学科概念

刑法意义上的犯罪概念在于规范性，犯罪概念的法定性是由刑法的规范性决定的，即刑法以罪刑法定为基本原则，以依法治国为保障。只要刑法没有规定，无论行为具有多大的社会危害性，比如强奸男性、虚假离婚骗房、老师虐待幼童等，民愤多么强烈要求严惩行为人，该行为都不能用刑法进行评价，对行为人不得定罪量刑，直到刑法典规定下来，才可依法认定。"犯罪学意义上的犯罪概念不同于刑法学意义上的犯罪概念。它从功能性犯罪定义出发，将犯罪界定为一切对社会有害的行为，内容涵盖了法定犯罪、待犯罪化的犯罪、准犯罪、待非犯罪化的犯罪。它不受制于规范，而具有开放性的体系，只要有社会危害性的行为就是犯罪，其核心是对社会危害性的界定，其区别在于是否刑法规定。"①

刑事政策学②意义上的犯罪概念与刑法学及犯罪学意义上的犯罪概念都不同，前者的范围太窄，后者的范围太宽，已然的犯罪学意义上的犯罪概念相对比较合适，即已经发生的所有对社会具有一定危害性的行为，包括不满 14 周岁的人或精神病人的犯罪行为等。因此，犯罪人的要义有二：一是已然实施具有一定社会危害性行为的自然人与法人；二是不受刑法规定的犯罪主体的限制。而本书研讨的是公诉案件的刑事和解，因此犯罪人的概念一定是刑法意义上的，即刑法规定的实施犯罪行为的人。

（三）结论

理论上只要是《刑法》规定的犯罪人都可以，但在当下，可适用刑事和解案件的犯罪人还必须是《刑事诉讼法》规定的犯罪人。在实践中有些是家属出钱进行刑事和解，也可算是犯罪人与被害人进行的和解。例如，犯罪嫌疑人蔡某某于 2014 年 9 月 8 日 16 时许，在北京密云区穆家峪镇新农村京城高速收费站东侧右堤路上，与被害人李某发生争执，蔡某某伙同张某（已判处 1 年有期徒刑）使用石头击打李某头部，致使李某左侧硬脑膜下出血、左侧硬脑膜外出血。经法医鉴定，李某所受损伤程度属于轻伤一级。犯罪嫌疑人蔡某某被逮捕后，蔡某某的父亲于 2015 年 4 月 29 日已赔偿李某经济损失两万五千元，被害人李某对蔡某某已表示谅解。

检察院认为：第一，犯罪嫌疑人蔡某某的行为构成故意伤害罪。第二，犯罪嫌疑人具有法定、酌定从轻处罚情节。犯罪嫌疑人犯罪时未满 18 周岁，是未成年人，根据《刑法》第 17 条第 1 款、第 3 款规定，应当从轻或者减轻处罚；犯罪嫌疑人到案后如实供述自己的罪行，根据《刑法》第 67 条第 3 款规定，可以从轻处罚。第三，犯罪嫌疑人已赔偿被害人的经济损失，并得到被害人的谅解；且是初犯，认罪悔罪态度好，可以酌定从轻处罚。第四，犯罪嫌疑人蔡某某具备有效监护教育条件。蔡某某的社会调查评估报告显示，其家人和村委会及当地司法所、司法局愿意接纳蔡某某，愿意监护和帮教他。第五，《刑事诉讼法》第 279 条规定，对于达成和解协议的案件，犯罪情节轻微，不需要判处刑罚的，可以做出不起诉决定。第六，2012 年 10 月最高检《关于进一步加强未成年人刑事检

① 参见李卫红《刑法学、犯罪学、刑事政策学关系解析》，《山东警察学院学报》2009 年第 5 期。
② 参见李卫红《刑事政策学》第 2 版，北京大学出版社，2018，第 171~172 页。

察工作的决定》，坚持依法少捕、慎诉、少监禁的原则。对于犯罪情节轻微的初犯，确有悔罪表现的，可以依法不起诉。2015 年 3 月 17 日《北京市检察机关未成年人涉罪案件相对不起诉和附条件不起诉适用标准（试行）》第 4 条规定：对于未成年人实施的轻伤害案件、初次犯罪，情节轻微，犯罪嫌疑人确有悔罪表现，当事人双方自愿就民事赔偿达成协议并切实履行，符合《刑法》第 37 条规定的，人民检察院可以依照《刑事诉讼法》第 173 条第 2 款的规定做出不起诉决定。因此，对本案蔡某某做相对不起诉处理。

二　被害人

（一）理论上的应然

刑事和解中的被害人是指犯罪人直接或间接侵犯的人；包括自然人、法人（单位、国家、社会等组织）。通识观点："犯罪被害人是犯罪危害结果的承受者"①，其合法权益遭受犯罪的侵害，包括生命、身体、自由、名誉等个人法益。另有学者将"被害人分为主要被害人和次要被害人两个层次，前者是指受犯罪最直接影响的人，后者则是指家庭成员、朋友、目击者、刑事司法官员、社区等"②。因为每一个人都有特定的社会关系，包括与家庭成员、朋友等人与人之间的关系，因而犯罪不仅仅侵犯了最直接的受害人，同时也侵犯了社会本身，包括其他相关的人。

理论上的被害人是一个广义的概念，如果将国家、社会也纳入被害人范畴的话，所有的犯罪都有被害人，犯罪不仅仅指向个人，也可以指向单位、社会、国家。例如：故意杀人罪的被害人是个人，职务侵占罪的被害人是单位，聚众扰乱社会秩序罪的被害人是社会，滥用职权罪的被害人是国家。被害人既可以是自然人，也可以是法人，还可以是其他组织机构、社会团体等，只要有自然人能够代表其意志或利益表达即可。此结论论证的依据类似于单位犯罪主体存在的理由。

（二）学者观点

有学者认为，制约刑事和解的因素主要是犯罪客体，如果行为人侵犯

---

① 参见王牧《新犯罪学》，高等教育出版社，2005，第 200 页。
② 参见陈晓明《恢复性司法的理论与实践》，法律出版社，2006，第 8 页。

的是国家、社会或不特定多数人的生命健康及重大公私财产的安全，则无法进行刑事和解，因为个人不能代表国家、社会及潜在的被害人进行刑事和解。"仅仅在犯罪是直接侵害个人的法益而与社会、国家的整体法益无涉的时候，被害人才能具有刑事实体处分权，但是仍然需要司法机关进行形式和实质上的审查后才能决定是否适用刑事和解。而在犯罪侵害社会、国家的法益或者两者兼而有之的情况下，由于客观上基于偶然性而承担物质性损害的被害人总是具体而有限的，无法完全代表被侵害的国家、社会，因而即便此类具体的被害人谅解了加害人，他也不得请求适用刑事和解。易言之，此类案件是必须以提起国家公诉的方式追究加害人的刑事责任的。例如，在爆炸罪中，犯罪客体是公共安全，侵犯的是不特定多数人的生命、健康、财产等权益。尽管客观上因爆炸而受伤的可能只是一个特定的个人，但是，该特定的个人无权与犯罪人进行刑事和解，因为他无法代表那些潜在的被害人，无法以个人对犯罪人的谅解态度来代替所有的潜在被害人对犯罪的态度。也就是说，作为犯罪对象出现的不特定多数人尽管客观上没有受到损害，但是他们仍然是潜在的被害人，他们可能根本就不会原谅犯罪人的犯罪行为。"①

其论证的理由是："放弃公法益就是违反自然已经成为各国刑法理论的共识。在意大利，权利人有权处分的利益——即国家允许个人完全自由享有的权利——的范围有限，一切直接涉及社会利益的权利，都不属于权利人有权处分的范围；在德国，对于公共利益攻击的个人同意不可能有效，因为个人处分权与公共利益并不相关；在日本，对纯粹的国家法益和社会法益承诺当然是无意义的；而在我国，学者们同样认为，被害人只能承诺个人有权自由支配的权益，国家、集体等公共权益不在个人承诺的范围之内。可见，在犯罪侵犯的客体为国家法益或社会法益的情况下，被害人不存在实体处分权。在刑事和解过程中，被害人可以放弃和已经放弃的，都仅仅是侵犯个人法益犯罪中的个人权益的一部分，但他无权放弃，也根本不可能放弃涉及公共利益的相关部分权益。"②

（三）本书观点

在此需要厘清的问题有：

---

①　参见于志刚《论刑事和解视野中的犯罪客体价值》，《现代法学》2009 第 1 期。
②　参见于志刚《论刑事和解视野中的犯罪客体价值》，《现代法学》2009 第 1 期。

1. 被害人包括哪些人？

法理上，被害人概念有广义、狭义之分，除了侵犯个人法益为直接受害人以外，被侵犯公法益的国家、社会及潜在的被害人也可由代表来表达意志。既然国家、社会（包括社会整体和社会团体）在民事及刑事法律关系中可以作为法人出现，具有独立的意识及意志，那么，在被害过程中也可具有独立的意识及意志，理论上也可成为被害人。如，职务犯罪的被害人是国家，毒品犯罪、赌博犯罪的被害人是社会，危害公共安全犯罪的被害人一部分为个人，另一部分为社会，它们均有代表人可以代表国家及社会作为具体的被害人与被告人进行刑事和解。既然国家可以代表社会全体对犯罪人进行刑事处罚，那么，国家也可以代表社会全体与犯罪人进行刑事和解。同理，社会也可依此解决。

实践中的做法以一案为例：

> 公诉机关指控，2008 年 12 月 15 日 10 时许，公明供电所职员检查公明李松朗村第二工业区第 44 栋总电表时，发现封印不见了，便使用工具检测该电表，发现存在偷电现象，便报警将电表实际使用者被告人谢某某抓获归案。公明供电所认定，该用户窃电电量为 235536kW·h，应追补电费为 161200.84 元，违约使用电费金为 483602.52 元。追补电费已交清，被告人谢某某一方赔偿了违约使用电费金 450000 元。公诉机关就上述犯罪事实向法庭提交了相关证据，认为被告人谢某某的行为已构成盗窃罪，请求依法判处。

法院认为，被告人谢某某以非法占有为目的，秘密窃取电力，其行为已构成盗窃罪，公诉机关指控罪名成立。被告人的盗窃数额，应认定为大约 2 万元，但由于 2 万元属于数额巨大的数额起点，而大约 2 万元存在一定的幅度。因此，本院按有利于被告人的认定原则，以盗窃数额较大进行判处。辩护人关于谢某某属从犯的意见，经查，在犯罪过程中，虽然没有证据证实谢某某实施了具体的诸如改变线路的窃电行为，但其同意实施窃电行为，并获取主要利益，同样属于积极实施犯罪行为者，系主犯，辩护人相关意见并不成立；关于谢某某投案自首的意见，经查，公安机关抓获被告人系在已经掌握了电力被偷且谢某某属于负责人事实的情况下，也就是在基本掌握了谢某某犯罪事实的情况下开展的，因此，谢某某的归案并不属于自首，相关辩护也不能成立。但被告人能坦白其犯罪事实，且积极退赔被害人的损失，得到了被害人的谅解，因此，本院决定对被告人谢某某从轻处罚。

依照《中华人民共和国刑法》第264条之规定，法院判决如下：被告人谢某某犯盗窃罪，判处有期徒刑九个月，并处罚金人民币一千元，限于本判决发生法律效力后一个月内缴纳（刑期从判决生效之日起计算，判决执行以前先行羁押的，羁押一日折抵刑期一日，即自2008年12月15日起至2009年9月14日止）。[①]

本案的被害人是单位，当犯罪嫌疑人赔偿被害人的损失后，被害单位谅解了被告人，法院对他从轻处罚。当被害人为单位时，如本案，是否可适用刑事和解？《刑事诉讼法》及三机关的司法解释都只提到被害人及其法定代理人，而没有涉及单位被害人。从立法的主旨也难以解读出是否应当包括单位被害人，因为《刑事诉讼法》第277条没有明确规定，没有明确规定是否就意味着禁止单位被害人作为刑事和解一方的当事人？笔者倾向于只要法律不明确禁止即可行为。

2. 处分权益与权益被侵犯后的处理不是同一概念

公共权益不容侵犯，当然更谈不上被普通公民处分。个人无权对国家权益及其他公共权益做出处分或承诺，如张某对李某说你去做国家主席吧！这种个人口头上的应承没有任何法律意义，人们只会当成玩笑一听一笑，然后各行其是。如果查明行为人有教唆故意，那就要承担教唆犯的刑事责任。但是，当公共利益被侵犯后，公共利益的代表可以与加害人进行刑事和解，正如国家代表公众处罚犯罪人一样。

自从国家收回刑罚权后，国家不允许公民个人动用私刑，但代表国家行使刑罚权的是公安机关、人民检察院和人民法院，具体实施的又是侦查员、检察员和法官，只有具体的自然人具有意志和意识，能经过正当程序代表国家及其法定机关实施具体的行为。同理，当国家利益、社会利益、单位利益受到侵犯时，也必须由具体的自然人出面代表国家解决利益纠纷，当刑事案件发生时，国家、社会、单位法定的代理人或代表完全可以和被害人坐在一起进行和解。

理论上所有的刑事案件都可以进行刑事和解，只是实践中较难做

---

① 本案来自深圳市宝安区人民法院刑事判决书，（2009）深宝法刑初字第2548号。

到。刑事和解与侵害的法益无关，因为刑事和解的本质、适用条件等与犯罪侵犯的法益无关。综上在当下，被害人还是指《刑事诉讼法》规定的适用刑事和解案件的被害人，但应当扩展到所有被害人、自然人、单位。

三　第三方

（一）《刑事诉讼法》修改前

1. 司法机关的人员

司法机关的工作人员作为第三方参与主要指司法人员通过与加害方、被害方的说服、沟通、交流、教育、劝解等工作，促使双方就经济赔偿标准、赔礼道歉等事项达成协议，从而使得被害方原谅加害方，放弃追究刑事责任。

传统意义上，中国的公权力具有一定的权威性。大多普通百姓对于公、检、法机关信任与恐惧的心理并存，刑事和解的双方对于公权力的行使者即司法工作人员的态度、工作能力、公平程度半信半疑，但如果司法工作人员积极、主动地进行各种调解工作，促进双方的沟通了解、加强和解的诚意，并就具体赔偿事宜减少分歧达成共识，会具有先天的优势。山东省烟台市检察院的"平和司法"① 是一典型。

2. 人民调解委员会

即指"公检法机关对于那些加害方与被害方具有和解意愿的轻伤害案件，委托基层人民调解委员会进行调解，对于经过调解达成协议的案件，可不再追究加害人的刑事责任或者对其依法从轻处理。"② 以上海市

---

① 参见《烟台：走在"平和司法"的大道上》，《检察日报》2006 年 4 月 12 日。检察机关的办案人员在对加害方与被害方分别进行单独劝导说服工作的基础上，对于那些符合刑事和解条件、双方有接受调解意愿的案件，在确定的时间和地点，召集加害人、被害人及其近亲属、学校、单位的代表，共同参加由检察官主持的和解会议。在这种会议上，主持会议的检察官促使加害方及其近亲属就有关犯罪行为给被害方造成的伤害进行赔礼道歉，祈求被害方的谅解和宽容，并表达提供经济赔偿的愿望；检察官同时要给被害人及其近亲属提供发表意见的机会，使其倾诉自己因犯罪行为所受到的伤害后果和心理创伤，对加害人的犯罪行为进行谴责，并提出本方的经济赔偿及其他方面的要求。在这次和解会议上，检察官会要求加害方当场赔礼道歉，双方当场签署和解协议，并就案件的善后事宜做出决定。

② 参见陈瑞华《刑事诉讼的中国模式》，法律出版社，2008，第 30 页。

为例，自从 2002 年以来，杨浦区司法局先后与区公安分局、区检察院共同委托人民调解委员会来调处轻伤害案件，取得了良好效果。

3. 当事人自行委托的第三人

刑事案件发生后，加害人与被害人不愿意司法机关介入，愿意自行和解，双方共同选择一位德高望重的第三人从中撮合，就和解的细节问题共同商讨，如加害人赔礼道歉方式、赔偿数额的最后确定等。另外，还有社会中的第三方介入司法程序，通过司法分流以实现刑事和解为手段，以对未成年人进行实质性的帮教为目的。

（二）《刑事诉讼法》修改后

2012 年《刑事诉讼法》修改后，法律明确规定了适用刑事和解的公诉案件第三方，根据公安部规定、高检规则、高法解释的有关规定，公检法三机关在当事人和解程序中的作用主要表现在：

1. 公安机关

根据公安部《公安机关办理刑事案件程序规定》第 322 条，在符合规定刑事和解实质要件的前提下，"必须经县级以上公安机关负责人批准"，才可以继续进行。第 324 条规定了"公安机关审查时应当听取双方当事人及亲属、当地居民委员会或者村民委员会人员以及其他了解案件情况的相关人员的意见"；第 325 条规定："达成和解的，公安机关应当主持制作和解协议书，并由双方当事人及其他参加人员签名。"

2. 检察机关

根据最高人民检察院《人民检察院刑事诉讼规则（试行）》第 514 条第 2 款：人民检察院"可以建议当事人进行和解，并告知相应的权利义务，必要时提供法律咨询"。第 515 条第 1 款规定："人民检察院应当对和解的自愿性和合法性进行审查。"第 2 款规定："审查时，应当听取当事人及其他有关人员对和解的意见，告知刑事案件可能从宽处理的法律后果和双方的权利义务，并制作笔录附卷。"第 516 条规定了"人民检察院应当主持制作和解协议书"。

3. 人民法院

根据最高人民法院《关于适用〈中华人民共和国刑事诉讼法〉的解释》第 496 条："对符合刑事诉讼法第 277 条规定的公诉案件，事实清楚、证据充分的，人民法院应当告知当事人可以自行和解；当事人提出申请的情况下，人民法院可以主持双方当事人协商以达成和解。"人民法院的义务一是告知，二是主持。第 499 条规定了人民法院对公安机关、人民检察院主持制作的和解协议应审查，协议有效予以确认，无效主持重新制作。第 500 条规定了在审判阶段人民法院应主持和解并制作和解协议书。

公安机关、人民检察院、人民法院在和解程序中，对于符合法定条件的具有告知、主持双方当事人刑事和解的义务，双方当事人在整个诉讼阶段包括侦查、起诉、审判的过程中都可以向司法机关提出刑事和解，三机关可以在和解程序中发挥更为积极主动的作用。

4. 人民调解员、民间调解组织和律师等

根据最高人民检察院《人民检察院刑事诉讼规则（试行）》第 514 条第 1 款："双方当事人可以自行达成和解，也可以经人民调解委员会、村民委员会、居民委员会、当事人所在单位或者同事、亲友等组织或者个人调解后达成和解。"根据最高人民法院《关于适用〈中华人民共和国刑事诉讼法〉的解释》第 496 条第 2 款："根据案件情况，人民法院可以邀请人民调解员、辩护人、诉讼代理人、当事人亲友等参与促成双方当事人和解。"两高解释充分说明了应当鼓励律师和社会第三方介入刑事和解中，帮助双方当事人厘清思路、认定方向，在此过程中，可以避免司法人员的倾向性意见或者公权力的渗透。具体操作中的难点在于公权力与私权利的衔接和配合，人民检察院、人民法院在国家司法的刑事诉讼中，代表国家机关追究犯罪、审判案件，同时在恢复性司法中又扮演中立的角色，此时不能将公权力使用到犯罪嫌疑人与被害人的关系中。他们应及时告知双方当事人可以申请委托人民调解组织调解，或者指派法律援助方面的律师帮助当事人和解，或者鼓励由司法社工促成当事人双方和解。

四 法律援助律师参与刑事和解

中共中央办公厅、国务院办公厅《关于完善法律援助制度的意见》（以下简称《意见》）规定法律援助可以参与到刑事和解中，这对于提高刑事和解的实现质量具有重要的意义。

（一）法律援助制度含义

《意见》指出，"法律援助是国家建立的保障经济困难公民和特殊案件当事人获得必要的法律咨询、代理、刑事辩护等无偿法律服务，维护当事人合法权益、维护法律正确实施、维护社会公平正义的一项重要法律制度"。

　　法律援助就是法律服务，它是一项重要的惠民工程，理论根据有三。一是取之于民，用之于民，将国家的税收用于国民最需要的地方。二是国家亲权理论，或者可以引申一下该理论，国家就是最大的家长，当子女遇到困难时，家长应当挺身而出，出钱出力，为民解忧愁。只要是国家公民遇到法律问题却无经济能力、知识水平独立应对时，国家就应当提供帮助。三是平等理论。法律面前人人平等，如果诉讼当事人双方之间，一方有钱请律师，另一方无钱请律师，那么不对其提供法律援助，则无平等可言。

　　考察一个国家法律援助的品质如何，从两方面着手，一是数量，二是质量。数量是指涉案范围的划定、涉案人数的多少、援助律师的人数、开销金额等，标准即是大致可以满足人民群众日益增长的需求。市场经济是法治经济，市民社会是公民个人独立意志的社会，人们遇"事"更多地求"法"，而不是求"官"，对法律服务的需求比以往任何时候都更为执着，数量呈几何状增长，能否满足是对国家理政的一个考验。仅仅在数量上保障只是表层，深层次的需要是质量，即保障每一个申请的当事人无论案件胜负都心服口服，从内心深处真实地感激感谢法律援助人员的高品质服务，而非走过场一般的形式主义在该领域的投影。

　　（二）法律援助制度内容的扩充

　　当法律援助所服务的法律制度的内容随着社会政治、经济、社会等的发展不断增加，法律援助的对象也应当随之不断调整，才可不断丰富与完善法律援助制度本身的内容。《意见》扩大了法律援助的内容，"建立法律援助值班律师制度，法律援助机构在法院、看守所派驻法律援助值班律师。健全法律援助参与刑事案件速裁程序试点工作机制。建立法律援助参与刑事和解、死刑复核案件办理工作机制，依法为更多的刑事诉讼当事人提供法律援助"。

　　在司法实践中，各相关单位已开始按上述规定进行操作，笔者对北京市海淀区人民检察院的调研结果已在本书第六章第二节中进行了分析，律师值班制度对于速裁程序的顺利实施起到了积极的作用；法律援助介入死刑复核案件的办理，也会使案件得到更加公正公平的处理；下文主要研究法律援助参与刑事和解的相关问题。

（三）法律援助参与刑事和解

刑事和解是 2012 年《刑事诉讼法》新增设的一个处理公诉案件的特别程序，当时并未规定法律援助的介入。如今新增提供法律援助问题，因此，有些特别之处需要说明。

对于法律援助的律师来说，首先应改变专业律师的观念，这是由刑事和解的性质决定的。法律援助的律师如果介入到刑事和解中来，一定得从对抗的观念改为合作。在传统刑事诉讼中，被告人与被害人双方视若仇敌、一争高低、胜负分明；而在刑事和解国家司法中介入的恢复性司法中，双方放弃对抗，经过协商后力争双赢，其合作模式追求的是互利共赢的局面。

其次是工作方法的改变。在观念改变的前提下，才可有方法的更新。律师在办案中不能再充当"挑事"的角色，而要经常站到对方的立场上替对方着想，依法阐明和解的利害，帮助当事人做出正确的选择。当然最终还应维护自己当事人的合法权益，这一律师职责的宗旨不能改变，变化的只是工作方式。

最后是律师介入的阶段。法律规定在侦查阶段、起诉阶段、审判阶段都可刑事和解，那么，法律援助的律师在这三个阶段都可帮助当事人做选择。不仅如此，在执行阶段，狱中的犯罪人也可申请法律援助，实行和解。

当案件依照程序进入该机关处理阶段时，案件承办人应当主动询问当事人是否需要法律援助的律师帮助，在畅通的刑事法律援助申请渠道里，帮助当事人成功申请。在承办案件过程中，应当认真仔细听取双方律师的意见，保持中立的态度，不随便强行使用公权力。

当事人如果需要应当积极争取专业律师的帮助，在自己独立意志的前提下，通过专业的分析做出判断，毕竟和解的权利在自己手中。

（四）意义

法律援助参与刑事和解提升了刑事和解的科学性与公正性。它尽可能地避免错误出现，专业把关可以保障专业维权，使得当事人不致被公权力侵犯。同时这一制度兼顾了一般正义与个别正义的实现，为所有的人在法律上提供平等的机会，作为权利可以放弃，但如果行使，无论贫富都可以兑现。另外，这一举措促进制度改革不断创新，推动了法治进程。

五　问题的说明与评析

（一）关于主持制作和解协议书行为的性质

1. 主持人的角色定位

无论是公安机关、人民检察院、人民法院的司法人员还是律师或社会第三方各种机构的代表，他们在刑事和解中所起到的主持人的作用，其背后所支撑的权利是共同的。在国家司法与恢复性司法纠缠在一起的时候，司法人员也被双重角色纠缠着，一方面是作为国家司法中的主体、代表国家行使司法权，司法权是国家权力的重要部分，是公权力的典型形式；另一方面，作为恢复性司法中的主体，法律赋予他们处于中立的位置，在主持刑事和解的过程中，不能动用国家权力，以国家意志强加在犯罪嫌疑人与被害人身上，他们只能促成和解，而不得强迫和解，这样的角色定位对于实现刑事和解极其重要，可以彻底贯彻刑事和解的理念，促进其发展。

由此推导出的逻辑是主持制作和解协议书不同于主持调解，调解是国家司法中的一个必经程序，是法官在代表国家行使司法权，虽然主持制作和解协议书中的很多行为例如通过实施调解、促进和解，对双方当事人晓以利害，说明和解的条件、范围和方式等与和解类似，但和解是否能够达成最终取决于双方当事人的独立意志。主持制作和解协议书是在双方有和解意愿的前提下进行，主持调解则意味着双方尚未有和解意愿，通过主持调解，从而最终达到和解的目的。

2. 双方当事人的状态

犯罪发生后，被告人与被害人双方起初处于激烈的对抗状态，一段时间后，双方渐渐平静下来，利益的驱动让他们寻找最佳解决方案。此时可以化解双方当事人紧张关系，由对立走向合作，促使双方当事人产生和解意愿，在司法机关或其他人的调停后，签订和解协议书。被害人一方由被动的怨愤转向主动地化解；被告一方也由消极地等待处罚转向积极地赔偿道歉，从轻、减轻处罚的主动权部分地掌握在自己手中，当事人双方彻底地改变了纯粹国家司法模式下的地位与状态，更加积极主动地面对并解决犯罪问题，其效果更尽如人意。

（二）办案人员是否在和解协议书上签字

根据公安部《公安机关办理刑事案件程序规定》第325条，"达成和解的，公安机关应当主持制作和解协议书，并由双方当事人及其他参加人员签名"。意思是所有参加刑事和解人都应当签名，当然包括公安人员。根据最高人民检察院《人民检察院刑事诉讼规则（试行）》第 516 条第 3 款，"检察人员不在当事人和解协议书上签字，也不加盖人民检察院印章"；意思是刑事和解的协议书与办案人员及办案机关没有关系，只是双方当事人自由意志的形成。根据最高人民法院《关于适用〈中华人民共和国刑事诉讼法〉的解释》第 501 条第 2 款，"和解协议书应当由双方当事人和审判人员签名，但不加盖人民法院印章"；意思是法官应签字，但不代表法院，因为协议上面没有人民法院印章。由此看来，三机关对在和解协议书上签字的规定中只有检察官不签字，公安人员、法官应当签字，三机关都不加盖本机关公章。

人民检察院的办案人员也应当在协议书上签字。因为签字后反悔并不影响检察机关正常的国家司法诉讼程序继续进行，司法机关中的办案人员对于刑事和解的主持只是类似于第三方的主持，没有公权力的介入成分，因此，和解协议书上作为主持人签字被认为只是一种形式上的见证，即见证了双方当事人已经就赔偿损失、赔礼道歉等事项达成和解，被害人对此案建议从宽处理，并不表明检察机关确定的唯一的态度，如果当事人反悔或者不履行且无法另行达成和解的话，检察机关应当重起程序，依法做出起诉或不起诉的决定。

第四节　实现刑事和解程序的种类及原则

一　刑事和解类型

刑事和解有不同的类型，公诉案件的刑事和解只是其中之一。在此对其归类，以便更清晰地说明公诉案件刑事和解不同于其他类型的刑事和解，无论是实体实现还是程序实现均不能混淆。刑事和解的程序实现是将三种司法模式交融在一起，在我国当下主要有以下几种：

（一）加害人和被害人自行和解模式，即加害人与被害人在没有第三方的主持下自行达成和解协议。一种情况是本案没有进入官方的视线，双方私下将其化解，百姓俗称的"私了"，这不属于公诉案件的和解范畴；另一种情况是案件发生后被报案，在双方达成和解协议之后由公安司法机关予以确认的模式。公诉案件刑事和解的第一种情况没有公安司法机关的介入，他们既不是刑事和解的主持人也不是刑事和解协议书的制作者，只是在当事人双方和解后审查和解协议书是否符合刑事和解的条件。

（二）公安司法人员主持的刑事和解模式，即由公安机关、人民检察院和人民法院中的办案人员主持的刑事和解模式，这是典型的将国家刑事司法与恢复性司法结合起来适用于刑事案件。国家刑事司法即以国家为主导的刑事诉讼程序，立案、侦查、起诉、审判、执行，在进入每一道程序之前，先要适用恢复性司法，即由公安、检察和审判人员主持双方当事人进行和解，达成后或撤案或作为从轻、减轻刑事责任的情节。《刑事诉讼法》就此类案件做了专门的规定。

（三）非公安司法人员主持的刑事和解模式，即由公检法机关以外的律师或人民调解员或者其他社会调解员（第三人）主持的刑事和解（调解）模式。

司法实践中，在有的地方三种模式被混合采用，在有的地方只适用其中一种，如统一适用公安司法人员主持的刑事和解模式或非公安司法人员主持的刑事和解模式，主要是根据案件的具体情形以及当地社会第三方的存在运行状况进行选择。

二 刑事和解应当坚持的原则

刑事和解的结果对于行为人的刑事责任有较大的影响，但刑事和解的过程更为重要。如果没有刑事和解的过程，很难达成刑事和解的结果。在构建这一程序时，虽然目前我们做到还有些难度，但应当尽量坚持以下原则，当然这只是理论上的归纳。

（一）感情恢复第一、经济赔偿第二

当刑事案件发生后，被害人的第一反应是心中充满了委屈与愤怒，此时应构建被害人与被告人自主沟通、商谈的程序空间，使被害人将心中的委屈与愤怒向被告人发泄出来，从而促使对被告人谅解的达成。

沟通与交流的过程，就是被告人与被害人感情疏通的管道。被害人接受和解是否出于谅解了被告人，这是一个纯粹主观范畴，法律无法设定标准来认定，也许被害人接受和解仅仅是出于物质利益上的考虑，或者满足被尊重的虚荣。但事实上或者说协议书上的签字已表明被害人对被告人的真诚宽谅，它构成了刑事和解制度的伦理基础，制度依此设定程序，使之具有可操作性。

现实中的当事人在赔偿上往往会倾注更多的精力和时间，情感上的通畅交流与经济赔偿之间谁先谁后或者是否可以互为因果，人们看法迥异。虽然制度的建立在理论上的考量是核心化的最大利益，人的需求通常也是先物质后精神。但是，在人的情感不通畅时所获得的物质利益是否具有确定性值得商榷。即当人的情感发生变化时，已经确定的赔偿协议被撕毁，所有的努力前功尽弃，只因倒果为因，忽视了人的精神层面。对被害人主体尊严的尊重和对被害人精神利益的关切应为第一要义，在此前提下当事人双方谋求谅解的达成，成为程序的指向。

（二）公民权利第一，国家权力第二

刑事和解的主角是加害人与被害人，虽然在刑事和解中被害人的地位被突出，那是相对于传统的刑事诉讼程序而言，加害人与被害人在刑事和解过程中的权利等同，与公权力相比具有同样的优先性。和解程序的启动应具有权利选择性，权力的推进性只是在某种意义上的促成，不具有决定性。

首先，在适用刑事和解的公诉案件中，司法机关的工作人员应当告知加害人与被害人的权利及其法律后果。理论上，在所有的刑事案件中，刑事和解是案件的必经程序，除非当事人双方或其中一方放弃和解权。在案件是否进入和解程序上国家机关没有裁量权，而是依双方当事人的决定来适用和解。和解程序的起动由私权拉开，国家机关只有建议权，它不可能促成权力对当事人意志的强加，从而形成对权利空间的压缩。

其次，和解过程虽然是两种刑事司法混合适用，但应当本着互不干涉原则，公权力不干预私权利的充分行使，当私权利行使完毕，公权力再闪亮登场，根据刑事和解达成的协议内容决定犯罪嫌疑人刑事责任的轻重。

不干预不是完全地被动消极，而是在充分尊重当事人意愿的基础上，做些说服工作，促成被害人对加害人的宽恕与原谅，但这种分寸的把握需要高超的理论修养及丰富的实践经验。目前在实践中，存在司法办案人员追究犯罪与和解调停者角色的客观冲突，他们同时扮演的两种角色，难以分清时就会导致权力介入和解程序，进而抑制权利主体自由意志、强行推行权力意志。权利第一、权力第二，在刑事和解的过程中也应当充分体现出来。既然刑事和解制度以被告人与被害人的权利行使为核心而构建，那么应当避免权力主体对权利主体的干预，权力作用得越少越好，在国家司法模式的范畴内，尽可能找到不同角色的平衡。

最后，在刑事和解协议达成以后，应当充分尊重加害人与被害人的意志，避免权力对和解结果的干预。和解协议达成之后，司法机关对协议可以进行审查，法院具有终极的裁判职能和司法权威，根据法律规定，在刑事诉讼的审判环节，法院应询问当事人是否对已经达成的和解有异议，对协议书中的内容有无更改，并对协议的合法性进行审查。审查后，若查明该协议明显违背加害人或被害人一方意志的，可以撤销和解协议，裁定启动正式诉讼程序，否则一般不应当对协议进行否定，对与和解相关的国家机关裁量权应严格控制。

（三）秘密第一、公开第二

这一点也是由私权的私密属性引申出来的。若所有和解协议内容公开，和解信息有可能会在以后的诉讼中被恶意滥用，对方律师也可能会从和解程序中了解到对自己有好处但未解决的问题而获益。在达成和解之前，可以通过在当事人、法庭、与恢复性司法机构之间签订保密协议来解决这一问题。

第七章 问题与完善
——基于司法解释的刑事和解

在《刑事诉讼法》中，公诉案件的刑事和解程序一共只有很简洁的 3 条内容，即第 277、278、279 条，但这 3 条内容在公安部的"规定"中变成了 6 条内容，即第 322 条到第 327 条；检察机关的"规则"对检察机关在起诉阶段的刑事和解，共做了 13 条规定，从第 510 条到第 522 条；最高人民法院的解释将其细化为 11 条，即第 496 条到第 506 条。这些司法解释不仅仅精细化了立法的内容，在某种程度上，也有造法之嫌。有学者认为，"如果只是看条文的这种急剧增加，这种增加是否意味着造法的可能，还没有明确的感觉，那么，对其中的内容作进一步分析，将可以对此有明确的认识。比如公安部的规定，其中的第 323 条一共有 6 项内容，而刑事诉讼法中关于公诉案件的刑事和解的三条内容中，并无侦查阶段的内容。而公安部"规定"中关于侦查阶段的刑事和解却有这么多的内容。如果说这样的规定还不属于"造法"的话，确实很难解释得通。"① 笔者认为，对于有利于被告人的解释可以适用，对于不利于被告人的解释不能适用，以下是对于该解释的分析。

第一节　公安部的司法解释

公安部发布《公安机关办理刑事案件程序规定》，于 2013 年 1 月 1 日

---

① 参见王敏远《2012 年刑事诉讼法修改后的司法解释研究》，《国家检察官学院学报》2015 年第 1 期。

起施行，其中关于刑事和解的司法解释如下：

第二节　当事人和解的公诉案件诉讼程序

第三百二十二条　下列公诉案件，犯罪嫌疑人真诚悔罪，通过向被害人赔偿损失、赔礼道歉等方式获得被害人谅解，被害人自愿和解的，经县级以上公安机关负责人批准，可以依法作为当事人和解的公诉案件办理：

（一）因民间纠纷引起，涉嫌刑法分则第四章、第五章规定的犯罪案件，可能判处三年有期徒刑以下刑罚的；

（二）除渎职犯罪以外的可能判处七年有期徒刑以下刑罚的过失犯罪案件。犯罪嫌疑人在五年以内曾经故意犯罪的，不得作为当事人和解的公诉案件办理。

第三百二十三条　有下列情形之一的，不属于因民间纠纷引起的犯罪案件：

（一）雇凶伤害他人的；

（二）涉及黑社会性质组织犯罪的；

（三）涉及寻衅滋事的；

（四）涉及聚众斗殴的；

（五）多次故意伤害他人身体的；

（六）其他不宜和解的。

第三百二十四条　双方当事人和解的，公安机关应当审查案件事实是否清楚，被害人是否自愿和解，是否符合规定的条件。

公安机关审查时，应当听取双方当事人的意见，并记录在案；必要时，可以听取双方当事人亲属、当地居民委员会或者村民委员会人员以及其他了解案件情况的相关人员的意见。

第三百二十五条　达成和解的，公安机关应当主持制作和解协议书，并由双方当事人及其他参加人员签名。

第三百二十六条　和解协议书应当包括以下内容：

（一）案件的基本事实和主要证据；

（二）犯罪嫌疑人承认自己所犯罪行，对指控的犯罪事实没有异议，真诚悔罪；

（三）犯罪嫌疑人通过向被害人赔礼道歉、赔偿损失等方式获得被害人谅解；涉及赔偿损失的，应当写明赔偿的数额、方式等；提起附带民事诉讼的，由附带民事诉讼原告人撤回附带民事诉讼；

（四）被害人自愿和解，请求或者同意对犯罪嫌疑人依法从宽处罚。

和解协议应当及时履行。

第三百二十七条　对达成和解协议的案件，经县级以上公安机关负责人批准，公安机关将案件移送人民检察院审查起诉时，可以提出从宽处理的建议。

根据上述司法解释，需要研究的问题如下：

一　经县级以上公安机关负责人批准

须经县级以上公安机关负责人批准包括两种情况：一是双方当事人自愿和解，没有第三人主持或劝说等，并且已签订和解协议书，只要属于公诉案件范围并可适用法定刑事和解程序，即和解协议书具有法定的效力，必须经过县级以上公安机关负责人批准；二是双方当事人不知道有法律规定的刑事和解，案件到公安后，经办案人认定、审查，符合公诉案件刑事和解的范围，经办人必须报请县级以上公安机关负责人批准，才可适用刑事和解。这是公安机关规定的程序要求，主要是从内部设立上级对下级的监督机制，为了避免公权力被滥用。

二　适用案件更为明确具体

本规定不仅仅从正面规定了适用刑事和解的案件，同时从反面规定不能适用刑事和解的案件。关于不属于因民间纠纷引起的犯罪案件的规定，其中的难点在于第323条第6项"其他不宜和解的"的界定，应当由公安机关在处理具体案件时考察决定，例如妨害公务罪是否属于"其他不宜和解的"的范畴？加害人与正在依法执行公务的国家机关工作人员或法定的国家工作人员发生冲突，导致案发，和解是加害人与个人还是与个人背后的国家机关或单位进行和解？无疑公安机关应当遵守这些规定，如果在此范围之外的案件双方当事人有和解意愿，公安机关也无权进行主持和解，应留待后面的诉讼程序进行，即可能更多地在审判阶段，法官在审理案件中，将双方和解意愿、被害人原谅被告人、被告人的积极赔偿等作为酌定情节予以考虑，对被告人从宽处罚。

三 调查取证与刑事和解的矛盾与解决

第 324 条公安机关在审查当事人双方是否符合刑事和解条件时还面临一个非常棘手的情形，即部分案件公安机关调查取证与犯罪嫌疑人真诚悔罪在时间上不是前后相继地发生，而是两个过程互相交叉同步进行，这个时候就需要分清情况，具体问题具体解决。

在公安机关没有完成调查取证的情况下，由于犯罪嫌疑人自己的自认和悔罪，公安机关得以补充证据材料，从而使得案件事实清楚，证据确实、充分。但一定要避免另外一种可能性，即办案人员不能因侦查阶段适用刑事和解，放松甚至放弃对案件的调查取证，以刑事和解为名，快速办结案件。另外，侦查阶段的刑事和解有可能沦为公安机关调查取证的手段，由此公安机关可能为了收集证据，滥用刑事和解，从而导致犯罪嫌疑人丧失在刑事和解中与被害人同等之交涉地位。还有可能导致犯罪嫌疑人在侦查过程中容易受到公安机关的诱导从而进行所谓的花钱买刑，违背刑事和解制度本身的适用目的，不利于公正的实现。

根据《公安机关办理刑事案件程序规定》第 274 条规定，"侦查终结的案件，应同时符合以下条件：（一）案件事实清楚；（二）证据确实、充分；（三）犯罪性质和罪名认定正确；（四）法律手续完备；（五）依法应当追究刑事责任。"问题是如果侦查阶段刑事和解，对于案件事实和证据的要求标准如何确定？如果没达破案标准，以后当事人反悔，侦查机关将会非常被动，难以继续有效进入下一个程序。因此，即便刑事和解，案件事实和证据也应该达到破案的标准，即使侦查过程当中获得了犯罪嫌疑人的某些自认和自白，也应当调查其他证据来进行补强。通过刑事和解解决纠纷的方式来降低对于此类案件的警力投入和对案件事实的侦查力度，虽然能够提高公安机关的办案效率，但是却有可能导致这样的刑事和解案件不能坐实，对于接下来的诉讼程序以及和解双方都存有隐患。因此即使适用刑事和解，也一定要查清案件事实真相，并证据确实充分。

四 侦查阶段刑事和解的后果

公诉案件刑事和解后即使在侦查阶段，从实质上论，行为人的行为也已构成犯罪，不是情节显著轻微危害不大，也不是情节轻微不需要判处刑罚，因此应当走完刑事诉讼法所规定的程序，至少在侦查阶段，刑事和解后不能采取以下处理案件的方式。

1. 不立案

《刑事诉讼法》第 107 规定："公安机关或者人民检察院发现犯罪事实或者犯罪嫌疑人，应当按照管辖范围，立案侦查。"《刑事诉讼法》第 110 条规定："人民法院、人民检察院或者公安机关对于报案、控告、举报和自首的材料，应当按照管辖范围，迅速进行审查，认为有犯罪事实需要追究刑事责任的时候，应当立案；认为没有犯罪事实，或者犯罪事实显著轻微，不需要追究刑事责任的时候，不予立案……"很显然，我们可以看到公安机关对于刑事案件有明确的立案标准，即应发现犯罪事实或者犯罪嫌疑人，也就是说在这第一层次的案件分流当中，不认为是犯罪的案件应当被排除在立案范围之外。

在新刑事诉讼法实施以前，随着刑事和解在事实上的逐步适用，以及我国刑事政策的逐步转变，在侦查起诉阶段公安检察机关开始享有更大的裁量权，采取"微罪不举"、"明案速判"的方式，以减少案件进入法院，减轻法官审理案件即检察官莅庭实行公诉之负担。而本司法解释要求公安机关只能向人民检察院提出从宽处理建议方式，而不能因为刑事和解而作不立案处理。因为进行刑事和解的首要条件是"犯罪嫌疑人真诚悔罪"，这里的"罪"应解释为犯罪，即要以行为构成犯罪为前提，而犯罪后就应当经过必要程序解决行为人的刑事责任。根据《公安机关办理刑事案件程序规定》第 174 条，"经过审查，对于不够刑事处罚需要给予行政处理的，依法予以处理或者移送有关部门。"即行为人可能要承担行政责任，而且还有可能要承担相应民事责任。

实践中诸如轻微的打架斗殴案件、交通肇事案件等，公安机关在现场勘查时，认为情节轻微、危害不大，不需要通过刑事立案，那也与刑事和解无关。即便加害人与被害人进行交涉，如行为人如果真诚悔"罪"（这里的罪可理解为加害事实），通过向被害人赔偿损失、赔礼道歉等方式获得被害人谅解的，基于自愿原则的话，双方还是可以形成和解的，此时若加害人需要接受治安管理等行政处罚，公安机关可以针对行政责任依法予以从轻或者向有关部门建议对其从轻处罚。

2. 撤案

下面两条规定都不是因刑事和解而撤案，而是因为案件本身就不应当追究行为人的刑事责任。因此，公诉案件在侦查阶段刑事和解后也不应当撤案。

《刑事诉讼法》第161条规定："在侦查过程中，发现不应对犯罪嫌疑人追究刑事责任的，应当撤销案件；……"我国《刑事诉讼法》第15条的第一项有情节显著轻微，危害不大，不认为是犯罪的规定，这是在法律上赋予公安机关在判断案件情节还有社会危害性等方面的裁量权，只要对于犯罪防止无害，在极其轻微的犯罪行为范围内，并无对其科以刑罚之必要。具体可以从（1）被害金额很少且属犯罪情节轻微的行为，（2）偶犯、初犯，主观恶性不是很大的行为，（3）过失犯罪，认错态度较好等方面予以评估，然后由公安机关主持双方通过刑事和解并通过撤案方式予以解决。公安机关也可以当面或者在和解协议书中进行如下对加害人的处置：（1）对犯罪嫌疑人加以严格的训诫，并警告其将来不可再犯；（2）传唤处于监督犯罪嫌疑人地位的亲属、其他关系人，还有居委会、村委会等相关负责人到处，给予有关将来如何监督犯罪嫌疑人的注意事项以及意见；（3）督促犯罪嫌疑人对于被害人的损失进行赔偿等其他悔过方式。

在新刑事诉讼法实施以前，公安机关有撤案的例子。北京某县公安局①有一案例：犯罪嫌疑人刘某某于2006年6月22日19时许，在北京市某县西田各庄镇董各庄村村委会门外，因纠纷与本村村民刘某互殴。后刘某某持刀使刘某腹部等处致伤，经鉴定，刘某的损伤程度属轻伤二级。经审查，该案件已经超出了追诉时效。公安机关当时没有将案件移送检察院的理由之一是证据卷显示：2007年1月9日刘某和刘某某分别向公安机关申请撤诉，称已经自行解决，即赔偿和解，不要求公安机关处理。当时公安机关撤销案件是可行的，但不宜过了追诉时效后又将案件移送到检察院。因此检察院根据法律的规定，决定对该案不起诉。

在此阶段，刑事和解后，根据司法解释，公安机关只有向人民检察院

---

① 来自北京市密云县人民检察院的案例。

提出从宽处理建议这种唯一的做法，而不能撤案。

　　法律依据是第 327 条规定："对达成和解协议的案件，经县级以上公安机关负责人批准，公安机关将案件移送人民检察院审查起诉时，可以提出从宽处理的建议。"刑事诉讼法也对于侦查阶段这样一种刑事和解的方式进行了法律上的明文规定，所以这样一种方式对于侦查阶段的刑事和解运作起到相当重大的作用。而且侦查环节是起诉和审判环节工作的根据，若是在这一环节形成立足于从宽处理建议的刑事和解，也有利于公安机关与检察机关的案件对接工作的展开，在审查起诉时可以更全面地考察案件的情节以及犯罪嫌疑人的主观恶性，进而在法院审判时形成公正的判决。所以这种方式如今在我国也是一种被肯定的刑事和解方式，它很好地将追究犯罪、判处刑罚的传统刑事诉讼目的与刑事和解的恢复性司法目的结合起来。

五　刑事和解协议对双方当事人的效力不够明确

　　刑事和解协议的效力源于其性质。有学者认为"刑事和解协议是民事合同，即民事赔偿协议，刑事和解协议的主要内容是加害人对被害人的民事赔偿，因此，刑事和解协议实质就是一个民事赔偿协议"。也有学者指出，刑事和解协议属性具有"两重性"："刑事和解协议首先是一种刑事契约，以刑事责任的归属为标的；同时，它也是一种特殊的民事契约，通过契约形式使侵权行为责任转化为一种契约责任，并以经济赔偿为其主要内容。"[1] 还有学者从宏观角度将刑事和解协议定位于公法视野下的刑事契约。[2] 还有人认为"刑事和解协议实际上包含了加害人、被害人以及国家三方主体。基于这种主体的特殊性，刑事和解协议是兼具有公法契约与私法契约"双重"属性的一种特殊的契约形式"[3]。立法及司法解释将刑事和解的主体局限在双方当事人，认为公安司法机关是主持人，主持调解但不干涉双方当事人意志，公安及司法机关主持制作和解协议书但不在

---

① 参见向朝阳、马精华《刑事和解的价值构造即中国模式的构建》，《中国法学》2003 年第 6 期。

② 参见张凌、李婵媛《公法契约管野下的刑事和解协议》，《政法论坛》2008 年 11 月第 26 卷第 6 期。

③ 参见李卫红主持的 2013 年中国法学会研究课题《新刑诉法与刑法的衔接问题研究——仅限刑事和解》结题报告。

协议书上加盖本机关公章，说明刑事和解协议书是双方当事人真实意思表示并只对双方当事人具有法律效力，对公安司法机关不具有约束力。

笔者主张刑事和解协议是兼具公法契约与私法契约"双重"属性的一种特殊的契约形式。如果将刑事和解协议的主体仅局限于加害人与被害人双方，认为其内容与责任等只对双方有效力的话，那就失去了"刑事"的意义。纯粹的民事协议关系只能发生在特定的协议双方之间，只有协议一方当事人才有权向另一方当事人基于协议内容提出请求或撤销或尽快履行协议义务，不能向与协议双方没有发生协议上权利、义务关系的第三方提起违约之诉，即便是公权力的第三方也不能依据协议向协议中的任何一方提出履行协议义务请求。即在没有法律规定或协议约定的情况下，第三人不能主张协议上的权利或强制他人履行协议上的义务。而法律上的当事人之间基于刑事和解协议产生的权利与义务在协议主体、协议内容及法律责任方面，与民事合同存在明显区别，国家司法机关介入后，虽然是主持人、调解人，但毕竟是在国家司法模式下进行的恢复性司法，公安机关、人民检察院、人民法院在处理该案时，是受到刑事和解协议书的影响的，它虽然没有直接的法律效力，但具有间接的法律效力，即办案人员会根据刑事和解的内容来调整行为人的刑事责任。现行《刑事诉讼法》及配套法律文件将刑事和解协议的内容与责任进行了扩大，实际上有助于降低加害人的刑事责任，但是，所有规定应当更加明确、具体，更具可操作性。

六 刑事和解相关程序性规范不够完善

公安司法机关人员作为刑事和解主体，不同于国家司法模式下的办案人员，后者在国家公权力的支撑下代表国家追究犯罪，多年来，他们对立案、侦查、起诉、审判、执行这一套程序了如指掌，但在刑事和解案件中，作为刑事和解的主持人与协议制作人，他们对应当做什么、可以做什么还不甚明了，尤其是在两个角色相互冲突的情况下。国家司法模式下的办案人员工作的重点是打击惩罚犯罪分子，恢复性司法模式下的刑事和解主持者的工作重点是化解社会矛盾，对于加害人是朝着无罪、罪轻的方向努力，尽量恢复被犯罪破坏的现状。但现行《刑事诉讼法》第 277 条、278 条、279 条大多属于刑事和解适用条件和适用范围的，与公安司法机关对应职能的权限不够明确具体，因此缺乏可操作性，容易导致职能缺失或法条虚置，既不利于刑事和解案件中公安司法机关职能的依法统一有效实施，又会在客观上导致办案人员裁量权过大或是过小，甚至干脆被动不管，对符合刑事和解条件的案件不积极促成，以致法律虚设。

第二节　最高人民检察院的司法解释及问题

中华人民共和国最高人民检察院公布的司法解释《人民检察院刑事诉讼规则（试行）》（以下简称《规则》）已于 2012 年 10 月 16 日由最高人民检察院第十一届检察委员会第八十次会议通过，自 2013 年 1 月 1 日起施行。关于刑事和解部分，有如下规定：

第二节　当事人和解的公诉案件诉讼程序

第五百一十条　下列公诉案件，双方当事人可以和解：

（一）因民间纠纷引起，涉嫌刑法分则第四章、第五章规定的犯罪案件，可能判处三年有期徒刑以下刑罚的；

（二）除渎职犯罪以外的可能判处七年有期徒刑以下刑罚的过失犯罪案件。

上述公诉案件应当同时符合下列条件：

（一）犯罪嫌疑人真诚悔罪，向被害人赔偿损失、赔礼道歉等；

（二）被害人明确表示对犯罪嫌疑人予以谅解；

（三）双方当事人自愿和解，符合有关法律规定；

（四）属于侵害特定被害人的故意犯罪或者有直接被害人的过失犯罪；

（五）案件事实清楚，证据确实、充分。

犯罪嫌疑人在五年以内曾经故意犯罪的，不适用本节规定的程序。

犯罪嫌疑人在犯刑事诉讼法第二百七十七条第一款规定的犯罪前五年内曾故意犯罪，无论该故意犯罪是否已经追究，均应当认定为前款规定的五年以内曾经故意犯罪。

第五百一十一条　被害人死亡的，其法定代理人、近亲属可以与犯罪嫌疑人和解。

被害人系无行为能力或者限制行为能力人的，其法定代理人可以代为和解。

第五百一十二条　犯罪嫌疑人系限制行为能力人的，其法定代理人可以代为和解。

犯罪嫌疑人在押的，经犯罪嫌疑人同意，其法定代理人、近亲属可以代为和解。

第五百一十三条　双方当事人可以就赔偿损失、赔礼道歉等民事责任事项进行和解，并且可以就被害人及其法定代理人或者近亲属是否要求或者同意公安机关、人民检察院、人民法院对犯罪嫌疑人依法从宽处理进行协商，但不得对案件的事实认定、证据采信、法律适用和定罪量刑等依法属于公安机关、人民检察院、人民法院职权范围的事宜进行协商。

第五百一十四条　双方当事人可以自行达成和解，也可以经人民调解委员会、村民委员会、居民委员会、当事人所在单位或者同事、亲友等组织或者个人调解后达成和解。

人民检察院对于本规则第五百一十条规定的公诉案件，可以建议当事人进行和解，并告知相应的权利义务，必要时可以提供法律咨询。

第五百一十五条　人民检察院应当对和解的自愿性、合法性进行审查，重点审查以下内容：

（一）双方当事人是否自愿和解；

（二）犯罪嫌疑人是否真诚悔罪，是否向被害人赔礼道歉，经济赔偿数额与其所造成的损害和赔偿能力是否相适应；

（三）被害人及其法定代理人或者近亲属是否明确表示对犯罪嫌疑人予以谅解；

（四）是否符合法律规定；

（五）是否损害国家、集体和社会公共利益或者他人的合法权益；

（六）是否符合社会公德。

审查时，应当听取双方当事人和其他有关人员对和解的意见，告知刑事案件可能从宽处理的法律后果和双方的权利义务，并制作笔录附卷。

第五百一十六条　经审查认为双方自愿和解，内容合法，且符合本规则第五百一十条规定的范围和条件的，人民检察院应当主持制作和解协议书。

和解协议书的主要内容包括：

（一）双方当事人的基本情况；

（二）案件的主要事实；

（三）犯罪嫌疑人真诚悔罪，承认自己所犯罪行，对指控的犯罪没有异议，向被害人赔偿损失、赔礼道歉等；赔偿损失的，应当写明赔偿的数额、履行的方式、期限等；

（四）被害人及其法定代理人或者近亲属对犯罪嫌疑人予以谅解，并要求或者同意公安机关、人民检察院、人民法院对犯罪嫌疑人依法从宽处理。

和解协议书应当由双方当事人签字，可以写明和解协议书系在人民检察院主持下制作。检察人员不在当事人和解协议书上签字，也不加盖人民检察院印章。

和解协议书一式三份，双方当事人各持一份，另一份交人民检察院附卷备查。

第五百一十七条　和解协议书约定的赔偿损失内容，应当在双方签署协议后立即履行，至迟在人民检察院做出从宽处理决定前履行。确实难以一次性履行的，在被害人同意并提供有效担保的情况下，也可以分期履行。

第五百一十八条　双方当事人在侦查阶段达成和解协议，公安机关向人民检察院提出从宽处理建议的，人民检察院在审查逮捕和审查起诉时应当充分考虑公安机关的建议。

第五百一十九条　人民检察院对于公安机关提请批准逮捕的案件，双方当事人达成和解协议的，可以作为有无社会危险性或者社会危险性大小的因素予以考虑，经审查认为不需要逮捕的，可以做出不批准逮捕的决定；在审查起诉阶段可以依法变更强制措施。

第五百二十条　人民检察院对于公安机关移送审查起诉的案件，双方当事人达成和解协议的，可以作为是否需要判处刑罚或者免除刑罚的因素予以考虑，符合法律规定的不起诉条件的，可以决定不起诉。

对于依法应当提起公诉的，人民检察院可以向人民法院提出从宽处罚的量刑建议。

第五百二十一条　人民检察院拟对当事人达成和解的公诉案件做出不起诉决定的，应当听取双方当事人对和解的意见，并且查明犯罪嫌疑人是否已经切实履行和解协议、不能即时履行的是否已经提供有效担保，将其作为是否决定不起诉的因素予以考虑。

当事人在不起诉决定做出之前反悔的，可以另行达成和解。不能另行达成和解的，人民检察院应当依法做出起诉或者不起诉决定。

当事人在不起诉决定做出之后反悔的，人民检察院不撤销原决定，但有证据证明和解违反自愿、合法原则的除外。

第五百二十二条　犯罪嫌疑人或者其亲友等以暴力、威胁、欺骗或者其他非法方法强迫、引诱被害人和解，或者在协议履行完毕之后威胁、报复被害人的，应当认定和解协议无效。已经做出不批准逮捕或者不起诉决定的，人民检察院根据案件情况可以撤销原决定，对犯罪嫌疑人批准逮捕或者提起公诉。

本解释涉及较多问题，分解如下：

一　刑事和解主体范围扩大

1. 被害人

在司法实践中，如果被害人死亡的，其法定代理人、近亲属或其他亲属可以与犯罪嫌疑人（被告人）和解。即他们的意志代表了直接被害人的意志。

《刑事诉讼法》第106条规定："（三）法定代理人是指被代理人的父母、养父母、监护人和负有保护责任的机关、团体的代表。（六）近亲属是指夫、妻、父、母、子、女、同胞兄弟姐妹。"

被害人系无行为能力或者限制行为能力人的，其法定代理人可以代为和解。

这里的用语是"可以"，而不是"应当"，前者表明一种趋向与走势，即通常情况下是可以代理的，但如果有例外，也可以不代理。如14周岁的未成年被害人，身体发育渐近成熟，有自己的独立意志与意识，当他不愿意和解时，其法定代理人或近亲属不能强迫其和解，在刑事和解的过程及结果里应当体现直接被害人的意志。

2. 犯罪人

犯罪嫌疑人系限制行为能力人的，其法定代理人可以代为和解。

犯罪嫌疑人在押的，经犯罪嫌疑人同意，其法定代理人、近亲属可以代为和解。刑事和解不仅仅解决实体法律问题，更重要的是通过程序让加害人认识到自己的行为给被害人及他人造成的危害，并深切地痛改前非，而这一心理的产生与加强需要加害人与被害人面对面的沟通，需要有其他人的参与，共同提升加害人对自己犯罪行为的认识。因此，看守所或监狱应当创造条件，让在押的犯罪嫌疑人有机会与被害人直接交流，而不仅仅是由其法定代理人代为和解。法定代理人可以代为赔礼道歉赔偿损失，但并不能代理犯罪嫌疑人对自己行为的危害、对给他人带来痛苦的认识，他人代理不可替代加害人的亲自体验，否则，难以实现刑事和解的本意。

二 适用案件

其实在实践中，检察机关也并未考虑"因民间纠纷引起"的意义，只要案件属于第四、五章之规定，又符合和解的其他条件，都可以进行刑事和解。否则严格按字面理解，可能会出现同案不同判的现象。例如，甲乙两家发生口角，甲怀恨在心，出于泄愤毁损了乙的汽车。那么甲可能构成故意毁坏财物罪。这应属"因民间纠纷引起"的犯罪行为，若甲乙后同意和解，则可以适用和解规定，那么甲最终有可能获得"不起诉"或者"从宽处罚"的结果。但若改变案情，甲乙素不相识，并不曾发生过任何纠纷，甲只是随意作案而毁坏了乙的汽车，乙事后表示愿意原谅甲的行为。若按严格解释，在这种条件下，甲乙是否还具备和解的条件？是否会被认定为"非因民间纠纷引起"而不具有和解条件？这样一来，就很可能会出现同案不同判的现象，使加害人丧失了与被害人和解的机会。

另外，据笔者所了解的信息，检察机关适用和解的刑事案件主要集中在以下几类：交通肇事案件，故意伤害案件以及盗窃案件。有以下实例为证：

案例一：侯某交通肇事案

2013年9月23日，河北省邱县人侯某驾驶不合格的重型货车，在设有明显货车绕行标志的国道106濮阳境冀豫交界（K479+199）至濮范高速立交段，由北向南行驶至南乐县西邵乡潘古宁甫村潘聚房福缘美食林饭店前时，与醉酒后驾驶两轮摩托由南向北行驶车载李某乙的李某甲在公路东半侧路面相撞，造成两车不同程度损坏、李某甲受伤、李某乙受伤经抢救无效死亡的道路交通事故。经南乐县公安局交巡警大队道路交通事故责任认定书认定，侯某承担事故的主要责任，李某甲承担事故的次要责任，李某乙对其本人死亡承担事故的次要责任。侯某因涉嫌交通肇事罪被南乐县公安局刑事拘留，后被取保候审。案件移送南乐县检察院审查起诉，随后，侯某与李某甲、李某乙的家人达成和解协议，并按约定一次性足额赔偿，取得了其家人谅解。该院着重审查了和解协议的自愿性以及赔偿情况，并认定侯某犯罪情节轻微，且已经对被害人进行民事赔偿，取得被害人谅解，被害人也表示不再追究其任何责任，遂决定不起诉。

案例二：蔡某故意伤害案

2013年10月31日，在南乐县某KTV门外发生一起伤害案件，蔡某与杨某、石某、韩某在倒车过程中发生口角，杨某、石某拉开蔡某的车门，随后蔡某被杨某、石某、韩某等三人殴打，在双方厮打过程中蔡某持刀将杨某、石某、韩某扎伤。后经法医鉴定，杨某的伤情有两处构成轻伤。公安局立案侦查后对蔡某采取取保候审。在检察院审查起诉阶段，双方达成和解协议并已经履行，和解协议中列明了和解的原因以及和解的程度，杨某表示谅解蔡某，并表示同意不予追究其刑事责任。经审查，当事人双方的和解符合《刑事诉讼法》规定的自愿、合法等条件，县检察院对蔡某做出不起诉决定。

案例三：王某重婚案

王某，女，河南省台前县人，因家人不同意其与丈夫孙某的婚事，离家出走后与孙某登记结婚。王某与孙某结婚一年后，因感情不和，王某回到母家，2013年5月，经人介绍与同村马某恋爱。其间，王某共向马某家索要了彩礼九万元，后俩人按农村习俗摆了酒席"结婚"，但未领取结婚证。王某与马某共同生活了数天后，离开马家，又与第一任丈夫孙某生活。马某遂向公安机关报案，要求王某返还彩礼。经调查，县公安局认为王某已经登记结婚，后又与马某以夫妻名义共同生活，其行为已涉嫌重婚犯罪，侦查终结后移送县检察院审查起诉。县检察院公诉科人员主持双方进行和解。经和解，王某退还马某给的彩礼九万元，并与马某达成和解协议。马某也表示同意对王某从轻处罚。后县检察院以重婚罪向县法院提起公诉，并建议对王某从轻处罚，台前县法院最终对王某处刑拘役四个月。

但也有一些地区突破了此类限制，将寻衅滋事等本属于第六章的案件也纳入进来，甚至在北京、新乡、信阳等地的中级检察院中还出现过死刑案件的和解以及情节严重的暴力犯罪案件的和解。姑且先不讨论这些地区的做法是否有违罪刑法定原则，但确实客观上化解了许多社会矛盾，增进了社会和谐。

三　审查刑事和解协议后的结果

（一）当事人真实意思表示的审查

审查标准是双方平等自愿地签订刑事和解协议。从提出和解申请到达成和解协议的全过程及协议的最后签署都应当是受害人、犯罪嫌疑人（被告人）双方真实意思的表示，公权力的代表国家司法人员在这一过程中实际上脱离了公权力的职责，只是作为中立的第三方进行调解，不得因任何理由、以任何形式强迫、威胁、引诱双方当事人进行和解。因和解具有一定的民事协议性质，和解协议履行前双方可以随时退出和解程序，禁止任何公权力机关、其他第三人强迫、威胁或诱使被害人、犯罪嫌疑人接受、履行和解协议。

检察机关对刑事和解协议签订的自愿性进行审查是最为重要的开始，具体操作如下：一是观察双方当事人的言行是否有偏离自己真实意思的外在表现；二是询问被害人和犯罪嫌疑人，让他们当面亲口说出刑事和解协议是否是本人真实意思的表示，有没有受到胁迫、欺骗、压制、蒙蔽等等。三是考察双方的家庭情况、个人及亲属的经济能力，如果需要犯罪嫌疑人家属协助赔偿被害人损失，还要询问犯罪嫌疑人家属是否同意承担赔偿费用。只有在认定和解协议是在双方自愿的情况下签订的才能给予确认。

（二）和解协议内容的审查

合法性是刑事和解协议的第一要义，协议的内容不能超出法律原则及由此引申出的含义，即刑事和解必须符合法律、法规、司法解释和刑事政策要求，不得违反社会公德、不得损害国家、集体和他人的合法权益。

刑事和解协议的内容应该尽量涵盖全面，以免发生不必要的争议。赔礼道歉的内容、所有的赔偿事宜，包括数额、财物、支付方式、支付时间等等都应协定清晰。万一还有遗漏的内容，双方应本着善意协商的态度，重新达成新的协议。

如果协议内容有显失公平的地方，如赔偿数额、无偿劳务等方面太倾斜于一方，或有难于履行的内容，检方应当及时指出来，并建议双方再次协商，达成和解协议后再予以确认生效。

（三）引入第三方主持和解

加害方——被害方自行和解模式通常适用于双方积怨不深并且有和解意愿的轻微刑事案件，其中也可引入第三方主持和解。进入国家司法的刑事诉讼以后，在犯罪嫌疑人认罪的前提下，也可引入第三方进行主持和解。对于被害人报复欲望强烈的案件，调解人员必须积极协调，进行各种疏导、安抚工作，对于具备和解基础的案件进行积极主动的居中调解。当下主要有人民调解委员会和社区、居委会调解模式，将中立的调解机构引入国家司法程序内主持调解。检察人员又多了一些程序，要将筛选适当的案件交于上述调解机关进行操作，主要是调解、说服等工作，检察人员需要在调解成功后对协议的真实性、合法性进行审查，对符合刑事和解政策的依法做出不予批准逮捕决定，缓解对犯罪嫌疑人进行羁押造成的社会矛盾，对于可从轻处理的告知法院可从轻处理，修复犯罪嫌疑人和被害人双方的社会关系。

四 存在的问题

（一）检察机关在刑事和解中的地位尚需规定清晰

《刑事诉讼法》第 278 条规定：“双方当事人和解的，公安机关、人民检察院、人民法院应当听取当事人和其他有关人员的意见，对和解的自愿性、合法性进行审查，并主持制作和解协议书”。检察机关作为刑事和解工作的支持者、参与者，应尽力使双方达成和解协议，实践中往往会出现以下两种情况：一种情况是双方当事人在没有司法机关的参与下，通过私下商谈，对赔偿、谅解事宜已初步形成意见，双方当事人有刑事和解的倾向，但还未形成正式书面和解协议；另一种情况是在审查起诉阶段，双方当事人虽然没有达成和解协议，但办案人员在对案件审查后，发现符合刑事和解条件的并存在刑事和解可能，建议并正确地引导双方达成和解协议。

在基层检察院刑事和解工作中，在侦查阶段还未达成和解协议的，往往是因为加害人与被害人的矛盾比较深、对立情绪比较严重，但双方的共同弱点是对法律的茫然无知。检察人员要正确地把握双方的心态，了解双方对和解内容的预期，并对双方当事人予以适当引导，但不能强加自己的意志，使双方当事人有压力而从或者不从；还要阐明相关法律规定，讲清刑事和解不是"花钱买刑"，是基于双方自愿的行为，并有针对性地对被害人提出的要求逐一说明是否符合法律规定、是否合理，同时也要有耐心地回答犯罪嫌疑人的问题。由此可见，刑事和解协议能否达成和检察人员的促成工作息息相关。但解读新《刑事诉讼法》第278条后发现，法条并没有对刑事和解过程中检察机关具体的参与方式、主体定位进行规定，检察机关可介入刑事和解毫无疑问，问题是究竟何时介入，介入到何种程度才不越界限，以何种方式介入等都需要做出明确规定，否则，易使检察机关难以把握火候，对刑事和解工作片面抵制，能不用则不用。如果检察机关只是对双方的和解意愿作一个形式审查上的确认，那么检察机关在整个刑事和解过程中所起到的作用将大大减弱，只能停留在一种事后的单纯参与，而无法将刑事和解的整体视为工作职责的一部分，这无疑会对检察机关开展和解工作带来阻碍，并弱化检察机关的职责和作用。

（二）刑事和解协议的法律效力不稳定

《刑事诉讼法》第277条规定了犯罪嫌疑人可以通过赔偿损失、赔礼道歉等真诚悔罪的方式获取被害人的谅解，但在赔偿标准、具体的赔偿履行方式等方面，法律并没有做出更为明确规定。实践中往往具有赔偿能力的犯罪嫌疑人在履行赔偿义务后，被害人一方便会签订《谅解协议》，表示对犯罪嫌疑人的刑事责任不再追究。相反，无力承担赔偿义务的犯罪嫌疑人只是通过态度上的悔罪很难取得被害人的谅解。

也正是如此，在司法实践中，赔偿能否到位便成为和解能否达成的最关键因素。被害人通常会希望加害人赔偿自己高额的金钱，并以此作为原谅对方、表示同意不再追究刑事责任的筹码；而加害人有可能会因为拿不出那么多钱而与被害人多次协商。双方在赔偿金额上态度的反复，会导致和解协议效力的不稳定。因为和解协议还要接受检察机关的事后审查，如果双方当事人反悔，检察机关难以开展下一程序的工作，从而因刑事和解的不确定因素导致无法准确量刑。若在检察机关提出量刑上从宽处理的建议或做出不予起诉决定后，加害人反悔或不履行和解协议，或者被害人对协议中赔偿数额不满意要求进行重新商谈的，由于其原先达成的和解协议已作为量刑情节，当双方当事人因为个人原因，单方终止刑事和解的效力，那么检察机关在前期做的和解工作则化为零，这将造成司法资源的巨大浪费，同时司法公信力也会受到挑战。

（三）对刑事和解的监督机制不健全

刑事和解的双方当事人依赖检察机关的审查与主持参与，其中必然会涉及检察人员的自由裁量权。而自由裁量权的不当运用，极易滋生司法腐败现象，破坏司法公信力，影响公平正义的实现。特别是应当量刑，应该酌定从重反而没有作为从重情节考量，或者一些本该起诉的案件不符合不起诉的法定条件反而最终以不予起诉处理。目前，我国立法上缺少对刑事和解的运作过程行之有效的监督机制，当事人的权益将会少一层有效的保障，司法人员不当运用公权力的利器，不但会损害被害人的利益，更会破坏司法权威。

（四）审查批捕期限与办理刑事和解案件的矛盾

根据刑事诉讼法的规定，刑事案件的审查批捕期限一般只有七天，而刑事和解程序没有特别统一的标准，根据案件的不同而采取或简或繁的程序。这些程序归纳起来有告知、和谈、签署协议、履行协议、科室讨论、审批、检委会讨论后做出处理决定、宣布等环节，每个环节都要耗费一定的时间、精力，这与效率原则相悖，同时也与国家司法在时间上有冲突。由于上述原因，检察机关承办人员大多不愿意做刑事和解工作，而是选择按普通程序审查批准逮捕犯罪嫌疑人。

徒法不足以自行，即使是良法、善法在未被适用前也只能是一种可能性的存在，需要执法者具体的操作才能由可能性转化成现实性。解决方案是办案人员积累经验，从案件事实和双方当事人情况角度进行双重考量，从而判断在侦查案件时是否可以适用刑事和解，甚至在高概率判断的基础上扩大适用。

（五）赔偿金额差别体现个别公正

刑事和解本来就具有个性与多元的特征，无法以传统罪责刑相适应及法律面前人人平等的观念去衡量，每一个案虽然与他案有共性，但赔偿起来或许数额相差甚远。因为犯罪嫌疑人与被害人的情况不同，结果会有差异，我们应当接受这种差异。在此，应当排除检察机关被利用的情况，毕竟检察机关可根据最表象的赔偿数额行使批捕裁量权，犯罪嫌疑人可通过这些达到个人目的。刑事和解的特性在于赔偿数额经双方当事人自愿协商而定，作为法律监督机关的检察机关只起到中立主持的作用，不可过多干预结果。赔偿数额的确定基于多种因素，如案件事实、案件性质、犯罪嫌疑人及其亲属的经济状况等等，大多被害人要求赔偿数额高而犯罪嫌疑人期望数额低，在程序公正的前提下，为双方当事人一致接受的刑事和解结果也会是公正的，个体差异正是个别公正的充分体现。

（六）中立性、专业性调停人的介入

人民调解委员会作为调停人参与刑事和解案件具有最大的可行性，中立、专业是基本要求。由检察官充当调停人，一是角色有一定困难，既追究犯罪又要"放纵"犯罪，二是时间难以保障，虽然具有一定的权威性和法律素养，却有可能被误解为袒护另一方，无法达到刑事和解的最佳效果。

根据我国的《宪法》第 111 条第 2 款的规定，人民调解委员会具有调解民间纠纷、协助维护社会治安的职能，人民调解委员会可据此充当调停人。这一第三方的介入，既维护了检察机关作为国家机关掌握公权力适用国家司法的权威，又可在国家司法中渗透进恢复性司法，两者有机地结合起来，同时利于公平公正、高效快捷地处理案件，符合诉讼经济原则，促进了司法活动的公开与透明，在一定程度上可有效预防和减少司法腐败的发生。

（七）增加附条件（刑事和解）不起诉制度

对于已经刑事和解的轻微刑事案件，应当增设附条件不起诉制度，附的条件就是刑事和解，以避免犯罪嫌疑人与被害人反悔后司法机关被动状态的出现。由于当下没有附条件不起诉制度，和解后检察机关一般只能做出相对不起诉决定或将案件退回公安机关处理。当犯罪嫌疑人与被害人和解后又反悔时，由于已经做出撤诉或不起诉决定，案件必须重新启动侦查或起诉程序，浪费了司法资源，只因制度缺少了相关的配套。

五　实践中的情况——以海淀检察院为样本

1. 海淀检察院适用当事人和解程序作相对不起诉决定基本情况

新刑事诉讼法中规定适用当事人和解诉讼程序案件包括：①刑法第四、五章，可能判处三年有期徒刑以下刑罚的；②除渎职罪外可能判处七年有期徒刑以下刑罚的过失犯罪。

2013 年 1 月 1 日至 2014 年 3 月 31 日以来，海淀检察院共受理可以适用当事人和解程序案件共 1343 件 1617 人，其中依法适用当事人和解程序做出相对不起诉决定 214 件 260 人，占办案总数的 15.93%，案件类型主要集中在交通肇事罪、故意伤害罪、盗窃罪和故意毁坏公私财物罪。

（1）交通肇事案的基本情况。海淀检察院截至 2014 年第一季度共受理交通肇事罪 36 件 36 人，其中适用当事人和解程序做出相对不起诉决定 3 件 3 人，占办案总数的 8.33%；这 3 起案件中，在审查起诉阶段当事人和解的占 33.3%。

（2）故意伤害案的基本情况。海淀检察院截至 2014 年第一季度共受理故意伤害案 394 件 508 人，其中适用当事人和解程序做出相对不起诉 179 件 223 人，占办案总数的 45.43%，其中 179 件做出相对不起诉决定，在审查起诉阶段当事人和解的占 11.1%。

（3）盗窃案的基本情况。海淀检察院截至 2014 年第一季度共受理盗窃案 678 件 787 人，其中适用当事人和解程序做出相对不起诉 30 件 32 人，占办案总数的 4.42%；这 30 件案件中，在审查起诉阶段当事人和解的占比 0%。

（4）故意毁坏财物案的基本情况。海淀检察院截至 2014 年第一季度共受理故意毁坏财物案 14 件 15 人，其中适用当事人和解程序做出相对不起诉 1 件 1 人，占办案总数的 7.14%，该起案件在审查起诉阶段当事人和解。

2. 当事人和解程序适用比例不高原因分析

从以上数据可以看出，故意伤害案不仅相对比例最高，而且绝对比例也很高、接近 50%，究其原因是经济赔偿作为单一的和解形式，当事人自愿和解程度较高。除此以外，其他三类案件适用当事人和解程序比例偏低，这是由多个因素共同导致。

（1）适用当事人和解程序作相对不起诉影响办案效率。一方面，"避免存在案外因素的误会""多一事不如少一事"等思想使承办人忽略适用和解程序成为最优选择。《人民检察院刑事诉讼规则（试行）》第 514 条规定"对于符合当事人和解条件的公诉案件，可以建议当事人和解"，案件承办人严格遵守法定程序而不向当事人提供和解建议也是符合相关规定的。另一方面，相较于花一、二天时间采取起诉的结案方式，适用当事人和解程序结案会大大降低办案效率。海淀法院当事人和解程序如下：承办人详细制作案件审结报告及提请作相对不起诉请示报告，汇报前需要先向主诉检察官征求意见，向主管副检察长汇报时，需要重点阐述作相对不起诉的理由，经主管副检察长审批同意后，还需要制作解除强制措施法律文书和相对不起诉决定书。因此，承办人适用当事人和解程序办理案件，往往需要大量时间、精力，有时为促成当事人和解，需要对犯罪嫌疑人和被害人做大量工作，如果和解程序的任何一个环节出现纰漏，都将导致之前承办人付出的工作付诸东流。例如吴某盗窃案，吴某系家政服务人员，雇主系 80 岁高龄老人，吴某多次趁被害人不在之机，窃取银行卡并取现人民币 4 万余元。审查起诉阶段，吴某认罪悔罪，被害人也表示如果退还愿意谅解且不予追究，承办人提讯时多次向吴某解释和解政策，并联合公安预审部门前往犯罪嫌疑人户籍地，对其家人进行工作，最终耗时两星期使得当事人之间达成和解。

（2）部分案件当事人滥用权利导致和解难以达成。实务中，部分案件当事人明知和解的法律后果，仍存在被害人漫天要价或者犯罪嫌疑人态度较为恶劣的情形，这导致当事人之间矛盾无法协调而不能达成和解。但有时承办人综合案情，会积极主动推动当事人和解，这样便造成案件承办人有协助"要挟"犯罪嫌疑人赔偿的嫌疑。

3. 海淀检察院适用当事人和解程序作相对不起诉的案件规律

分析以上案例，适用当事人和解程序作相对不起诉处理的案件存在以下规律：

（1）经济赔偿是主要和解方式，且被害人获得赔偿数额巨大。以故意伤害案为例，被害人医疗费用可能仅数百元，实践中却不乏被害人获得数万甚至数十万元赔偿款的案例。如赵某故意伤害案中，因口角发生冲突，造成被害人苏某鼻骨骨折，构成轻伤，赵某赔偿苏某人民币 16 万元，双方达成和解。还出现了致一人死亡的交通肇事案件的行为人，向被害人家属赔偿 93 万元的案例。如张某交通肇事案，张某在道路作业过程中，未开启指示标牌，造成正常行驶的被害人赵某未及时发现追尾并当场死亡，事故发生后张某在现场等待，被认定应为事故负全部责任，最后赔偿 93 万元（其中保险公司赔偿 32 万元），被害人家属表示谅解。

（2）犯罪嫌疑人人身危险性不高。人身危险性程度高低凭借客观因素加以判断，如年龄、学历、前科劣迹、工作性质、家庭条件等。如徐某盗窃案，犯罪嫌疑人徐某系中国人民大学本科毕业，现中关村一电子科技企业技术骨干，无前科劣迹，被害人一方存在过错。再如樊某盗窃案，犯罪嫌疑人樊某系中国人民大学研究生毕业，是家庭收入主要来源，且案件发生在同事之间，其认罪悔罪态度强烈，被害人谅解。

（3）犯罪嫌疑人强制措施多为取保候审。虽然取保候审作为保障诉讼顺利进行的强制措施之一，具有非惩罚性，但是对司法办案部门考核、当事人量刑等均有直接影响。实务中，一方面，犯罪嫌疑人切身体会了拘留所、看守所的羁押环境，渴望自由而愿意积极赔偿；另一方面，当事人清楚地明白，赔偿情节影响最后量刑结果。而赔偿和解与否是公安机关在侦查阶段考虑提请批捕与否的重要因素之一，如果经批捕后进入审查起诉阶段，当前捕后不起诉率作为侦查监督部门考核内容，那么公诉部门承办人对是否启动当事人和解程序并最终做出不起诉决定，会有所考虑。

4. 海淀检察院适用当事人和解程序作相对不起诉办案规律

适用当事人和解的公诉案件诉讼程序，不仅涉及犯罪嫌疑人个人刑事违法犯罪记录问题，也涉及当事人诉讼权利、财产权利，同时，该项特别程序给予检察机关承办人的自由裁量权相对较大。因此，为防止出现违反法律法规的情况，海淀检察院明确了行之有效的办案流程，公诉部门承办人在办理大量案件的过程当中，也积累了丰富的经验。

（1）承办人履行告诉程序

第一，权利的告诉。对于移送审查起诉的刑事案件，承办人经审查认为符合刑事和解案件范围和条件的，应该告诉双方可以自愿决定是否进行刑事和解。对于当事人有和解意愿的，承办人告诉当事人双方自行和解。

第二，义务的告诉。检察机关应该告诉双方当事人达成的和解协议必须符合法律规定，不能损害国家、集体利益和他人的合法权益，如有违法情况，刑事和解将失去效力。和解协议不涉及检察机关做出怎样的决定。双方应在规定的时间内达成协议，对达成的协议，双方应积极履行。

第三，后果的告诉。审查起诉环节当事人拟进行刑事和解的，承办人告诉当事人刑事和解的法律后果，即和解成功会影响不起诉决定的做出，当然不起诉决定做出与否，检察机关评判时必须综合全案情节而非刑事和解一项情节。没有达成和解协议的，或者达成和解之后犯罪嫌疑人不履行、履行不完全的，这种情况下应该怎样处理就怎样处理，不会加重处罚。

（2）承办人履行审查程序

从审查的内容看，对自愿性的审查包括三个方面：第一，犯罪嫌疑人是否真诚悔罪，是否通过赔偿损失、赔礼道歉或其他方式向被害人进行适当补偿。不论何种方式，核心在于考察其是否真诚悔罪。例如张某、李某故意伤害案，侦查阶段，因该二人均被刑事拘留，故委托其家属看望住院被害人，审查起诉阶段，李某在家属陪同下再次看望被害人，真诚悔过，被害人对其表示谅解，多次向承办人表示悔意并写悔过书；第二，被害人是否谅解犯罪嫌疑人，是否愿意接受和解。第三，和解是否真正客观准确地反映了双方当事人的真实意思，双方在做出和解意思表示时是否平等，是否存在一方被威胁、胁迫而接受和解的情况，是否真正彻底地消除了双方的恩怨，是否符合社会良俗和民意。

从审查的程序看，对合法性的审查包括两个方面：第一，和解的程序是否合法，具体包括是否属于法定的案件范围和适用条件；第二，当事人达成的调解协议书是否合法，不能同法律规定的基本原则和精神相冲突，不得损害国家、集体和其他公民的合法权益，不得损害社会公共利益，不得违反法律和社会公德。

从程序控制角度来看，有以下几个措施。第一，严格审批程序。明确规定凡因当事人达成和解、检察机关做出不起诉决定的案件，都必须经过相关业务部门集体讨论，分管检察长审批，以保证案件质量，杜绝人情案、关系案的发生。第二，建立本院案管处及市院的监督机制。明确规定当事人和解案件实行"双备案制"，纸质书面向本院案件管理部门备案，办案电子系统备案，本院案件管理部门和市院通过系统备案进行调卷审查，进行事后监督。第三，建立和解案件质量监控机制。尽管立法已经明确规定了当事人和解的公诉案件相关的诉讼程序，但其仍是一个需要不断探索完善的新制度，因此，要加强案件质量监督检查和抽查，落实"一案一检查"制度，将和解案件的质量评估也纳入案件质量评价体系。

5. 海淀检察院适用当事人和解程序过程中暴露出的问题

（1）刑事和解程序的"息诉"做法与传统追诉主义的"追责"要求之间存在矛盾。刑事诉讼法第 278 条规定："双方当事人和解的，公安机关、人民检察院、人民法院应当听取当事人和其他有关人员的意见，对和解的自愿性、合法性进行审查，并主持制作和解协议书。"这一规定导致案件承办人在适用刑事和解程序时对如何摆正自己的角色存在困惑：一方面，根据刑事诉讼法及相关司法解释规定，案件承办人负有促成当事人和解、推动矛盾纠纷化解的责任，有义务对当事人提出的和解要求提供法律咨询。但另一方面，检察机关肩负着代表国家追诉犯罪的职责，这要求案件承办人必须参与到严厉打击犯罪当中。因此，在没有具体的细化规定对其进行调和的情况下，公诉案件承办人难以在刑事和解过程中摆正自身的角色定位，这在某种程度上影响了刑事和解这一刑事政策的具体落实。

（2）犯罪嫌疑人附加条件给付赔偿。当事人和解案件中行为人的悔过行为是因，从宽处理是果。但有的行为人因果倒置，对支付赔偿附带条件，要待处理达到某种从宽程度后，再行全额支付赔偿款。问题是，从宽处理当事人和解案件，是出于鼓励真诚悔过致歉并积极赔偿被害人损失，以达到正义的目的。如果对不存在真诚悔过、主动积极赔偿真实性的行为予以认可，会不会助长投机欺骗的不道德意识，且使得司法机关和法律后果成为双方当事人利用的工具或筹码？

（3）被害人决定犯罪嫌疑人的从宽与否。被害人不论出于何种考虑，只要同意和解，行为人就很可能获得从宽处理，而如果被害人敌意强烈，不表示谅解，那么行为人即使悔罪和歉意更真诚，处理时很难达到与和解情况下同等的从宽程度。例如徐某盗窃案，被害人一方欺骗行为在先，将苹果水货手机当成正品行货出售，行为人在发现后追讨损失被拒的情况下，临时起意实施盗窃行为。在承办人审查起诉过程中，当事人不能达成和解，且被害人强烈要求从重处罚，基于此承办人就不能适用当事人和解程序吗？最后，承办人根据徐某犯罪情节轻微，适用刑事诉讼法第 172 条第 3 款做出相对不起诉。但问题是，行为人悔罪、积极赔偿被害人损失，说明他的主观恶性程度低，人身危险性小，给予从宽处理的理由充分。但是因被害人不谅解，这种不谅解有时候还是非理性情绪化表现，即不对行为人同等从宽处理，会不会事实上使得司法裁量权转化为被害人的决定权？这种结果没有充足的合理性、正当性，会使实体公正受到损害。例如车某过失致人死亡罪，车某在非公共道路上驾驶机动车将被害人王某（女，殁年71岁）撞伤，经鉴定负事故全部责任，车某报警后在事故现场等待交警到来，后与被害人家属达成和解，协议上写"希望司法机关从宽处罚"，后将该句划掉，变更为"希望司法机关免于刑事处罚，不再追究其刑事责任"。后公诉机关准备适用当事人和解程序做相对不起诉处理时，被害人家属表示反对，认为对免于刑事处罚没有达成和解，只是对从宽处理达成和解。

（4）超过当事人和解诉讼程序案件范围的公诉案件也大量存在，集中出现在寻衅滋事罪、掩饰隐瞒犯罪所得罪、信用卡诈骗罪等。例如寻衅滋事罪，海淀检察院截至2014年第一季度共受理227件392人，其中因情节轻微依法做出相对不起诉决定的41件71人，占办案总数的18.06%。《人民检察院刑事诉讼规则〈实行〉》第510条明确范围内的公诉案件双方当事人才可以和解，而类似于寻衅滋事罪等刑事案件已经超出了该规则的和解范围。但实务中均对其和解，依法适用了刑事诉讼法第279条"对于犯罪情节轻微，不需要判处刑罚的，可以做出不起诉的决定"的案例不胜枚举。可见，当前当事人和解涵盖了特别程序的当事人和解的公诉案件，而且也包含了当事人之间赔偿和解案件。

六　北京市部分检察院因刑事和解做出不起诉或相对不起诉决定的案件

这类案件类型有：

第一种：交通肇事罪

1. 犯罪嫌疑人廖某于2012年6月27日，违反北京市小轿车限行规定驾驶小型轿车上路，造成1人死亡和2车损坏的后果。经公安交管部门认定：廖某承担此次事故全部责任。在审查起诉过程中，廖某与死亡家属和被损害车主达成刑事和解，廖某积极赔偿，后被检察机关相对不起诉。

2. 犯罪嫌疑人孙某驾驶轿车在转弯过程中违反道路行驶规定，撞上被害人文某致其当场死亡。经公安交管部门认定：孙某承担此次事故全部责任。后孙某与被害人家属达成刑事和解，孙某积极赔偿，检察机关相对不起诉。

3. 犯罪嫌疑人高某驾驶小型轿车，在行驶过程中撞上右前方骑电动自行车行驶的杨某，致杨当场死亡。经公安交管部门认定：高某承担此次事故全部责任。后高某与被害人家属达成刑事和解，检察机关相对不起诉。

第二种：故意伤害罪

1. 犯罪嫌疑人朱某于 2011 年 4 月 2 日，因房屋租赁保证金的问题与事主田某发生争吵后，用拳将田某脸部打伤，致轻伤，后被抓获。在移送审查起诉后，当事双方达成刑事和解，检察机关相对不起诉。

2. 犯罪嫌疑人修某与妹妹等家人进行全家聚会玩麻将牌，后犯罪嫌疑人修某想回家休息，其妹不满意，对其进行唠叨、埋怨，双方发生口角，后修某打了其妹一耳光，造成轻伤，其妹报警后修某被抓获。在审查起诉过程中，当事双方达成刑事和解，并要求不追究刑事责任，经审查，检察机关做出相对不起诉。

3. 犯罪嫌疑人刘某因生活琐事与其妻发生口角，后将其妻打致轻伤，其妻报警后刘某被抓获。在审查起诉过程中，当事双方刑事和解，被害人要求不追究刑事责任，检察机关审查后做出相对不起诉。

4. 犯罪嫌疑人杨某因行车与被害人刘某某发生纠纷，双方发生口角后互殴，在互殴中，犯罪嫌疑人杨某持棒球棒将刘某某头部打伤，经法医伤情鉴定刘某某身体所受损伤程度属轻伤（偏重），被害人刘某某持改锥将杨某扎伤，经法医伤情鉴定为轻微伤，后犯罪嫌疑人杨某被抓获。当事双方刑事和解，检察机关相对不起诉。

5. 嫌疑人刘某带妻子、嫌疑人陈某带女友在某影城大厅，由于人较多，刘某的妻子踩了陈某女友的脚一下，双方女士因此发生争吵，后双方男士上手互殴，经法医鉴定双方均为轻伤。后陈某女友报警，双方当事人达成刑事和解，要求互不追究对方责任，检察机关审查后相对不起诉。

第三种：盗窃罪

犯罪嫌疑人颜某与被害人刘某均系北京某大学同班学生。2011 年 6 月 20 日晚上，犯罪嫌疑人颜某到被害人刘某的宿舍复习功课，将自己的钱包遗落在该宿舍，发现钱包丢失后，即到被害人刘某的宿舍去查找。因室内无人，犯罪嫌疑人颜某捅开房门进入室内找到其钱包，当看到被害人刘某放在书桌上的笔记本电脑（经鉴定价值人民币 2000 元）后，将该电脑拿走并在回去的路上将该电脑销赃，得款人民币 1000 元。次日，被害人报警后犯罪嫌疑人颜某被查获。在审查起诉过程中，颜某和刘某达成和解并妥善赔偿后，检察机关做出相对不起诉决定。

第四种：敲诈勒索罪

犯罪嫌疑人王某因在某医院做双眼皮手术没有做好，纠结他人到该医院找到主刀医生韩某要求找别的医院重新做，韩某表示同意，但在准备去别的医院时韩某突然逃跑，后王某等人追上并报警。经协商，韩某主动提出私了并表示愿意赔偿王某 5 万元，于是王某等人开车将韩某带离，进行言语威胁，并索要 10 万元赔偿金，韩某最终赔偿王某 8 万元。公安机关移送审查起诉后，当事双方达成刑事和解，检察机关相对不起诉。

第五种：故意毁坏财物罪

1. 犯罪嫌疑人徐某因不符合某储蓄所规定未能办理取款业务后无理闹事，将储蓄所大门关上，又拿垃圾桶堵住大门，先是踹倒垃圾桶，并踹了一脚进门大厅边的桌子，后用脚将该储蓄所叫号机毁坏，经鉴定损失价值人民币 7000 余元，后被查获。在审查起诉过程中，当事双方达成刑事和解，检察机关相对不起诉。

2. 北京某酒店与租赁该酒店经营的某咖啡店因租赁合同和经营产生纠纷，后酒店保卫部孟某伙同员工以检查消防为名到咖啡店内，将该店的店门以及玻璃墙损坏，并将咖啡店内物品搬到酒店地下一层的车库。经鉴定，咖啡店共计损失人民币 2 万余元。后该酒店与咖啡店经过自愿协商，签署了和解协议，并送至检察机关要求不追究刑事责任，后检察机关相对不起诉。

3. 犯罪嫌疑人王某系美国人，于 2011 年 7 月 22 日，因怀疑妹妹偷拿自己邮票而与其妹发生争执。王某遂用随身携带的弹弓弹射石子，将其妹妹头部打成轻微伤，并使用石块将其妹妹停放在路边的大众牌轿车的风挡玻璃、车窗玻璃、大灯等处砸坏。经鉴定，轿车损坏造成经济损失人民币 13000 余元。审查起诉过程中，王某与其妹妹达成和解协议并履行完毕，检察机关做出不起诉决定。

根据《刑事诉讼法》第 279 条和《规则》第 520 条的规定，对于双方当事人达成和解协议的公诉案件，人民检察院可以依法决定不起诉，也可以在提起公诉时依法向人民法院提出从宽处罚的量刑建议。基于检察系统内部的评价体系影响，刑事和解被适用时间不长、经验不足，以及无形增大许多工作量等等理由，实践中对于和解成功案件，有些检察机关尽量不适用或少适用相对不起诉，以减轻自己的工作量，因为层层汇报并层层监督使得基层检察官不厌其烦，倾向于走正当程序省却劳顿与麻烦，但这样就影响了刑事和解程序分流功能的实现。

第三节　最高人民法院的司法解释及问题

《最高人民法院关于适用〈中华人民共和国刑事诉讼法〉的解释》（以下简称《解释》），自 2013 年 1 月 1 日起施行。其中关于刑事和解部分有如下的规定：

"第二十一章　当事人和解的公诉案件诉讼程序

第四百九十六条　对符合刑事诉讼法第二百七十七条规定的公诉案件，事实清楚、证据充分的，人民法院应当告知当事人可以自行和解；当事人提出申请的，人民法院可以主持双方当事人协商以达成和解。

根据案件情况，人民法院可以邀请人民调解员、辩护人、诉讼代理人、当事人亲友等参与促成双方当事人和解。

第四百九十七条　符合刑事诉讼法第二百七十七条规定的公诉案件，被害人死亡的，其近亲属可以与被告人和解。近亲属有多人的，达成和解协议，应当经处于同一继承顺序的所有近亲属同意。

被害人系无行为能力或者限制行为能力人的，其法定代理人、近亲属可以代为和解。

第四百九十八条　被告人的近亲属经被告人同意，可以代为和解。

被告人系限制行为能力人的，其法定代理人可以代为和解。

被告人的法定代理人、近亲属依照前两款规定代为和解的，和解协议约定的赔礼道歉等事项，应当由被告人本人履行。

第四百九十九条　对公安机关、人民检察院主持制作的和解协议书，当事人提出异议的，人民法院应当审查。经审查，和解自愿、合法的，予以确认，无须重新制作和解协议书；和解不具有自愿性、合法性的，应当认定无效。和解协议被认定无效后，双方当事人重新达成和解的，人民法院应当主持制作新的和解协议书。

第五百条　审判期间，双方当事人和解的，人民法院应当听取当事人及其法定代理人等有关人员的意见。双方当事人在庭外达成和解的，人民法院应当通知人民检察院，并听取其意见。经审查，和解自愿、合法的，应当主持制作和解协议书。

第五百零一条　和解协议书应当包括以下内容：

（一）被告人承认自己所犯罪行，对犯罪事实没有异议，并真诚悔罪；

（二）被告人通过向被害人赔礼道歉、赔偿损失等方式获得被害人谅解；涉及赔偿损失的，应当写明赔偿的数额、方式等；提起附带民事诉讼的，由附带民事诉讼原告人撤回附带民事诉讼；

（三）被害人自愿和解，请求或者同意对被告人依法从宽处罚。

和解协议书应当由双方当事人和审判人员签名，但不加盖人民法院印章。

和解协议书一式三份，双方当事人各持一份，另一份交人民法院附卷备查。

对和解协议中的赔偿损失内容，双方当事人要求保密的，人民法院应当准许，并采取相应的保密措施。

第五百零二条　和解协议约定的赔偿损失内容，被告人应当在协议签署后即时履行。

和解协议已经全部履行，当事人反悔的，人民法院不予支持，但有证据证明和解违反自愿、合法原则的除外。

第五百零三条　双方当事人在侦查、审查起诉期间已经达成和解协议并全部履行，被害人或者其法定代理人、近亲属又提起附带民事诉讼的，人民法院不予受理，但有证据证明和解违反自愿、合法原则的除外。

第五百零四条　被害人或者其法定代理人、近亲属提起附带民事诉讼后，双方愿意和解，但被告人不能即时履行全部赔偿义务的，人民法院应当制作附带民事调解书。

第五百零五条　对达成和解协议的案件，人民法院应当对被告人从轻处罚；符合非监禁刑适用条件的，应当适用非监禁刑；判处法定最低刑仍然过重的，可以减轻处罚；综合全案认为犯罪情节轻微不需要判处刑罚的，可以免除刑事处罚。

共同犯罪案件，部分被告人与被害人达成和解协议的，可以依法对该部分被告人从宽处罚，但应当注意全案的量刑平衡。

第五百零六条　达成和解协议的，裁判文书应当做出叙述，并援引刑事诉讼法的相关条文。"

从以上规定可以看出本节的下列问题。

一　刑事和解主体范围扩大

（一）刑事和解第三方的范围扩大

根据案件情况，人民法院可以邀请人民调解员、辩护人、诉讼代理人、当事人亲友等参与促成双方当事人和解，其中一个"等"字说明只要对调解有利即可。这些其实就是社会第三方，可以是人民团体（虽然中国的民间团体大多被称为事业单位，具有独立法人资格，财产为国家所有，单位组成人员为国家工作人员，享有国家分发的工资及其他福利待遇），比如中国法学会、作协、国家媒体报社、共青团、妇联、工会等等；也可以是 NGO（No Government Organization）组织，比如以青少年为资助对象的慈善基金会等；还可以是社区、学校、社工组织或者学术研究机构，例如 2010 年 10 月 14 日由首都师范大学和北京检察系统合作成立的"少年司法社会工作与研究服务中心"[①]；甚至可以是其他形式的主体，比如云南"躲猫猫"案件中，网友组成的"网友调查团"，网友只是基于网上媒介的交往才相识相知，生活中并不具有任何利害关系。这种社会中的主体作为刑事和解案件中第三方的情形会越来越多，中立第三方的介入符合恢复性司法的本性。具体来说，比如未成年人案件，可以请团中央相关

---

① 其宗旨在于整合专家团队雄厚的科研实力与一线司法社工的丰富经验，力求在促进少年犯罪预防、缓处考察帮教、司法社会调查、相对不诉帮教、再犯可能性评估、审判后犯罪矫正等方面，提供更加科学、专业、规范、全面的社会服务。

机构参与。①

在国家司法模式下，恢复性司法应当和传统的国家追诉模式并行，在案件进入司法程序后，基于主体一方或双方的申请，国家开启刑事和解的大门，因为这是和解主体双方的权利。进入恢复性司法程序后，此时法官将和解案件交由中立的社会第三方来主导，大多时候，法官只需对整个和解案件进行监督，防止违背程序或者违法犯罪行为的出现②，并在和解程序终止后，对第三方主导的后期帮教和矫正工作进行验收。此种做法的利处在于，一方面节约了大量司法资源，对司法机关来说也起到了分流和减压的作用；另一方面后期的帮教和矫正工作是不可或缺的，而国家机关不具有足够的资源和条件来完成，实践中通常流于形式，而中立的第三方正好能弥补这一缺失。

（二）双方当事人

《解释》第 497 条规定，符合刑事诉讼法第二百七十七条规定的公诉案件，被害人死亡的，其近亲属可以与被告人和解。近亲属有多人的，达成和解协议，应当经处于同一继承顺序的所有近亲属同意。这一点与最高人民检察院司法解释不同的是最后一句，被害人所有同一顺序的近亲属多人都得同意刑事和解才有效力。

被告人的法定代理人、近亲属依照前两款规定代为和解的，和解协议约定的赔礼道歉等事项，应当由被告人本人履行。

二　关于案件事实清楚，证据确实、充分的理解

刑事案件的证据标准与民事案件的证据标准不同，如果在和解过程中，涉及双方当事人民事责任的事实认定，则不必苛求达到"事实清楚，证据确实、充分"的程度，应遵从《民事诉讼法》中的盖然性优势证据规则，它是民事责任认定的证据标准。但承担刑事责任的刑事案件的证据标准要严于承担民事责任的证据标准，刑事案件的证据标准是"事实清

---

① 参见李卫红《论共青团在未成年人刑事和解案件中的作用》，《江苏警官学院学报》2012 年第1期。

② 因为此时受害人是否和解关系着犯罪嫌疑人的切身利益，不可避免地出现加害方利用其资源对受害方进行第二次伤害，笔者认为一旦出现此种情形，应当立即终止和解程序，切换到国家司法模式上来。

楚，证据确实、充分"，即在排除一切合理怀疑之后，如非法取证获得的证据，现有的证据包括人证、物证等直接证据和间接证据应足以认定犯罪嫌疑人的行为本身构成刑法规定的犯罪。公诉案件的刑事和解，其前提是犯罪嫌疑人主动认罪，应当将其主动认罪后需要保留、采集的证据保存下来，在确认可证明案件事实清楚、证据确实充分后，才能适用当事人和解的公诉案件诉讼程序。其益处在于：一是刑事和解也是公诉案件，而公诉案件的前提性是案件事实清楚、证据确实充分；二是防止因犯罪嫌疑人与被害人的反悔而导致证据没有被及时收集、保存影响案件的正当程序进展，避免司法工作的被动，个体正义无法实现时，保障一般正义的实现。

三　协议内容与法律后果

协议内容通常以法律规定的刑事和解条件为依据，应当有一固定格式，个案中双方当事人现依双方的具体情况进行增减，内容不得违法。

（一）协议内容

1. 犯罪嫌疑人真诚悔罪。承认自己所犯所有罪行，对犯罪事实没有异议，并提供相应的证据证明。

2. 犯罪嫌疑人已获得被害人谅解。犯罪嫌疑人真心向被害人赔礼道歉、赔偿损失；应当写明赔偿损失的数额、赔偿方式等；已经提起附带民事诉讼的，由附带民事诉讼原告人撤回附带民事诉讼。

3. 被害人与犯罪嫌疑人自愿和解，请求或者同意依法对犯罪嫌疑人从宽处罚。

4. 和解协议书应当由双方当事人和审判人员签名，但不加盖人民法院印章。

5. 和解协议书一式三份，双方当事人各持一份，另一份交人民法院附卷备查。

6. 对和解协议中的赔偿损失内容，双方当事人要求保密的，人民法院应当准许，并采取相应的保密措施。

（二）法律后果

刑事和解后人民法院的权力：

现行《刑事诉讼法》第279条及《解释》第505条规定，人民法院对和解成功的，可以做如下处理：

一是有权依法对被告人从轻处罚。从轻处罚是指在法定刑幅度内相对没有刑事和解的情况，选择较轻的刑罚。从轻处罚不是减轻处罚，更不是免除处罚。如果还有其他的特殊情况，可以适用《刑法》第 63 条第 2 款，动用法官的自由裁量权，以达刑罚个别化，这可与刑事和解一起适用，两者并不矛盾。

二是适用非监禁刑。理论上非监禁刑与监禁刑对应，前者并不限制与剥夺犯罪人的人身自由，后者限制与剥夺犯罪人的人身自由。

三是减轻或免除刑事处罚。

四是对共同犯罪达成刑事和解的，可依法对其从宽处罚。

以下案例是山东省烟台市开发区自新刑事诉讼法实施以来唯一适用刑事和解的案件，该案判决书（2012）开刑初字第 287 号公布后，获得大量相关媒体①的报道，产生了良性的社会效果。

2012 年 7 月 6 日 19 时许，被告人闫某某驾驶鲁 Y38480 号小型客车在烟台经济技术开发区海滨路天马栈桥东侧由东向南左转弯行驶时，与沿海滨路由西向东行驶的吴某某驾驶的鲁 Y60616 号普通二轮摩托车碰撞，致摩托车乘车人王某某受伤，经抢救无效于当日死亡。经鉴定，王某某系生前头部遭受巨大钝性暴力作用致严重闭合性颅脑损伤死亡。经烟台市公安局经济技术开发分局交通警察大队认定，被告人闫某某负事故全部责任。事故发生后，被告人闫某某积极抢救伤者，主动打电话报警，保护现场等候处理。另查明，在法院主持下，双方当事人已在自愿、合法的基础上协商达成协议。被告人闫某某赔偿被害人亲属吴某某等经济损失、精神损害抚慰金共计人民币 515000 元，被害人亲属请求对被告人闫某某免于刑事处罚。

法院认为，

> 被告人闫某某违反道路交通安全法，发生交通事故，致一人死亡，负事故全部责任，其行为已构成交通肇事罪。公诉机关指控被告人闫某某犯交通肇事罪的事实确凿罪名成立。事故发生后，被告人闫

---

① 参见肖春燕《烟台一公诉案件当事人和解效果好》，《山东法制报》2013 年 3 月 15 日，第 3 版。其中有法官提醒：必须准确把握新刑事诉讼法关于当事人和解之规定，才能实现良好办案效果。

某某的行为属于自首，并且双方达成刑事和解。根据《最高人民法院关于适用〈中华人民共和国刑事诉讼法〉的解释》中关于刑事和解的规定，可对其免予刑事处罚。辩护人与此相关的辩护意见，本院予以采纳。根据本案的事实、情节，依照《中华人民共和国刑法》第一百三十三条、第六十七条第一款、第三十七条，《最高人民法院关于审理交通肇事刑事案件具体应用法律若干问题的解释》第二条第一款，《中华人民共和国刑事诉讼法》第二百七十七条第一款第（二）项之规定，判决如下：被告人闫某某犯交通肇事罪，免予刑事处罚。

到目前为止，该院仅此一例以刑事和解方式审结的公诉案件，其实，还应当有一批类似案件可适用刑事和解，但因为各种原因没有适用，对于如此实现法律效果与社会效果有机统一的案例，应当大力提倡。

四　刑法与刑事诉讼法的衔接

现行立法中没有与刑事和解后的"从宽处理"相对应的实体法的明确规定，主要是没有与法定量刑情节相对应的规定，这样容易导致和解后的处理结果不同，有时就表现为不公正。法定量刑情节是指刑法明文规定的在量刑时予以考虑的从轻处罚、减轻处罚、免除处罚或从重处罚的情节。例如，刑法第 17 条之一规定："已满七十五周岁的人故意犯罪的，可以从轻或者减轻处罚；过失犯罪的，应当从轻或者减轻处罚。"第 20 条第 2 款规定："正当防卫明显超过必要限度造成重大损害的，应当负刑事责任，但是应当减轻或者免除处罚。"刑法典及其他刑事实体法规中没有"刑事和解后，可以（或应当）从轻、减轻或免除处罚"的表述。而现行《刑事诉讼法》及《解释》、《规则》、《规定》赋予公检法机关对和解达成后的刑事案件从宽处理加害人的权力，虽然各自的权力有所不同，即公安机关、检察机关只有建议从轻处罚的权力，法院有量刑权，但总体是从宽的倾向，要求公安司法机关在公诉案件中将"当事人的和解"作为"从宽处理"的重要依据。由于刑事实体法并没有对当事人和解协议的效力做出具体规定，因此，在这种情况下，两者没有充分地衔接。

刑法总则第 61 条规定："对犯罪分子决定刑罚的时候，应当根据犯罪的事实、犯罪的性质、情节和对于社会的危害程度，依照本法的有关规定判处。"学理上根据这一规定，对量刑情节进行了划分，既有上述法定量刑情节，也有酌定量刑情节，它是指刑法虽然没有明文规定，但根据刑法精神和有关刑事政策，法官在量刑时需要酌情考虑的情节。例如，量刑时考虑犯罪的对象、犯罪的手段、犯罪的时间和地点、犯罪的后果、犯罪的目的和动机、犯罪后的态度、犯罪嫌疑人的一贯表现、犯罪嫌疑人有无前科等等，加害人犯罪后与被害人和解应当属于犯罪后的态度范畴，即加害人犯罪后真诚悔罪，积极赔偿被害人的损失及补偿被害人因此所受到的伤害。在《刑事诉讼法》没有规定刑事和解之前，司法实践中的大量案例都有考虑酌定情节的体现，尤其是加害人犯罪后的态度，如死刑案件中的"赔偿免死"，百姓通常的说法是"花钱买命"。在这一点上，刑事和解与刑法中的酌定情节相衔接。

在此意义上，刑事和解后加害人所承担的刑事责任不违背刑法规定的罪刑法定原则及罪责刑相适应原则。

五 需要建立的制度

（一）"备案制度"

所有通过刑事和解协商解决的案件，都需要存档，以备后查。存档文件的内容主要包括两方面：一是和解协议文件，有双方当事人及第三方的亲笔签名；二是对协商的过程尤其是认罪赔偿过程以及所达成协议的结果全程记录或称备忘录，无论是在侦查阶段还是在起诉阶段还是在审判阶段进行的刑事和解，都应当有时间、地点、人物、过程、结果的客观描述，也必须有双方当事人及第三方的正式签名，并将这两种文件的原件一份、复印件一份，交由法院封存。

这种备案制度的建立一是有利于积累案件材料，不断总结经验教训，进行理论与制度上的提升，更加完善刑事和解制度。二是有记载后可回放监督，检察机关可监督公安机关、法院可监督公安机关与人民检察院的刑事和解工作是否到位，并及时在法律规定的范畴内调整，这种个性化的解决更能满足双方当事人的意愿，实现他们的意志。三是程序正义的实现，过程的公平正义胜于结果的公平正义，记录在案的程序可以强化人们的程序正义意识，在所有人不能保障结果公平正义的情况下，至少能保障程序的公平正义，长此以往，程序必备意识将越来越深入人心，随之法治意识更加普遍得到弘扬。四是作为一种证据存在，可通过它审查该案刑事和解的正当性与合法性。面对当事人的事后反悔，面对公众和媒体，在需要公开整个案情时有铁证如山的材料摆出来，可以澄清各种误解，无须任何激辩。

（二）暂缓判决制度

我国《刑法》与《刑事诉讼法》都没有规定暂缓判决制度，它只是在我国司法实践中，针对未成年犯罪人而施行的一种先定罪、一段时间后再定刑的制度。

暂缓判决最早于 1993 年由上海长宁法院适用于未成年犯罪案件。其目的是为了保护未成年被告人，尽可能不将他们投入监狱，以免"交叉感染"，以开放性及人道性的方式方法矫正未成年被告人，这种做法符合他们的成长规律，更利于他们回归社会。

未成年犯罪暂缓判决在实践中的具体操作步骤是：法庭审理未成年人案件，只定罪暂不判刑，在法院设置的考察期内，未成年被告人或就业或求学，同时在正式或非正式的帮教场所进行考察帮教，考察期满后，再根据原罪及未成年被告人在考察期间的各种表现予以判决。

理论上暂缓判决制度与无罪推定原则不相违背，甚至可以说是对无罪推定的发展。法院将判决中的罪与刑分开来，在时间上出现了间隔，但实际上构成了不可分割的两部分。因为无论是对罪的判决还是对刑的判决都是法官自由裁量权的组成部分，典型判决中二者是在一张判决书中呈现，而暂缓判决制度的罪与刑通过两份判决确定，它依然遵循的是无罪推定原则，分开的判决并没有干扰刑事裁判权的正常行使，相反，它使其更加完善。同理，理论上暂缓判决制度与罪刑法定原则也不相违背。

在暂缓判决制度的适用对象上，笔者认为应当将其扩大到所有轻微犯罪人，无论成年还是未成年，无论是在校生还是社会中的在职者或自由职业人，只要符合实质条件，都可适用暂缓判决制度。暂缓判决制度的实质要件是构成轻微犯罪，如果以法定刑为标准，则指的是判处拘役或者 3 年以下有期徒刑的犯罪。明确规定考察期限为 1—2 年，期限取决于犯罪情节轻重、行为人的主观恶性及人身危险性，同时应系统规范暂缓期间的考察方法与达标指数。比如，考察主体为社会上的有关社会福利、教育机构、当地派出所、街道和居委会等；考察对象不仅仅是未成年犯罪人，还有符合条件的成年犯罪人。他们在上述开放的特定地方，悔过自新、加强学习，或者为社会提供无偿服务，考察主体定期将信息反馈给人民法院，人民法院综合判断，在确定考察期满后做出最后的判决决定。

六　如何避免公安司法机关监督职能缺失或虚置

现行《刑事诉讼法》第 8 条规定"人民检察院依法对刑事诉讼实行法律监督"。2013 年 1 月 1 日最高人民检察院《人民检察院刑事诉讼规则（试行）》设立专章（第十四章刑事诉讼法律监督）就人民检察院全面履行法律监督职能做出明确具体规定，涉及的方面有：刑事立案监督、侦查活动监督、审判活动监督、刑事判决裁定监督、死刑复核法律监督、羁押和办案期限监督、看守执法活动监督、刑事判决裁定执行监督、强制医疗执行监督等。检察机关在立案、侦查、起诉、审判、执行的各个环节都享有具体明确的监督权，但在同一《规则》中第 515 条、第 516 条只规定了"人民检察院应当对和解的自愿性、合法性进行审查"等相对概括与原则的内容，几乎没有规定检察机关审查刑事和解的具体程序性监督职能。这种原则性与概括性的规定直接导致检察机关的法律监督权难以落到实处，或者在实践中各地操作不够统一而导致随意性太大、严肃性不足。

现行《刑事诉讼法》第 278 条规定，人民法院在审判阶段有权主持或促成当事人和解；第 279 条规定，人民法院可以依法对被告人从宽处罚。但法律没有规定如何对审判阶段刑事和解进行法律监督，如果对上面检察院的全面监督权理解不到位的话，理论上有可能导致两种倾向：一是检察机关滥用法律监督权，表现为第一，提醒不足，使得和解双方当事人不明知自己应当享有的权利，第二，将自己的意志强加给双方当事人，和或者不和，倾向性太明显；二是检察机关的法律监督权处于虚置状态，一切由当事人自愿，对其他司法机关的监督也会呈虚拟化。目前在司法实践中，检察机关不作为的方式较多，办案人员在不知如何行使权力的情况下一般选择不去行使，至少不会被追究责任，这是一种自我保护的良方。因此，第一种情况基本没有发生，第二种情况普遍存在，对公安机关主持的刑事和解及人民法院主持的刑事和解，检察机关的监督权基本没有落实到位。

如何审查公诉案件中当事人和解的自愿性与合法性？是否要求检察机

关履行另一种举证说明职责，即在庭审中进行关于刑事和解自愿性与合法性的审查？

刑事和解的双方对自主权利的处分究竟是民事上的还是刑事上的？若司法性就意味着刑事处分权，即对自己所承担的刑事责任具有一定的处分权。但是，现行法虽然赋予当事人自行和解和参加和解的权利，却没有赋予当事人参与和解协议达成后的诉讼处理程序的权利，他们也不得在协议中处分应当由公权力部门处分的部分，即刑事和解协议达成后，实际上加害人与被害人从此就没有了程序参与权和实体参与权，最终刑事责任的认定过程与实体确定由国家的权力机关运行。这与刑事和解的本质、价值及功能的实现有些相悖。

刑事和解的实现依赖商谈，其理论基础在于哈贝马斯的《在事实与规范之间》中提到的商谈论。商谈后达成合意，因此具有合意性；这种合意的法律效果一直处于争议之中，即合意是具有刑事性还是民事性？前者包含程序与实体的功能与价值，后者只能归属于民事处分，合意后的加害人与被害人不得干预刑事司法的程序与实体。属性的判断主要取决于国家权力下放的度，司法权是国家权力之一，能否从国家司法权中分割一部分给个人，国家会极其慎重地考虑。

第八章　刑事和解与认罪认罚从宽

第一节　认罪认罚从宽与刑事和解对接后的量刑

从功利角度看，在社会生活中，各种主体的最大利益化已是当下世界各国普遍追求的价值目标。对于刑事程序的每个参与者而言，无论哪一方，犯罪嫌疑人（被告人）或加害人、被害人、国家的代表机关（公安机关、人民检察院、人民法院）、社会第三方都在同一程序内追求各自的最大利益，期待以最小的付出获得最大的收益。这需要国家的刑事政策指导及法律规定，否则，美好理想将是空中楼阁，可望而不可即。我国的认罪认罚从宽刑事政策及其相关的法律规定为各方当事人实现自己的功利目标提供了可能，《刑事诉讼法》、《刑法》及相关司法解释的规定，成为该刑事政策的法律根据。

宽严相济刑事政策当宽则宽的导向与公权力主持下让步于私权利的相互协商后的刑事和解程序属于不同的位阶，刑事和解程序是实现认罪认罚从宽的一条路径，其他的实现方式还有速裁程序、简易程序、普通程序。在案件事实清楚证据确实充分的情况下，行为人该如何承担自己的刑事责任？认罪认罚从宽处罚并无异议，但从宽的度在哪里？是否可以从宽到免予刑事处罚？针对同一刑事案件当认罪认罚与刑事和解对接时，应当如何处理？认罪认罚从宽与刑事和解从宽纠缠在一起，无非是解决当事人的权利保障及程序效率与正义冲突下的理性选择问题，最终还会落实到被告人刑事责任的承担。

一　定位认罪认罚从宽

（一）认罪认罚从宽的性质

1. 刑事政策性

党的十八届四中全会《中共中央关于全面推进依法治国若干重大问题的决定》提出："完善刑事诉讼中认罪认罚从宽制度"，这是"宽严相济"的刑事政策在新形势下的完善和发展。根据上述文件精神，最高人民检察院《关于深化检察改革的意见（2013—2017年工作规划）》和最高人民法院《人民法院第四个五年改革纲要（2014—2018）》先后提出要完善认罪认罚从宽制度。2016年7月22日，习近平总书记主持召开中央全面深化改革领导小组第26次会议，审议通过《关于认罪认罚从宽制度改革试点方案》，为认罪认罚从宽制度改革试点工作确定了方向。

由此可以看出，认罪认罚从宽是党提出的刑事政策，是具有指导性、方向性的大政方针。党的十九大报告提出：党领导一切工作，其中当然包括司法工作，在新时代，必须有新的方针、措施引领司法工作，以解决新时代存在的问题。如何在每一个具体个案中既实现公平正义又提高效率，是考验执政党执政能力与水平的新课题，而认罪认罚从宽就是党交出的完美答卷，它是宽严相济刑事政策的具体化，也是我们制度自信、文化自信的一个方面。考察世界上其他国家，大多都有政策指导下实施的司法，只是由于国体或政体的不同，实施方式有差异，这是政治与司法之间的关系问题，在这一大的框架内思考，才可厘清我国的刑事政策与刑事司法程序之间的关系。有学者认为，"宽严相济刑事政策是从国家立场出发所提出的一种权力主张。这种国家权力所主张的'宽'和'严'皆是对社会治理实际需要的一种回应"。这是政治性问题，不是制度性问题，不应当将两者混淆起来，前者是权力的体现，后者是具体措施的落实。

认罪认罚从宽的刑事政策性决定了它与刑事程序的位阶关系，即它地处上层，直接指导具体的程序，但在现代的法治国家，它自己不能凭空实现其本身的规定，必须通过具体程序实现其指导的内容，即只有法律化后的刑事政策才可完成从理想到现实的转化。

2. 法律性

刑事政策法律化后才真正具有效力。2016 年 9 月，十二届全国人大常委会第 22 次会议通过《关于授权最高人民法院、最高人民检察院在部分地区开展刑事案件认罪认罚从宽制度试点工作的决定》（以下简称《决定》），授权在北京等 18 个地区开展刑事案件认罪认罚从宽制度试点。刑事政策必须法律化才可以具体实施，否则，将仅仅停留在宏观层面，无法落实到司法实践中，而这一立法授权就是认罪认罚从宽法律化的践行。因为《决定》的主体为全国人大常委会，符合立法法的规定，内容是关于认罪认罚制度试点工作，授权对象是最高人民法院和最高人民检察院。《决定》本身具有立法的性质，这是党中央实施依法治国的重大举措，刑事政策只有被法律化后才具有法律上的效力，以实现政治上的导向。因为自近代以来，凡是涉及公民个人的生命、人身、财产、资格等权利的处置，必须依法认定，任何组织、个人、机关、团体等都无权随意决定。

2016 年 11 月，最高人民法院、最高人民检察院、公安部、国家安全部、司法部联合颁布《关于在部分地区开展刑事案件认罪认罚从宽制度试点工作的办法》（以下简称《办法》），它具有司法解释的特性，虽然解释主体有所扩大，但只要有两高主体在内，就可将其视为有权的司法解释，这也是中国特色之一。《办法》共 29 条，自发布之日起试行二年。

从理论框架分析，有学者认为，认罪认罚从宽制度不同于美国的"辩诉交易制度"，"美国的辩诉交易仅从交易内容上看包括三个方面：罪名交易、罪数交易和量刑交易"。但《办法》第 13 条规定："犯罪嫌疑人自愿如实供述涉嫌犯罪的事实，有重大立功或者案件涉及国家重大利益的，经最高人民检察院批准，人民检察院可以做出不起诉决定，也可以对涉嫌数罪中的一项或者多项提起公诉。"这一规定涉及认罪认罚阶段可以确定是否对犯罪嫌疑人或被告人起诉，以及罪与非罪或具体罪名、一罪还是数罪的起诉，同时量刑也要听取犯罪嫌疑人及被告人的意见，因为《办法》第 10 条规定："在审查起诉过程中，人民检察院应当告知犯罪嫌疑人享有的诉讼权利和认罪认罚可能导致的法律后果，就下列事项听取犯罪嫌疑人及其辩护人或者值班律师的意见，记录在案并附卷：（一）指控的罪名及适用的法律条款；（二）从轻、减轻或者免除处罚等从宽处罚的建议；（三）认罪认罚后案件审查适用的程序；（四）其他需要听取意见的情形。"上述规定表明在罪名、罪数还有量刑部分，司法机关都要听取犯罪嫌疑人及其辩护人意见，虽然没有明确规定协商，但官方"听取意见"已有交流通畅的意味。从某种意义上看，两种制度有暗合的成分，只是我国的认罪认罚从宽还在试点阶段，以后需要通过立法规定更加明确下来，例如协商的形式及内容。

这一司法解释使认罪认罚从宽刑事政策落地生根，司法机关处理个案时在权威司法解释的前提下，行使自由裁量权。中国式的认罪认罚制度没有美国辩诉交易内容明确，但其中也蕴含着相当多的因素，在罪名、罪数及量刑上也有犯罪嫌疑人参与其中，只是犯罪嫌疑人的权利相对小些，但不是没有，上述规定即是明证。

3. 实践性

2017 年 12 月 23 日在十二届全国人大常委会第 31 次会议上，周强院长代表最高人民法院并受最高人民检察院委托，报告了《关于在部分地区开展刑事案件认罪认罚从宽制度试点工作情况的中期报告》，其中有一段数字说明："截止到 2017 年 11 月底，18 个试点地区共确定试点法院、检察院各 281 个，适用认罪认罚从宽制度审结刑事案件 91121 件、103496 人，占试点法院同期审结刑事案件的 45%，其中检察机关建议适用的占 98.4%。"再以北京丰台检察院为例，2017 年 1 月至 10 月共办理"认罪认罚从宽案件 551 件 570 人，其中 553 件 550 人适用速裁程序，13 件 14 人适用简易程序，5 件 6 人适用普通程序。"

这些数字表明，这一全国性试点工作取得了辉煌的成效。认罪认罚从宽在实践中得到释放，四方主体均获益，国家在实现司法公正的同时提升了司法效率，司法机关"案多人少"的矛盾得到缓解，刑事诉讼制度得到更深层次的改造，改革取得一定成效；犯罪嫌疑人或被告人获得了实惠，从轻或减轻了刑事责任；被害人得到经济上、精神上的补偿与安慰，生活可相对正常维持、继续下去；社会第三方重享平和宁静的秩序，和谐共处。

（二）认罪、认罚、从宽的判断标准

1. 认罪

认罪认罚从宽中的认罪相对宏观，其标准有两点：一是内容，只要犯罪嫌疑人、被告人对其所实施的犯罪行为事实认可，即可达成认罪，而不需要认可其被司法机关指控的罪行，因为不能要求犯罪嫌疑人、被告人对其所实施的犯罪行为有某一具体犯罪构成要素的认识，认定犯罪性质是司

法机关的事情，只要嫌疑人承认他做了什么事情，即便行为人不认可司法
机关对其的定性，也符合认罪标准；二是认罪时间，理论上行为人在任何
诉讼程序阶段即立案、侦查、起诉、审判阶段都可以认罪，只是由于时间
段的不同而会选择不同的适用程序，即速裁程序、简易程序或普通程序，
这种对应直接影响到对其从宽处罚的度。

2. 认罚

根据《试点办法》第 1 条可以总结出，"认罚"，是指犯罪嫌疑人、
被告人同意人民检察院的量刑建议并签署具结书。据此可知，"认罚"不
仅要求自愿接受因其犯罪行为所带来的刑罚惩罚，还要接受检察机关提出
的具体的刑罚种类和幅度，在检察机关提出确定刑期时，犯罪嫌疑人、被
告人还应接受确定刑期。认罚的主体发生在犯罪嫌疑人或被告人与国家及
其代表机关即司法机关之间，前者服从于后者，公权力更强势一些。这与
刑事和解的主体不同，刑事和解是发生在犯罪嫌疑人（加害人）与被害
人之间，两者平等协商，最后达成和解协议。认罚从宽不包括刑事和解，
刑事和解是单独一种处理已然犯罪的实体与程序相结合的方法。

3. 从宽

有学者从刑事诉讼阶段的视角强调：从宽处理包括实体从宽和程序从
宽，适用于刑事诉讼的各个阶段。在侦查阶段，主要是程序从宽，表现为
侦查机关变更、解除强制措施。在审查起诉阶段，表现为检察机关采取非
羁押性强制措施，或者做出相对不起诉决定。在审判阶段，主要是实体从
宽，表现为法院依法从宽判处刑罚。笔者认为，"从宽"包括实体上的从
宽和程序上的从简两个方面。实体上从宽，包括在案件处理结果上从轻处
罚，以及在审查起诉阶段检察机关做出不起诉决定（酌定不起诉）。程序
上从简，即对符合条件的案件，适用速裁程序或简易程序，从速从快处理
案件；不适用这两个程序的案件依法适用普通程序；符合刑事和解的适用
刑事和解程序。在选择了不同的法定程序后，对行为人实体上的处罚还必
须依相关《刑法》及司法解释进行处理。

比如，我国实体法《中华人民共和国刑法》第 67 条第 3 款是关于坦
白的规定："犯罪嫌疑人虽不具有前两款规定的自首情节，但是如实供述
自己罪行的，可以从轻处罚；因其如实供述自己罪行，避免特别严重后果
发生的，可以减轻处罚。"2014 年最高人民法院发布的《关于常见犯罪的
量刑指导意见》属于司法解释范畴，具有法律效力。其中具体化了坦白

从轻、减轻的规定："对于坦白情节，综合考虑如实供述罪行的阶段、程度、罪行轻重以及悔罪程度等情况，确定从宽的幅度。（1）如实供述自己罪行的，可以减少基准刑的20%以下；（2）如实供述司法机关尚未掌握的同种较重罪行的，可以减少基准刑的10%~30%；（3）因如实供述自己罪行，避免特别严重后果发生的，可以减少基准刑的30%~50%。对于当庭自愿认罪的，根据犯罪的性质、罪行的轻重、认罪程度以及悔罪表现等情况，可以减少基准刑的10%以下。依法认定自首、坦白的除外。"

坦白是刑法规定的从轻、减轻处罚的量刑情节之一，在程序的适用上也有体现，目前的规定对于单一认罪的量刑折扣相对较低，普通的坦白最高可以获得20%的量刑折扣，而当庭认罪最高可以获得10%的量刑折扣。可以考虑适当提高针对认罪的量刑折扣的幅度，并明确规定在不同阶段认罪可以取得的逐级递减的折扣幅度，以鼓励被告人尽早认罪。

（三）与认罪认罚对应的程序

认罪认罚从宽只是高高在上的刑事政策，如果将其落实到司法实践中，必须找到相应的对接程序，以彻底实现认罪认罚从宽。与此相对应的程序单独算来有四种：速裁程序、简易程序、普通程序、刑事和解程序。本部分的核心问题是如何给予认罪认罚、刑事和解及两者同时被适用的被告人更为明确、优惠的量刑结果。对犯罪人的处理涉及程序与实体两个层面，在两者相对应的前提下从宽处理。

二　认罪认罚与刑事和解的区别

（一）适用对象不同

理论上应当所有的案件都可适用认罪认罚从宽，《认罪认罚从宽试点办法》没有具体案件适用范围的限制，即便有可能被判处死刑的案件也可以适用认罪认罚从宽制度。但是，出于对认罪认罚自愿性的保障，《认罪认罚从宽试点办法》还是明确三类案件不得适用认罪认罚从宽制度，即犯罪嫌疑人、被告人是尚未完全丧失辨认或者控制自己行为能力的精神病人；未成年犯罪嫌疑人、被告人的法定代理人、辩护人对未成年人认罪认罚有异议；犯罪嫌疑人、被告人行为不构成犯罪。这些都是为了保护犯罪嫌疑人或被告人的合法权益，避免其自愿性受到歪曲。《刑事诉讼法》

第 277 条规定了公诉案件适用刑事和解的犯罪范围，即因民间纠纷引起，涉嫌刑法分则第四章、第五章规定的犯罪案件可能判处三年有期徒刑以下刑罚的以及除渎职犯罪以外的可能判处七年有期徒刑以下刑罚的过失犯罪案件；并排除了犯罪嫌疑人、被告人在五年以内曾经故意犯罪的情形。理论上所有的案件都可以刑事和解，只要符合刑事和解的条件，但目前仅限于法律规定的对象。

（二）权力的分配不同

从本质上说，认罪认罚是国家司法机关将量刑的部分权力交给被告人，认罪认罚从宽即意味着即便同样的犯罪事实、犯罪情节、犯罪后果等等，但对认罪认罚被告人的处罚轻于没有认罪认罚的被告人，轻与重的选择取决于被告人的意志，权力的配置是线段上的两个点，是双方的契约，只是一方强势另一方服从而已；公诉案件的刑事和解是国家司法机关将被告人的刑事责任交由被害人与被告人双方决定，当然公诉案件的刑事和解国家司法也要介入，权力的配置呈三角形状，国家司法机关在被告人与被害人双方达成和解后依法决定行为人的刑事责任。

（三）主体及自由意志程度不同

两者都是在法定的范围内，认罪认罚的前提是案件事实清楚、证据确实充分，因此，认罪认罚只是被告人在公诉机关确定的范围内认可，没有其他更多的意志自由，即认罪认罚是检察机关根据案件情况提出一个具体的量刑建议，犯罪嫌疑人同意就继续适用认罪认罚从宽程序，不同意就停止适用，没有其他的选择；刑事和解中被害人与被告人双方的意志决定和解的内容，其商讨范围也相对宽泛，如赔偿数额、赔礼道歉等等。

（四）适用程序与案件相对应

目前在司法实践中，以犯罪嫌疑人、被告人被控犯罪所依法应判处的刑期为标准来决定适用何种程序，如果被告人会被判处 3 年以下有期徒刑，对于认罪认罚的案件大多适用速裁程序；依法可能判处 3 年有期徒刑以上刑罚的被告人认罪认罚的案件，绝大部分适用简易程序，但对于重大案件如果其可能被判处无期徒刑或死刑，那么案件需要由中级人民法院审理，应当适用普通程序；刑事和解有《刑事诉讼法》规定的特别程序，第 290 条规定"对于达成和解协议的案件，公安机关可以向人民检察院提出从宽处理的建议。人民检察院可以向人民法院提出从宽处罚的建议；对于犯罪情节轻微，不需要判处刑罚的，可以做出不起诉的决定。人民法院可以依法对被告人从宽处罚"。与此相对应的也有速裁程序、简易程序和普通程序。另外人们对刑事和解也有广义与狭义的理解，如死刑案件的刑事和解，属于广义刑事和解范畴，应当适用普通程序。

（五）两种情况的交叉

既刑事和解又认罪认罚，被告人与被害人达成和解、被害人原谅被告人，同时被告人也同意司法机关对该案的认定与量刑建议，刑事责任较轻，两者交融，被害人的实体与程序的权利得到了保障。另一种情况是被告人只认罪认罚，但没有与被害人刑事和解，则只依据认罪认罚的标准处理。

需要说明的另一点是应当加大律师在速裁程序中的作用。根据天平原理，如果国家赋予检察官更多的权力，那么在天平的另一方也应当加码，即给予当事人更多的保护。实践中，大多数当事人不懂法律，在其权利有可能受到侵犯时，加强辩护人的功能与作用更能实现认罪认罚的功能与价值。

认罪认罚从宽是国家（其代表机关是公安机关、人民检察院、人民法院）与犯罪嫌疑人（辩护人）之间经权力分配后重建的关系，国家代表机关以相关的程序解决行为人的刑事责任。公诉案件的刑事和解是国家、犯罪嫌疑人、被害人之间经过权力分配后重建的关系，从而以相关程序解决行为人的刑事责任。总体而言，关于认罪认罚从宽制度和刑事和解制度的研究成果虽然非常丰富，但是均相互独立，没有真正结合在一起。对于既认罪认罚，同时取得被害人谅解、与被害人达成刑事和解的被告人而言，司法机关应该如何处理，在定罪量刑上是否有更大的从宽幅度等均需深入研究。

三　认罪认罚从宽与刑事和解对接后的量刑考量

（一）被告人既认罪认罚后适用三种程序又达成刑事和解

这种情况在司法实践中并不少见，但司法机关应按照什么样的程序进行处理、两者的从宽幅度能否叠加适用于被告人？需要具体研究。

1. 根据刑罚"格"减轻

由于认罪认罚后选择的程序不同，它与刑事和解分别是两种不同的从轻减轻处罚制度，因此，如果在具体案件中，被告人既认罪认罚又与被害人刑事和解，可以对被告人进行双重从轻或减轻处罚，针对不同的犯罪而言，从轻及减轻程度有所区别，应当在法律规定的限度内分格进行。刑罚的"格"应当是：死刑立即执行、死缓、终身监禁、无期徒刑、有期徒刑15年、10年、7年、5年、3年、2年、1年、拘役、管制、刑法第37条规定的非刑罚制裁措施、有罪宣告不处罚。目前司法解释没有从刑罚"格"的角度对认罪认罚的犯罪嫌疑人进行从轻或减轻处罚的规定及实践，笔者认为，可以从这一视角考虑，不管适用哪种程序，只要前提是认罪认罚，都可在降一格或降两格内从轻处罚，如果根据其他情节需要减轻处罚的可以在法定刑规定的下一格或下两格量刑。

2. 轻罪重罪的不同

关于轻重罪刑的标准没有明确统一，参考国外划分轻重罪分类的标准，划定1年以下为微罪，1至5年为轻罪，5年以上为重罪，10年以上为重重罪。如果是死刑立即执行的案件，被告人既认罪认罚又与被害人刑事和解，可以判处被告人无期徒刑或15年有期徒刑；被判处死缓的可以对其适用15年有期徒刑或10年有期徒刑；依据法律规定，目前终身监禁只适用于贪污受贿犯罪分子，刑事诉讼法规定的刑事和解不适用于贪污犯罪分子，他们只能享受认罪认罚从宽的刑事政策及相关法律规定，因此，理论上对于被判处终身监禁的被告人，如果认罪认罚，可以在法定刑下一格内处罚，本应当被判处无期徒刑的可以对其适用10年有期徒刑或7年有期徒刑。重罪刑事案件（5年以上10年以下有期徒刑），建议降低两个量刑档次。轻罪刑事案件（1年—5年有期徒刑），同上。微罪刑事案件（一年以下期徒刑、拘役、管制等），适用速裁程序，处以或缓刑或管制，不入狱执行。

3. 可叠加量刑减让

有学者认为："和解程序与速裁程序等认罪认罚制度在处理案件的具体程序上可能会有交叉，目前来讲只能采用单选模式，不能采用叠加的方式进行量刑减让。"笔者对此持有异议，从国家层面言，在保证实现正义的前提下，提升效率，而效率从另一个侧面也可以反映出可实现的正义，因此从程序上进行改革，以实现上述宗旨，并最终以从轻或减轻被告人或犯罪嫌疑人的刑事责任为目的。从被告人或犯罪嫌疑人的角度而言，犯罪已是既成事实，如何减轻对自己的惩罚是其追求的最终目标，国家设定了两种程序实现方式，这是两种基于不同的哲学根基即功利主义与人道主义而设立的不同处置犯罪方法，国家权力的出让对象也不同，前者是对犯罪嫌疑人或被告人的出让，后者是对犯罪嫌疑人或被告人及被害人共同出让的，理论上可将前者归纳为协商性司法、后者为恢复性司法，两者不能混同。当这两种程序同时适用于被告人或犯罪嫌疑人时，他就应当享受到两种程序带来的红利，而不是选择其一，因为他付出了两种程序各自需要的态度与行为，速裁程序或简易程序或普通程序是国家及代理人公安机关、人民检察院、人民法院对被告人或犯罪嫌疑人认罪认罚的处理过程，刑事和解是被告人或犯罪嫌疑人与被害人在法律规定范围内的协商结果。如果两种程序分别适用成功，则对该被告人或犯罪嫌疑人应当叠加减刑。

刑事和解程序的量刑减让在《最高人民法院关于适用〈中华人民共和国刑事诉讼法〉的解释》第505条中有规定，对于达成和解协议的案件，人民法院应当对被告人从轻处罚；符合非监禁刑适用条件的，应当适用非监禁刑。同样，《最高人民法院关于常见犯罪的量刑指导意见》也规定，对于当事人根据我国《刑事诉讼法》第288条达成刑事和解协议的，综合考虑犯罪性质、赔偿数额、赔礼道歉以及真诚悔罪等情况，可以减少基准刑的50%以下；犯罪较轻的，可以减少基准刑的50%以上或者依法免除处罚。由此可见，刑事和解程序量刑减让的幅度相对较大。既认罪认罚又刑事和解的，叠加从轻或减轻处罚。

（二）被告人认罪认罚，但是没有达成刑事和解

这又包括不同的情形：

1. 被告人认罪认罚，向国家妥协，接受了国家有可能对他的制裁，但是不愿意向被害人赔礼道歉或者赔偿损失。这符合认罪认罚的条件，根据犯罪嫌疑人的犯罪事实依据程序法律的规定，司法机关根据具体条件选择适用速裁程序或简易程序或普通程序，对犯罪嫌疑人或被告人从轻或减轻处罚。这种情况与刑事和解程序无关，有学者主张认罪认罚制度应当同时保障被害人的权利，以刑事和解为前提，"将听取被害人意见作为办理认罪认罚从宽案件的前置条件"。笔者对此不能苟同，因为认罪认罚刑事政策落实到三个程序即速裁程序、简易程序或普通程序并实现从宽处罚，这是犯罪嫌疑人对国家及其代表机关的妥协，同时，为实现效率原则，国家将公权力小部分转让给犯罪嫌疑人或被告人，从宽处罚是在国家及其代表机关司法机关与犯罪嫌疑人或被告人两个相对的主体之间发生的，与案

件的被害人无关，这是两种并列的法律关系。当事人双方刑事和解可以使犯罪嫌疑人受到更轻的处罚，但如果没有刑事和解，不影响对其认罪认罚从宽处理。

2. 被告人认罪认罚，愿意向被害人赔礼道歉赔偿损失，但是被害人不愿意谅解，无法达成刑事和解。这与上述不同的是被害人不同意和解，犯罪嫌疑人或被告人是有诚意和解的，在这种案件中，由于犯罪嫌疑人的主观恶性及其人身危险性相对小些，以及由于对于自己行为的深刻反省，其社会危害性减轻，对行为人的量刑应当比上一种情况更轻些。可以在判决书中记录刑事和解的过程及结果，阐明虽然与被害人未达成刑事和解，但主要责任在被害人，将其努力的过程作为酌定情节从轻处罚。

3. 被告人认罪认罚，但是其所犯之罪不在《刑事诉讼法》规定的可以刑事和解的范围之内等等，对于这些不同的情形，司法机关应该如何处理？比如死刑案件，不在法定的刑事和解范畴，但相关的司法解释规定如果和解可以选择死缓，这种情况下，司法机关一定不能判处其死刑立即执行。即便不在法律规定的和解范围内，只要当事人双方达成和解，就应当将其作为一从轻、减轻的量刑情节，对犯罪嫌疑人进行从轻或减轻处罚。无论什么案件，只要双方当事人达成和解，客观上给被害人带来好处，主观上反映了犯罪嫌疑人的罪恶程度即其主观恶性及人身危险性减轻，应对其叠加从宽处理，一是认罪认罚后选择适用那三种程序中的一种的从宽，二是刑事和解后的从宽，双重从轻或减轻了犯罪嫌疑人或被告人的刑事责任。

（三）被告人没有认罪认罚，但是达成刑事和解

被告人通过真诚悔罪、向被害人赔礼道歉、赔偿损失，取得了被害人的谅解并且签订了刑事和解协议，但是被告人不认罪也不认罚。具体又包括，承认自己犯罪的事实但是不承认司法机关对其犯罪事实的定性，如其自认为犯盗窃罪，但是司法机关按照抢劫罪来定性；或者承认司法机关关于其犯罪的定性但是不认可司法机关的量刑建议，对此分别应如何处理？

在这种情况下，应当将刑事和解作为一种量刑情节，对犯罪嫌疑人从轻或减轻处罚。犯罪嫌疑人不认罪、不认罚，只是他不认可司法机关的定性及处罚，他对自己的犯罪事实并不否认，因为只要他与被害人签订了刑事和解协议，就说明他在自己的认知体系范围内承认了自己的行为对被害人造成了伤害或经济损失，并尽全力对此予以弥补，无论其主观恶性还是

其人身危险性都相对较低。他对司法机关定性量刑的不认可，并不是对司法机关的蔑视、对司法权力的不尊重，也不是不服从，或许是国家权力机关提升、扩大了自己的政治地位，没有从犯罪嫌疑人的角度考虑其自我保护的心理，或许只是他的知识体系、认识能力等主观问题，客观上他对自己犯罪的态度及对待被害人的态度都是值得肯定的，这种肯定应当体现在对他的量刑里，即双方当事人达成刑事和解，但犯罪嫌疑人或被告人不认罪认罚，应当更多地考虑对其适用刑事和解程序，最后实现刑事和解为其带来的从宽处理结果。认罪认罚并不一定以刑事和解为前提，同理，刑事和解也不以认罪认罚为前提，四种并列的程序彼此互不影响。

虽然目前学者们对认罪认罚的概念、效力、制度的具体适用、价值以及质疑等有若干论证，但还欠缺许多具有可操作性的理论性与制度性的研究，其中，包括进一步完善认罪认罚从宽制度和刑事和解制度的关系。只有在理论上明确界定刑事政策与刑事法律制度之间的关系，才可以在实践中明晰与操作，落实司法机关权力的正当使用、犯罪嫌疑人及被告人的刑事责任，保护被害人的合法权益，结果是利于构建多元化的诉讼程序、实现繁简分流、提高诉讼效率，最终实现每一个人追求的公平和正义。

第二节 认罪认罚程序下的量刑建议制度

刑事和解作为在实体上的一种酌定从轻量刑情节，目前在司法实践中被普遍适用，但如何将其切入检察机关的量刑建议中，还需探讨。以北京市房山区人民法院刑事判决书（2018）京 0111 刑初 615 号为例，案情及判决如下：

北京市房山区人民检察院以京房检公诉刑诉〔2018〕538 号起诉书指控被告人陈某某犯交通肇事罪，本院适用刑事案件速裁程序，实行独任审判，公开开庭审理了本案。

北京市房山区人民检察院起诉书指控，2017 年 12 月 10 日 14时 21 分许，被告人陈某某驾驶金杯牌小型普通客车（车牌号：×××）搭载唐某（男，殁年 51 岁）、郑某（男，50 岁）由北向南行驶至本市房山区京深路长阳治超站时，车辆前部撞在杨某（男，46岁，另案处理）停放在道路西侧路边的大运牌重型半挂牵引车尾部，造成唐某死亡，陈某某、郑某受伤，两车损坏。经鉴定，被害人唐某符合重度颅脑损伤、胸部损伤合并失血性休克引起死亡。经认定，被告人陈某某负交通事故的主要责任，杨某负交通事故的次要责任。

被告人陈某某于 2018 年 6 月 5 日经北京市公安局公安交通管理局房山交通支队电话通知后到案，并如实供述了上述事实。事后，金杯牌小型普通货车的车主霍某（男，55 岁）与被害人唐某的近亲属达成赔偿协议，并已交付部分赔偿款。被害人唐某的近亲属、郑某均对被告人陈某某的行为表示谅解。公诉机关认为建议判处被告人陈某某有期徒刑六个月以上一年以下，可以适用缓刑。被告人陈某某对公诉机关指控的事实、罪名及量刑建议没有提出异议且签字具结，在开庭审理过程中亦无异议。

本院认为，北京市房山区人民检察院指控被告人陈某某犯有交通肇事罪的事实清楚，证据确实充分，指控罪名成立，量刑建议适当，应予采纳。依照《中华人民共和国刑法》第一百三十三条，第六十七条第一款，第七十二条第一款，第七十三条第二、三款之规定，判决如下：被告人陈某某犯交通肇事罪，判处有期徒刑六个月，缓刑一年（缓刑考验期限，从判决确定之日起计算）。

这一判决的亮点在于：交通肇事虽然造成一死的结果，但双方当事人刑事和解，行为人的刑事责任减轻，被告人认罪认罚，法院适用速裁程序、独任审判，并采纳了公诉人的量刑建议，在保证公平正义的前提下，提升了司法效率，这是全方位司法改革的最佳成果。另一案例与此相似，只是人民法院对公诉机关的量刑建议没有完全采纳。

北京市房山区人民法院刑事判决书〔2018〕京 0111 刑初 601 号，本院适用刑事案件速裁程序，实行独任审判，公开开庭审理了本案。被告人付某某伙同刘某（另案处理）在北京市房山区某高尔夫俱乐部内，盗窃该俱乐部的球车新电瓶 18 块，后被告人付某某将盗窃的 18 块电瓶交由程某（另案处理）进行销赃。经认定，被盗 18 块球车电瓶价值人民币 19440 元。2018 年 3 月 7 日，被告人付某某被公安机关查获归案。被盗电瓶已经追缴，并发还被害单位。公诉机关认为被告人付某某系坦白，被盗物品已发还被害单位，可以从轻处罚，建议判处被告人付某某有期徒刑十个月以上一年六个月以下，并处罚金。被告人付某某对公诉机关指控的事实、罪名及量刑建议没有提出异议且签字具结，在开庭审理过程中亦无异议。辩护人王金金的辩护意见是，被告人付某某系自首，自愿退赔退赃，属于初犯、偶犯，主观恶性较小，自愿认罪认罚并愿意交纳罚金，建议对被告人从轻或者减轻处罚并适用缓刑。

本院认为，北京市房山区人民检察院指控被告人付某某犯有盗窃罪的事实清楚，证据确实、充分，指控罪名成立，量刑建议适当，应予采纳。辩护人的相关辩护意见，本院予以采纳。依照《中华人民共和国刑法》第二百六十四条，第七十二条第一、三款，第七十三条第二、三款，第五十二条，第五十三条，第二十五条第一款，第六十七条第三款之规定，判决如下：被告人付某某犯盗窃罪，判处有期徒刑一年，缓刑一年，并处罚金人民币五千元（缓刑考验期限，从判决确定之日起计算；罚金于本判决生效后三十日内缴纳）。

公诉机关建议判处被告人付某某有期徒刑十个月以上一年六个月以下，并处罚金。法院判处被告有期徒刑一年缓刑一年，并处罚金人民币五千元。问题是如何建立检察机关的量刑建议制度，尤其在同时符合刑事和解时，需要全方位衡量。

刑事和解与认罪认罚不同，但两者有时交叉在一起，检察机关在认罪认罚程序下的量刑建议制度有其特殊性，在此作一补充研究，以区别刑事和解制度，但同时，也适用刑事和解后检察机关进行量刑建议的情形。伴随认罪认罚试点工作的全面推行和修改后的《刑事诉讼法》的施行，我国检察机关量刑建议制度与认罪认罚程序衔接与契合的问题也成为学界关注和争议的焦点与核心。本部分在明确基本概念和理论实践的基础上，进一步分析认罪认罚程序下，量刑建议权在规范层面上的更新与变化。探究修改后的《刑事诉讼法》施行后，在认罪认罚程序中检察机关如何与被追诉人达成量刑建议？量刑建议的提出究竟是检察机关的权力还是义务？检察机关提出的量刑建议对于法院是何种效力？法院能否突破量刑建议做出判决？以及在何种情况下突破量刑建议做出判决？通过对以上问题的回答，以明晰认罪认罚程序下量刑建议制度更新的立足点与所带来的变化，探讨审前程序中辩护权如何落实，量刑建议中的要素如何在检察机关与人民法院之间均得到采纳。在一审程序中，量刑建议应当何时提出？量刑建议应当以量刑幅度还是具体刑期的方式提出？在法院认为"量刑建议明显不当"时检察机关如何应对？一审法院采纳量刑建议后被告人以量刑过重提起上诉，检察机关应当如何处理？笔者试图就规范未明确的、在量刑建议制度下可能被忽略的问题，通过对《刑事诉讼法》规定、认罪认罚程序设置的目的与内在要求进行探究，提出可供检察机关参考的规范建议，其中，已将刑事和解纳入进讨论中。

一　量刑建议制度的基本范畴与实践

量刑建议制度是刑事诉讼程序中的重要制度。一般认为，"量刑建议权也是公诉权不可或缺的一项权能，其对于实现量刑公正、提高效率、加强人权保障等方面都有不可替代的作用"。量刑建议制度作为我国量刑制度改革的一个重要组成部分，在长期的司法实践中，伴随量刑规范化改革几经更新。要进一步探讨认罪认罚程序下检察机关的量刑建议制度，我们有必要先梳理量刑建议制度本身的基本含义和定位，同时考察我国量刑建议制度的沿革与演变，为后续的讨论提供可资比较的对象、奠定基础，以期进一步探讨认罪认罚程序下量刑建议制度的相关理论，为量刑建议规范化的实现提供路径建议。

（一）量刑建议制度的基本范畴

量刑建议制度，是以检察机关量刑建议权为核心，围绕量刑建议权的发生、运转而形成的具体制度内容。其具体内容包含公诉机关量刑建议的提出过程、方式与审判机关的因应，是刑事诉讼程序构造中的重要制度。"检察机关的量刑建议权实质上是检察机关作为国家法律监督机关、公诉机关针对犯罪事实和被告人展开的求刑权的重要组成部分。"在刑事诉讼中，检察机关以犯罪事实为基础，分析被告人行为的属性、主观方面、情节的轻重情况以及社会危害性、人身危险性大小等，进而向审判机关提出要求判处被告人所犯罪名的明确请求，同时对于被告人的量刑问题提出建议。这种基于刑事实体法多个方面要素进而涵盖多方面程序性请求的司法请求权，就是求刑权。求刑权从权力的形式表征来看，是一种兼及实体内容和程序内容的具有多面视角的混合性权力。所谓实体性即在于求刑权以实体法所规定的实体要素为内核，开展犯罪的识别与认定并提出相应的刑事责任；所谓程序性即在于，求刑权通过请求权和建议权的方式而展开与推进，涉及求刑权与审判权彼此权属范围与功能间的配合与制约。而求刑权从权力的实体内涵来看，又可以分为公诉机关请求人民法院对于所起诉的犯罪加以确认的权力，即"定罪请求权"；以及公诉机关请求人民法院对于成立犯罪的被告人予以特定种类、特定数量刑罚制裁的权力，即"量刑建议权"。

有学者认为："进一步明确公诉权内部存在定罪和量刑两种不同请求权的具体权能的划分，将公诉权细化为定罪请求权和量刑建议权两个独立部分的做法，从根本上改变了公诉权的结构。"具体而言，公诉权深层次的区分代表着刑事诉讼控审关系的再一次细化。这种细化和变革除了引发了诉讼构造上的全新变化外，还反映出量刑建议制度的设置其实也是对于检察机关法律监督职能的具体落实。检察机关在我国具有特别的宪法定位——国家法律监督机关，检察机关在具体开展刑事诉讼活动的同时，也是在落实法律监督的职能。公诉过程中量刑建议的提出当然也存在着规范审判机关自由裁量权的相应效果，实现了作为法律监督者的检察机关对司法裁判中量刑结果的制约与监督，促进了法院量刑结论的得出，加强其判决说理，促使法院的量刑裁量权规范、准确地加以运行。再有，量刑建议权的行使能够极为有效地提高刑事程序运行效率，使辩方的辩护意见和辩护范围更加全面，充分有效地维护被告人的基本程序性权利。

（二）量刑建议制度的时空维度

鉴于量刑建议制度自身的价值和作用，主要的法治发达国家均普遍承认其地位并且将量刑建议制度纳入本国刑事诉讼运行程序之内。英国检察官在一般刑事诉讼程序中并不保有量刑建议权；即使在辩诉交易制度生成后，检察官也仅能针对事实证据材料和法律判例规定等进行阐发，而不能像辩方一样针对量刑问题自由发表意见。而同样是以辩诉交易闻名的美国，则赋予了检察官更大范围也更为实质化的自由裁量权。检方可以凭借控方的立场而提出某种量刑的动议，包括量刑建议。更为典型的是以德国和法国为代表的大陆法系国家，检察官被认为是公民与国家利益的代言人，代表国家和公民控诉犯罪、维护社会秩序。因此，其法学理论普遍认为，"在法庭上检察官可以发表关于被告人有罪、无罪以及从轻或从重量刑的各种意见以及适用刑罚的要求"。以德国为例，检察官的量刑建议权充分表现在其向法庭提交的起诉书中、审判期日的庭审辩论过程中。德国刑诉法甚至针对量刑建议，提出了"不管是在审判程序中或审判程序外，在法院为任何裁判之前，检察机关均有机会为书面或者口头之陈述"的具体明确规定。此外，在德国，还存在着某种程度上的"辩诉交易"，检察官可以同辩护人或者被告人达成某种具有法律约束效力的协议，这种协议"不仅对于检察官和法官的决定和裁判产生影响，而且在相当大的程度上最终决定了裁决的实质内容"。德国这种协议制度在某些方面对于中国当下刑事诉讼认罪认罚程序的改革具有相当的借鉴作用和参考价值。

自 20 世纪 90 年代中期开始，域外量刑建议制度理论不断被我国刑事诉讼立法所借鉴和采纳，关于量刑建议制度的争论也从未停止。支持者普遍认为，量刑建议是检察机关公诉权的必然内容，是现代法治国家普遍采用的制度设计，实行量刑建议制度不但不会妨害司法公正的实现，而且对于落实量刑透明性和公正性具有非凡意义。量刑建议只是检察官就量刑问题，向审判机关提出的请求，应当属于求刑权的范畴。这种求刑权仅仅在一定条件、一定范围内会对于法官的最终裁判产生影响，而并非对审判机关具有绝对意义上的拘束和强制作用，也当然不会损害审判权的独立行使。在另一个层面上，这种影响和互动反而有利于公诉权和审判权之间互相配合与互相监督。"在客观上，也有利于保障被告人的辩护权。"在经过十余年的实践探索和经验总结后，我国开始将量刑建议制度逐步规范化，开启了漫长的量刑建议制度改革与更新之路。

（三）量刑建议制度的当代课题

量刑建议制度规范化以最高人民检察院于 2005 年 7 月专门出台的《人民检察院量刑建议试点工作实施意见》为起点。2010 年 2 月，最高人民检察院公诉厅下发了《人民检察院开展量刑建议工作的指导意见（试行）》，明确了"量刑建议的概念及量刑建议是检察机关公诉权的一项重要内容"，指出"人民检察院提出量刑建议应当遵循依法建议、客观公正、宽严相济、注重效果的原则"，成为我国检察机关量刑建议的主要操作规范。随后，由最高人民法院、最高人民检察院、公安部、国家安全部和司法部联合发布《关于规范量刑程序若干问题的意见（试行）》，用于"规范调查取证、提起公诉、律师辩护、法律援助和法庭审理等工作"，规定"对于公诉案件,人民检察院可以提出量刑建议",并明确了量刑建议的内容、量刑建议的方式,为规范量刑建议权的行使进一步提供了依据。在上述量刑规范化改革文件出台之后,检察机关在公诉案件中提出量刑建议有了配套的制度保障,但是因为其效力问题仍未明确,所以检察机关是否需要提出、审判机关是否应当采纳的问题,在实践中成为两机关自由裁量权须进一步明确的事项。

在认罪认罚从宽制度试点工作结束后,2018年10月26日,《全国人民代表大会常务委员会关于修改〈中华人民共和国刑事诉讼法〉的决定》,正式将认罪认罚制度纳入到刑事诉讼程序之中。新《刑事诉讼法》第174条规定,"犯罪嫌疑人自愿认罪,同意量刑建议和程序适用的,应当在辩护人或者值班律师在场的情况下签署认罪认罚具结书"。第176条第2款规定,"犯罪嫌疑人认罪认罚的,人民检察院应当就主刑、附加刑、是否适用缓刑等提出量刑建议,并随案移送认罪认罚具结书等材料"。随着认罪认罚程序的探索和设立,量刑建议制度在制度规范层面发生了全新的变革,在实践层面产生了全新的需要。检察机关的量刑建议权及其制度理论面对新的挑战,其权属范围被加以扩充,权力属性理论也有待更新。认罪认罚制度下的量刑建议制度重构成了量刑建议制度改革甚至是量刑规范化改革的当代课题。

二 认罪认罚程序下量刑建议制度更新

党的十八届四中全会部署要求推进"以审判为中心的刑事诉讼制度改革",认罪认罚从宽制度成为其中的一项重要内容。2016年9月3日全国人大常委会授权最高人民法院、最高人民检察院在18个城市开展刑事案件认罪认罚从宽制度试点工作。

对于认罪认罚的意义,"犯罪嫌疑人自愿认罪,同意量刑建议和程序适用的"即为"认罪认罚"。认罪并非犯罪嫌疑人简单地承认自己的行为并认可其确属犯罪,而是需其认可检察机关指控的罪名;认罚也并非犯罪嫌疑人简单地认识到其行为应受刑罚处罚,而是犯罪嫌疑人认可检察机关给出的量刑建议。从宽,包含实体与程序两个方面。实体上从宽,即对犯罪嫌疑人在适用主刑、附加刑以及是否适用缓刑上予以从宽的考量;程序上从宽,即犯罪嫌疑人可以通过速裁、简易或者简化程序,获得快速处理案件的权利，免于漫长、繁杂程序的负担与等待不确定性的困扰。从"认罪认罚"到"从宽"的过程蕴含着该制度的价值选择，即公平正义与效率之间的价值选择。刑事诉讼中的公平正义，在实体上的体现是要求审判结果公平正义、罪责刑相适应，在程序上的体现是程序正当、保障当事人权利。

在认罪认罚制度下，量刑建议扮演着协调公平正义与效率之间关系的重要"角色"。量刑建议权本身就是检察机关公诉权的重要组成部分和权属范畴，我国自 20 世纪末以来开展的量刑规范化改革就是以量刑建议制度和量刑建议权的改革作为依托的。本次刑事诉讼认罪认罚程序改革更是直接将量刑建议制度设立为认罪认罚程序开启的前提条件。这表明我国刑事诉讼规范对于公诉权权利内涵的再次确认，彰显了量刑建议权作为公诉权权属的应有之义所存在的必要价值。同时，检察机关作为国家的法律监督机关，对认罪认罚案件提出量刑建议，转变了以往庭审中被动的身份，更充分地参与了庭审，保障了公平正义的实现；认罪认罚制度下量刑建议又与速裁、简易程序结合，提高了法院的当庭宣判率。可以说，认罪认罚制度的价值取向影响着量刑建议制度的方方面面。

（一）酝酿：从"垄断"到"协商"

认罪认罚程序改革带给量刑建议制度最鲜明的改变之一，就是作为认罪认罚程序本身的价值所在和要求的"协商"理念对于检察机关量刑建议的渗透。简言之，在认罪认罚程序中，检察机关讨论和酝酿给予被追诉人量刑建议的过程已经从过往的纯粹垄断式的、封闭式的样态转换到面向被追诉人的协商式的、开放式的样态。认罪认罚程序的协商因素不仅贯穿了量刑建议提出的过程，并且已经深刻地反映在量刑建议最终呈现的实质求刑内容之中。量刑建议制度在认罪认罚从宽程序下的这种更新，是在协商性司法改革的大背景下完成的，背后自有原因。

传统的刑事司法活动以惩治犯罪为目的追求和理念导向，将犯罪嫌疑人、被告人置于国家公权力机器的对立面之上，以对抗式的模式完成司法运行。国家单方地保有和运用刑罚权，当事人被国家合法地强加追诉和刑罚。这种现象被学者称为"合法暴力的垄断"。但是伴随司法实践需要的提出，刑事司法理念被不断重塑，一种基于被追诉人权利自治考量的全新刑事司法模式逐步发展起来，我国目前正在进行的认罪认罚程序改革就是这种模式的典型代表。一方面是为了加快程序运行效率，另一方面更是顺应刑事司法协商模式的潮流，认罪认罚制度将被追诉人的意见规范性地引入司法程序之中，在很大程度上舒缓了过往刑事司法程序中检察机关与被追诉人之间显著的对立关系。检察机关虽然依旧以控告被追诉人并期待审判机关实现相应的定罪量刑为目的，但是实现这一目的的手段和方式却不再是单一控诉；虽然被追诉人依旧以推翻和削弱检察机关的指控为诉求，但是其途径却不再是一味地否定。双方协商在认罪认罚程序中扮演了相当重要的角色，而对于协商活动来说，在量刑方面的协商又成为最重要的组成部分之一。检察机关会通过给予一定"量刑优惠"的方式，吸引当事人自愿认罪认罚，适用认罪认罚程序。这是认罪认罚程序适用的制度进路和思维方式。最终，量刑协商成果转化为量刑建议。因此，量刑建议提出前的酝酿也就从垄断走向了协商。

　　所谓量刑协商，是就量刑中对于应当适用或者可以适用从轻、减轻或者免除处罚等问题听取被告人、辩护人或者值班律师的意见。量刑协商与当事人对于罪行的承认和适用程序的选择共同构成了认罪认罚程序下协商的内容。"被告人自愿认罪、同意量刑建议和程序适用的，应当签署具结书"，这是新《刑事诉讼法》的明确规定。检察机关根据当事人认罪认罚的态度和选择程序的态度，提出相对较轻缓的量刑建议，进一步鼓励被追诉人认清自己的行为本质、配合审查起诉工作并选择相对高效的诉讼程序。同时新《刑事诉讼法》为律师介入检察机关与当事人之间的量刑协商、提出量刑建议协商的过程提供了规范保障。《刑事诉讼法》第173条规定，"犯罪嫌疑人认罪认罚的，人民检察院应当告知其享有的诉讼权利和认罪认罚的法律规定，听取犯罪嫌疑人、辩护人或者值班律师、被害人及其诉讼代理人对下列事项的意见，并记录在案"，"人民检察院依照前两款规定听取值班律师意见的，应当提前为值班律师了解案件有关情况提供必要的便利"。虽然辩护人或者值班律师的意见对于检察机关的量刑建议并不具备严格意义上的拘束力，但是对于《刑事诉讼法》规定可以作如下理解：检察机关与被追诉人进行的量刑协商是实质意义上的，是能够真正影响到当事人权利和刑期的实体性活动而非形式性过程，因此需要在相当程度上充分保障当事人接受律师帮助和享受专业辩护的权利，以维持控辩双方协商地位的平等与攻防手段的对称。量刑建议在酝酿阶段即向被追诉人开放，这是认罪认罚程序的必然导向，是公诉权理念的全新变革。我们在认罪认罚程序之下解析与重构量刑建议权，所涉及的行使方式和约束效力问题，都离不开对于酝酿阶段量刑建议权形成过程的考虑。量刑建议制度不再是检察机关与审判机关双方的、单向的交流，而融入了被追诉人的意志和选择，在某种意义上形成了司法机关与被追诉人之间在量刑问题方面的"契约"。对于这种"契约"给量刑建议的行使方式和约束带来了哪些影响，笔者将在下文进行进一步的阐述。

（二）提出：从"可以"到"应当"

首先，从制度设计的客观变化来看，量刑建议显然成为认罪认罚从宽整体制度适用的前提性条件，量刑建议的提出与协商活动显然已经在认罪认罚制度的落实过程中成为必要的前提性过程。《刑事诉讼法》的修改也肯定了量刑建议的客观意义，并且通过规范设置进一步巩固了量刑建议的地位。在当下认罪认罚程序实践中，如果没有检察机关提出量刑建议，就不可能启动认罪认罚及相关程序，量刑规范化自然也就无从谈起。新《刑事诉讼法》第174条规定，"犯罪嫌疑人自愿认罪，同意量刑建议和程序适用的，应当在辩护人或者值班律师在场的情况下签署认罪认罚具结书"。因此，新《刑事诉讼法》第176条第2款与第201条就检察机关量刑建议的内容和审判机关对于量刑建议的因应做出了具体详细的规定，即"犯罪嫌疑人认罪认罚的，人民检察院应当就主刑、附加刑、是否适用缓刑等提出量刑建议"，并随案移送认罪认罚具结书等材料。对于认罪认罚案件，"人民法院依法做出判决时，一般应当采纳人民检察院指控的罪名和量刑建议"。从新《刑事诉讼法》规定看，检察机关提出量刑建议并非认罪认罚程序的专属活动，但是应当明确，量刑建议的提出是当事人签署认罪认罚具结书的前提，更是整个认罪认罚程序开启、推进和最终获得法院判决的前提。因此，从制度设计上来看，检察机关在认罪认罚程序中依法提出量刑建议，具有客观必然性。

其次，从认罪认罚程序设置的效率导向来看，两高三部《关于全面推进以审判为中心的刑事诉讼制度改革的实施意见》要求完善繁简分流机制，优化司法资源配置，推进认罪认罚制度改革。认罪认罚是一种以效率为导向兼顾公平正义的制度设计，当刑事案件进入审判阶段，认罪认罚程序起到了节省司法资源的效果。有学者提出，研究认罪认罚从宽制度不能局限于认罪认罚从宽处理本身，而应当从罪与罚的角度进行系统的分析和探究，才能更为科学、公正地在刑罚中贯彻认罪认罚从宽制度。在要求提高当庭宣判率的当下，对于事实清楚、证据充分，被追诉人认罪态度良好的案件，赋予检察机关量刑建议权，要求其提出量刑建议，增加了其在庭审中的主动性。控、辩、审三方在庭审中，可对是否定罪、刑罚种类与幅度充分交换意见，有利于案件事实的查明以及罪责和刑罚的确定。因此，从制度设计上，为提高当庭宣判率和当庭宣判的准确性，就必须要求检察机关在认罪认罚案件中提出量刑建议。《认罪认罚试点中期报告》显示，适用认罪认罚程序的，被告人上诉率仅为 3.6%，实现了效率与公平正义兼顾。在现实需要上，为节省司法成本也应当赋予检察机关量刑建议权，要求其提出量刑建议。

　　综上所述，可以认为在最新设立起来的刑事诉讼认罪认罚程序中，检察机关的职能定位和基本角色已经发生了一定程度的变化，由此导致检察机关在审查起诉程序下的量刑建议活动的必要性也发生了相应的转变。认罪认罚制度设计为当下中国的刑事诉讼制度构造与流程的改革指明了方向、奠定了基础。根据认罪认罚制度本身所彰显出的价值追求，可以说我国以审判机关主导的带有对抗式的司法模式正在向以检察机关为主导的合作型司法模式转变；刑事诉讼的价值追求也从一元的归罪与惩治走向多元的公正、效率和人权保障兼及；刑事诉讼程序在认罪认罚制度之下已经从审判阶段为程序重心向审前检察机关的审查起诉阶段为重心转变。而最能清晰展现认罪认罚程序所引发的这一系列变化的制度切入点，就是量刑建议制度。在认罪认罚程序中，检察机关依据《刑事诉讼法》的规定，以事实为依据，结合被追诉人认罪认罚的态度、过程，准确把握程序价值与制度导向，应当向被追诉人、审判机关提出量刑建议，以供被追诉人签署具结书，供法院作为量刑的参考。从本质上讲，检察机关量刑建议权的行使从认罪认罚制度改革前的"可以"转变为认罪认罚程序下的"应当"，是检察机关量刑建议权从"可以自由裁量行使与否"向"仅可以自由裁量具体内容"的转变，是检察机关量刑建议权在职能责任上的回归。这种回归明确彰显了认罪认罚制度的目的价值，深刻契合了检察机关乃至整个司法程序量刑规范化的趋势要求，也必将作用于认罪认罚程序，推动其进一步发挥应有效益。

　　（三）效力：从"预判"到"预断"

　　2010 年《规范量刑程序意见》未对检察机关做出的量刑建议的效力给予明确规定。2016 年《试点办法》与 2018 年新《刑事诉讼法》确定，在认罪认罚案件中人民法院"一般应当采纳人民检察院指控的罪名和量刑建议"。

"一般应当"的表述在《刑事诉讼法》中系初次出现，但在《试点办法》和《规范量刑程序意见》两份文件中均多次使用。2010 年《规范量刑程序意见》中，量刑建议"一般应当"具有一定幅度，提出量刑建议"一般应当"制作量刑建议书，量刑建议书"一般应当"载明具体刑罚种类、幅度、执行方式和理由。从以上语句关于"一般应当"的表述来看，"一般"对应着"例外"，即在非例外情况下就应当按照原则性规定进行。虽然在上述两文件中，未针对原则性规定作具体例外情形规定，但从通常理解来看存在着例外情况。如量刑建议在提出量刑幅度外可提出具体刑期，又如量刑建议的提出方式除制作量刑建议书外可口头提起。新《刑事诉讼法》关于量刑建议效力的规定同样使用了"一般应当"这一用语，并对例外情况加以限定。在法条中明确规定审判机关"一般应当"采纳量刑建议，表明在认罪认罚程序中，检察机关提出的量刑建议原则上具备了相当明确的对于人民法院量刑裁判的拘束效力。同时，如果进一步就新《刑事诉讼法》第 201 条第 1 款中所规定的人民法院可以不受检察机关量刑建议拘束的 5 种例外情况来看，其第 1 项到第 4 项，分别包括的不应当开启刑事诉讼程序的"被告人行为不构成犯罪或者不应当追究其刑事责任的"，不符合认罪认罚程序适用条件的"被告人违背意愿认罪认罚的、被告人否认指控的犯罪事实的"以及涉及罪名认定的"起诉指控的罪名与审理认定的罪名不一致的"等情形，这些情形对于审判机关不采纳检察机关量刑建议的例外设置并非基于对量刑建议原则性效力的否定，而是对于整个认罪认罚程序适用的排除。同时，对于该条第 5 项所规定的其他情形，在解释和分析时应当参照前 4 项的规定作同类解释，即其他可能影响适用认罪认罚程序的情形。

《刑事诉讼法》针对检察机关量刑建议的上述效力性规定，保证了检察机关做出的量刑建议在审判阶段能够得到人民法院的认可。量刑建议的内容是检察机关与被追诉人就主刑、附加刑、是否适用缓刑等问题进行协商所形成的契约，若人民法院在审判阶段未予以认可，则将使得检察机关在审前阶段所做努力付诸东流，伤害被追诉人的信赖，甚至有可能使得认罪认罚程序无法适用，造成程序的倒流。若量刑建议没有相当的拘束力，认罪认罚下的量刑建议制度必将成为空壳。另外，认罪认罚程序以效率为导向，赋予检察机关所做出的量刑建议以一定的拘束力，能够使得庭审在量刑建议并未明显不当时快速进行，提升效率。当存在追求效率的目的和未赋予一定效力则必然存在风险时，《刑事诉讼法》赋予量刑建议如此的拘束力也是必然。

在明确现行规定赋予量刑建议一般拘束力的前提下，还有必要进一步探讨这一效力的程度问题和相对于原则所必然存在的例外情况。首先，针对量刑建议拘束力的大小问题，笔者认为，在2016年认罪认罚试点之前的量刑建议仅具有"预判"的效力，检察机关提出的量刑建议仅仅是对被追诉人应受刑罚的提议。但新《刑事诉讼法》已赋予量刑建议"预断"的效果，即绝大多数情况下法院直接认可检察机关的量刑建议，在本不应适用认罪认罚或者量刑建议明显不当时才存在例外。"预判"到"预断"是一种量刑思维逻辑的转变，"预判"是一种提出后经辩论才获得认可的效力，"预断"是一种通常直接采纳、例外不予认可的效力。否则，除使得检察机关在审前程序与被告人达成的契约成为泡影外，被告人认可的刑罚未实现也将导致认罪认罚程序中上诉率的提高。认罪认罚程序以效率为导向，若上诉率提高反而增加了司法机关的工作量，加之审前程序检察机关争取协商的努力湮灭，程序设置的目的落空也将导致认罪认罚程序丧失其生命力。

另外，关于量刑建议对于人民法院的一般拘束原则所必然存在的例外情况。诚如上文所述，紧随在新《刑事诉讼法》第201条原则性规定之后的例外情况并非量刑建议制度效力本身的例外，而规定于第201条第2款的量刑建议"明显不当"条件才是直接针对效力拘束原则的例外性规定。用"明显"来修饰"不当"，新《刑事诉讼法》关于人民法院采纳量刑建议的规定表现出对量刑建议的态度，即检察机关的量刑建议权对人民法院的拘束只有存在显著且不可容忍的错误或不当时法院才有权否定其效力，在检察机关正当、合理地行使量刑建议权，或者量刑建议权的行使存在些许瑕疵但不影响程序正义和实体正义的实现时，仍应当承认其拘束力。检察机关的量刑建议是"预断"的效力而不是"预决"的效力，正是因为存在"明显不当"的规定作为限制。若量刑建议是"预决"的效力，则将使得法庭审判成为"走过场"，将认罪认罚程序中的量刑权归于检察机关，这显然违背立法规定的本意。因此，关于量刑建议的原则性规定与例外性规定共同明确了检察机关量刑建议之于审判机关裁量的规范效力，将量刑建议从"预判效力"提升至"预断效力"，同时也否定了其可能出现的"预决倾向"。可以说，量刑建议制度效力的改变，也从一个侧面印证了上文提及的认罪认罚程序下检察机关地位的改变，彰显了量刑建议制度本身在认罪认罚程序下的发展。

三 认罪认罚程序下量刑建议操作规范的思考

认罪认罚程序带来的量刑建议权权属范围、行使方式和权力效力的变化势必要求量刑建议制度具体操作规范的变更。在认罪认罚程序全面推开的大背景下，进一步规范量刑建议的具体制度，为量刑建议合理、高效、有序的运行提供理论支撑和操作建议具有强烈的现实必要性。笔者从量刑建议运行三阶段程序着手，基于各程序阶段的突出问题，有针对性地对于量刑建议规范化提出意见。

（一）审前程序：辩护权的落实与审查标准的明确

认罪认罚程序改革的目的，即希望通过该项改革在审查起诉阶段基本完成对认罪认罚被追诉人的定罪和量刑问题，以提高审判阶段的效率。因此，认罪认罚案件的审理重心转到了审查起诉阶段，可以说，辩方的参与可以赋予认罪认罚程序下的量刑建议以正当性和妥当性。认罪认罚程序已将以量刑建议为中心的量刑协商作为制度的关键内核，辩护人需要有效地参与到量刑协商阶段以保证被追诉人与检察机关在"攻防武器"上的平等。并且，国家应当依法保障量刑协商阶段辩护权的有效实现。从已有实践来看，经控、辩双方充分有效协商后得出的量刑建议，被追诉人通常不会轻易否认和拒绝。但是，量刑活动的"主观性"和量刑正义的"相对性"特点，造成了协商结果在一定范围内的波动性。通常引起波动的重要因素就在于被追诉人是否受到了实质、有效的法律帮助。为了有效保障被追诉人在认罪认罚程序下量刑建议协商过程中获得充分的法律帮助，笔者建议应当进一步落实认罪认罚程序中的辩护权改革。应当明确《刑事诉讼法》中关于值班律师在认罪认罚程序中的地位与权利的规定。确保律师能够参与认罪认罚程序的全流程，特别是要进一步保障律师作为辩护人参与量刑建议协商过程的权利。

在认罪认罚程序下，根据刑事诉讼法规定，检察机关应当向审判机关提出量刑建议，但从当前试点的实践来看，"检察机关的量刑建议容易存在裁量性过宽而规范性不足的弊端。为其约束力能够充分发挥，就必须探索量刑建议精准化道路"。因此制定统一的标准便成为维持认罪认罚程序下量刑建议制度活力的重要一环。

有学者认为，当前《人民法院量刑指导意见》不能完全适应认罪认罚程序的需要，建议制定全国统一、公认的量刑标准。笔者对此观点不尽赞同，当前认罪认罚程序下着实缺乏统一的标准，但并不意味应两高竭力制定统一的、涵盖全部程序和案件类型的量刑标准。这一解决办法是笨拙且不易实现的，对当前需要无异于"远水"解"近渴"。笔者认为，当前并不缺乏量刑指导意见，既有的量刑指导意见无论是在认罪认罚程序或者非认罪认罚程序案件中均是能够妥帖适用的。应当制定的是认罪认罚程序下统一的要素审查标准，将认罪认罚案件中应该考虑的要素规范化，这才是量刑建议规范化、全面化迫切需要解决的问题，其原因有二。首先，要素审查标准的明确具备规范依据。根据《刑事诉讼法》第171条之规定，检察机关审查案件，"应当明确犯罪事实、情节是否清楚，证据是否确实充分，犯罪性质和罪名的认定是否正确"。检察机关在提出量刑建议时，应当依照本条之规定综合考察各种类型、情状中足以影响定罪与量刑的要素；其次，在司法实践中也产生了明确量刑要素审查标准的需要。以〔2018〕京0111刑初字第601号案件的判决为例。由于检察机关在提出量刑建议时，将注意力仅集中到了认罪认罚程序适用带来的量刑优惠问题上，未能对于可能影响刑期的其他量刑情节特别是法定量刑情节进行全面考察，造成了人民法院对于检察机关量刑建议的变更。所以，检察机关在提出量刑建议时，迫切需要一个要素审查标准，防止上述遗漏的发生，保障量刑建议规范、准确。

诚如上文所言，既有的涉及量刑方面的司法解释无论是在认罪认罚程序或者非认罪认罚程序案件中均是能够妥帖适用的。以最高人民检察院的《量刑指导意见》为切入点，结合认罪认罚从宽试点实践和新《刑事诉讼法》有关认罪认罚的规定，笔者试图进一步明确在检察机关量刑建议制定和提出过程中应当考察的要素范围和标准。根据最高人民检察院《量刑指导意见》的规定，检察机关应当对于被追诉人的刑事责任年龄、犯罪未完成形态、犯罪主从地位、自首情况、立功情况、当庭认罪情况以及赔偿情况、刑事和解、偶犯或累犯情况、前科情况和其他社会情势进行考量。其中，值得注意的是，关于当庭认罪情况的考量，已经因为认罪认罚程序改革而失去存在必要。同时认罪认罚从宽程序也为量刑建议审查提供了全新的要素标准——认罪认罚情况。针对认罪认罚情况的考量，可以再拆分为几个具体要素，包括被追诉人认罪认罚的时间和阶段、认罪认罚的态度和效果以及认罪认罚程序下被追诉人所进行的程序选择。一般地，被追诉人在程序中越早地进行认罪认罚、越积极主动地配合检察机关进行认罪认罚、在认罪认罚中选择速裁或者简易程序的情况，均可以获得更为轻缓的量刑建议。检察机关在提出量刑建议时对于上述新增加的程序性要素的审查也是必不可少的。这里需要提及的一个问题是，坦白情节要素和认罪认罚情节要素的关系问题。笔者认为，坦白情节是具有实体法意义的量刑情节，而认罪认罚程序的从宽则是被告人认可并签署具结书换得的程序优待，当事人可能具有坦白情节但并未签署认罪认罚具结书，亦有可能到案后并未坦白但是签署了依托于检察机关量刑建议的具结书。因此不论从两者的性质还是实践状况来看，均无法将其混为一谈，仅应作一次评价。检察机关必须在承认坦白和认罪认罚具有各自独立地位的前提下，分别评价其情节对于量刑的影响。

（二）一审程序：量刑建议的提出方式与调整程序

在长期的司法实践中，检察机关提出量刑建议的时间和形式始终处于争议之中。各地检察机关的具体操作与审判机关与之因应的态度也各不相同。伴随《刑事诉讼法》认罪认罚和速裁程序试点的推开和《刑事诉讼法》的修改，量刑建议制度随之发生深刻改变。原本始终存在争议的量刑建议提出时间和形式问题也因为程序和制度背景的更新而更为清晰和明确。在认罪认罚程序下，检察机关在与被追诉人进行量刑协商时，需要提出自己主张的量刑建议，并最终需要被追诉人在同意量刑建议的基础上，签署认罪认罚具结书。所以，检察机关提出量刑建议的时间被提前到需要与被追诉人协商的审查起诉阶段。而对于检察机关需要向法院提出量刑建议的时间和方式问题，在速裁试点地区，检察机关多以在起诉书中载明量刑建议具体要求和理由的形式向法院提出量刑建议。而《试点办法》第11条第1款明确规定"应当在起诉书中提出量刑建议"，"而非另行出具量刑建议书或在当庭发表的公诉意见中提出量刑建议"。原本普通程序中争议的检察机关是否可以以口头形式向法院提出量刑建议的问题也随之消失。而就量刑建议的提出是否可以变更的问题，在认罪认罚从宽制度中，由于量刑建议是明确载于公诉书之中，因此如果被告人"撤回认罪认罚具结书，当庭翻供、拒不认罪或者人民法院建议调整量刑建议等情形出现时"，检察机关可以依职权变更量刑建议。也就是说，在认罪认罚从宽制度中，应当认为检察机关具有变更量刑建议的权力，"可以在特定情形发生时依法变更量刑建议"。但是笔者认为，这种变更权仅能在被追诉人、辩护人提出异议或者法院认为量刑建议明显不当时，由被追诉人或者法院消极引起，而不能在上述情况未发生时由检察机关主动行使。因为量刑建议作为固定量刑协商契约的最终形式，对于被追诉人、检察机关和审判机关三方主体均具有拘束力，除法律规定可以进行更正的情况外，其拘束效力不能被推翻，检察机关主动就量刑建议进行修改并无法律依据。

《试点办法》中规定，"可以提出相对明确的量刑幅度，也可以根据案件具体情况，提出确定刑期的量刑建议"，新《刑事诉讼法》中并没有对此加以具体规定。笔者认为，认罪认罚程序下检察机关就自由刑提出量刑建议时一般应该提出确定的刑期，必要时也可以提出确定的量刑幅度。在审前阶段，唯有检察机关提出明确的量刑建议且被追诉人认可时才能充分保证被追诉人的权益。新《刑事诉讼法》第201条第2款规定，"被告人、辩护人对量刑建议提出异议的，人民检察院可以调整量刑建议"。同时，提出确定的刑期也不会使得因人民法院审理认为应当适用的刑期与检察机关建议的具体刑期存在细微差别而造成排除检察机关量刑建议适用的效果。因为，新《刑事诉讼法》第201条第2款规定唯量刑建议明显不当时经调整仍明显不当，人民法院才可排除量刑建议适用依法做出判决。

新《刑事诉讼法》第201条规定，"人民法院经审理认为量刑建议明显不当，或者被告人、辩护人对量刑建议提出异议的，人民检察院可以调整量刑建议"。该条规定可以理解为，人民法院对检察机关做出的量刑建议在明显不当时有告知调整义务。唯有履行了告知调整义务而其不调整或者调整后仍明显不当的，才能排除量刑建议的适用，依法做出判决。因此，在人民法院不采纳量刑建议依法独立做出判决前存在告知调整的前置程序。在告知调整作为必要的前置程序的情况下，人民法院未采纳量刑建议依法做出判决有两种情形，即履行了告知调整义务做出判决与未履行告知调整义务做出判决。当已履行告知义务，但因检察机关不调整或经检察机关与被告人再次协商调整后仍然明显不当，人民法院做出判决时，由于未损害被告人的诉讼权益，若被告人有意见可以按照上诉程序进行上诉；当未履行告知义务即做出判决时，由于未给予检察机关与被告人再次协商从而调整量刑建议的机会，切实违反了《刑事诉讼法》规定，应属于第

238 条第 1 款第 5 项 "其他违反法律规定的诉讼程序,可能影响公正审判而发回原审法院重审的情形"。

（三）二审程序：被告人的上诉与检察机关的抗诉

关于认罪认罚程序中的上诉问题,早在认罪认罚从宽和速裁程序试点过程中就被实务界和理论界所关注。也许是因为认罪认罚制度和速裁程序的制度设置的效率导向和认罪认罚程序适用的前提即为检察机关和被追诉人就定罪量刑问题协商一致,所以,在制定试点规定的过程中,未考虑到适用该程序而当事人上诉的情形,并未提及当事人上诉和二审的具体处理方式。制度的空白甚至为 "认罪认罚和速裁程序应当一审终审" 的论调提供了空间。试点实践过程中,确实出现了极少数的当事人在认罪认罚程序中上诉的情况,而新修改的《刑事诉讼法》依旧并未对上述情形做出明确规定,司法实践和理论学说更是莫衷一是。有学者提出,在认罪认罚程序中应适用一审终审制。该种观点的出发点是保护检察机关与被告人经协商做出合意的契约效力,若被告人上诉则违背了认罪认罚程序设立的目的,因此在此考虑下便剥夺了被告人的诉讼权利。但这一观点相当于在我国两审终审制的诉讼制度之外创立了例外情况,为保护认罪认罚程序的效率与执行效果,就背离我国的基本诉讼制度,弃被告人诉讼权利的保护于不顾,实则是一种过犹不及的做法。

那么一审法院采纳量刑建议后被告人以量刑过重提起上诉,检察机关应当如何处理?

在卢洪发危险驾驶罪[①]一案中,在一审法院认为量刑建议适当予以采纳后,上诉人以原审量刑过重请求二审对其适用缓刑,二审法院以其犯罪情节较轻、有悔罪表现、适用缓刑对所居住社区没有重大不良影响,撤销一审判决,对其适用缓刑。笔者对二审法院的做法表示怀疑,二审法院撤销采纳量刑建议的一审判决实质上就是对检察机关做出的量刑建议的否认。《刑事诉讼法》第 201 条规定,"对于认罪认罚案件,人民法院依法做出判决时,一般应当采纳人民检察院指控的罪名和量刑建议"。在量刑建议并非明显不当时,二审法院撤销一审法院判决对被告人适用缓刑就是

---

① 参见湖北省武汉市硚口区人民法院（2017）鄂 0104 刑初字第 522 号（卢洪发危险驾驶罪一审判决书）、湖北省武汉市中级人民法院（2017）鄂 01 刑终字第 867 号（卢洪发危险驾驶罪二审判决书）。

对《刑事诉讼法》第201条的违反。而在吕朝瑜贩卖毒品罪①一案中，在一审法院认为量刑建议适当并予以采纳后，上诉人以原判量刑过重为由提起上诉，检察机关基于被告人的上诉行为进而提出抗诉，认为被告人上诉行为与其签署的《认罪认罚具结书》意思相悖，说明其不认罚，不应适用认罪认罚从轻处罚的规定，请求二审法院予以改判。二审法院认为被告人上诉是对一审认罪认罚从宽程序的反悔，基于其认罪认罚而得以从宽处理的事由已改变，抗诉机关据此提出的抗诉理由成立，对其量刑由一审的有期徒刑一年一个月改为有期徒刑一年五个月。笔者赞同吕朝瑜案中二审法院的做法，在一审法院做出裁判后被告人在上诉期届满前提出上诉的，就是对审前程序被追诉人与检察机关协商合意所作契约的违反，切实违背了认罪认罚程序的初衷。在认罪认罚程序中一审法院采纳量刑建议后，若任由被告人以量刑过重为由上诉，受"上诉不加刑"制度所限，二审法院进行审查存在减轻刑罚的可能，则相当于鼓励在此程序中被告人通过上诉追求更轻缓的刑罚，与认罪认罚程序设置的初衷相悖。为了限制被告人在认罪认罚程序中滥用二审制度，切实符合认罪认罚程序追求效率与公正平衡的内在要求，应当明确检察机关在此情况下有必要抗诉，也应当抗诉，以避免被告人试图通过滥用"上诉不加刑"原则对自身量刑判决的更改，违背与检察机关达成的量刑契约，违背认罪认罚制度设置的目的。

本书开头提到的案例还在争议中，法院尚未做出判决，其中涉及的相关问题本书已作回答，为了具体及更有针对性地解释本案，概括如下观点：

1. 刑事民事化

本案行为人虽然是未满18周岁的未成年人，但构成强奸罪无疑，承担刑事责任是其必然结果，依照《中华人民共和国刑法》第236条的规定，法官应当在法定刑三年以上十年以下选择宣告刑，法定从轻的情节为第17条第3款规定的"已满14周岁未满18周岁的人犯罪应当从轻或减轻处罚"。承办本案的检察官首先调解本案，让双方当事人坐下商谈，被告人赔偿被害人8万元后，被告人被送入学校继续学习，而没有被采取失

---

① 参见重庆市江北区人民法院（2017）渝0105刑初字第647号（吕朝瑜贩卖毒品罪一审刑事判决书）、重庆市第一中级人民法院（2017）渝01刑终字第501号（吕朝瑜走私、贩卖、运输、制造毒品罪二审刑事判决书）。

去人身自由的强制措施。这种处理方式引起民众强烈反响，产生一定的消极后果。其实，这并不是案件结果，只是处理程序的一部分，或称为一个阶段，其中，刑事民事化是一趋势。刑事和解可以解决行为人的全部或部分刑事责任，其和解后可以从轻或减轻行为人的刑事责任，其民事化可表明行为人对自己实施的行为具有部分决定权，这就打破了以前刑事不可民事化处理的僵硬理念。

许多人担心刑事和解容易被异化，成为某些人为自己牟取私利的工具，甚至因此滋生腐败，尤其在偏远的县、乡镇等"小地方"，这种情况更易发生。或许这与以前的国情紧密相关，在中国是一个农业国家、农民面朝黄土背朝天的时代，中国是一个关系社会，绝大多数人在自己的一亩三分地上生活，信仰人情而不是法律。当国家以市场经济为主要经济制度时，资本以市场为导向，人口流动，市民社会形成，人情必须让位于法律，只有法律才可解决人与人之间出现的争议，这一大趋势是现实与逻辑演绎的结果，不以任何个人的意志为转移。即便在官场家族化、同学化现象严重的小地方，出于人的自我保护本能，为了保住自己的位置，不会为他人包括家族、同学牺牲个人利益，依法办案会成为司法工作人员的底线，这样就避免了小地方人情关系网所带来的利益倾向，依法办事会逐渐成为人们的信仰与习惯，因此刑事和解必须在法律框架内进行。

2. 刑事和解的实现

对于刑事和解，本书已论证了其解决犯罪问题的实体性与程序性，即解决行为人的刑事责任或部分刑事责任，并通过恢复性司法的方式进行解决。如果进入到国家司法程序，大多情况下通过司法工作人员的工作实现，如公诉人召集加害人、被害人及双方家长、学校老师、社区人员等在一起协商，协商后制作和解协议书，该协议书有一定的法律效力。本案未成年被告人小赵写下悔过书和致歉信，期盼并希望能够得到小花的原谅，同时也渴望能够更快地回到学校继续上学、不耽误学业。办案检察官熟知法律、心地善良，将双方的父母请到一起，联系当地调解委员会对双方进行调解、陈述利弊。最终，双方父母握手言和，自愿签订了刑事和解协议书，被告人小赵家长赔偿了被害人小花父母 8 万元。虽然强奸罪不属于《刑事诉讼法》第 288 条规定的刑事和解对象条件，但在司法实践中，可以将任何犯罪双方当事人的和解作为刑法中的酌定量刑情节，如死刑案件、故意伤害致人死亡的案件、暴力强奸案件等等都可以刑事和解。本案属于强奸罪，虽然依法不能进行诉讼制度上的和解，但犯罪人的行为得到被害人原谅，并提供一定的经济赔偿，这样的刑事和解可以使被告人从轻或减轻处罚。即使适用刑事和解，从法律上来说，不等于行为人不负刑事责任，更不等于案件的审结，在本案中，刑事和解只是量刑中的一个情节，法官在综合考量的基础上做出公正的判决。

3. 犯罪观的改变

本书强调犯罪到底侵犯了谁？本案的受害人是小花，案件事实就摆在那里，被告人侵犯了谁，一目了然，只是人们对此的观念在不断改变。如果国家主义至上，犯罪触犯了法律，自然冒犯了国家的权威，侵犯了所有国民的利益，但更直接侵犯的一定是被害人的人身或财产或其他权益。被侵犯的人最有权主张如何解决这一问题，是让犯罪分子接受国家法律的惩罚还是刑事和解，受害人起着决定性的作用。既然如此，那么，受害人就应当有一定的处理自己受害问题的权利，具体到个案就是指行为人的刑事责任有一部分取决于受害人的态度，当然并不完全由受害人决定，还应当与行为人协商，在法律规定的范围内处理。

4. 公平的概念

本案被告人家里有钱可以和解，如果没钱呢，是否可以和解？对于相类似的其他案件，如果被告或其家长没有经济实力，是否只有一条路可选择，即被告人被采取剥夺人身自由的强制措施，然后入狱服刑，而不是背上书包继续在宽敞明亮的教室中学习？这对于社会中的每一个人是否公平？公平是制度为所有的人提供同等的机会，如教育，每个人都有权利考北大、清华一流学府，但是否能考上，大多取决于个人的努力程度、运气成分等等；有时许多事情可以由抽签决定，每个人都有机会，如果没有更好的方式决定则交给上天裁决，这通常被人们理解为公平。另外，公平不是平均或均等，均贫富是穷人的理想，但那不是公平，是平均。在发达国家可相对实行这样的制度，但在发展中国家，平均主义有可能阻碍经济的发展，因为努力奋斗的结果被均贫富，个人则会失去努力的动力，各种潜能将不被激发出来，没有活力，社会将停滞发展。刑事和解制度为人们提供一个解决犯罪问题的思路与方法，是一种机会，平等地适用每一个人，但并不是每一个人都能适用。当被告人个人或家人有和解意愿但没有能力时，国家可提供金钱，通过建立配套措施如国家提供补偿金或贷款等方式，满足被告渴望刑事和解的意愿，当然也需要被害人的意愿，两者协商达成后即可。

5. 什么是正义？

有人经常引用"正义也许会迟到，但绝不会缺席"。问题的关键是正义的内容是什么，其价值内涵不同，结论就不同。如果是报复正义，其理念是杀人偿命、欠债还钱、强奸坐牢等；如果是恢复正义，案件已经发生，如何在最大限度内恢复原状，让被害人与被告人尽可能重回从前的生活状态，当然必须通过制度性安排才可实现。刑事和解或许不是最好的制度，但却是当下人们可以找到并适用的较好的制度。与生俱来的弊端或许是贫富差距有可能导致同案不同结果，这种可能或现实挑战了人们敏感的神经，但我们可以通过配套制度予以解决。

6. 配套制度

国家设立刑事和解基金，专门为那些无钱但想通过刑事和解解决犯罪问题的加害人提供帮助，即国家提供机会，这是公平的体现，此时加害人与被害人的和解不因没有经济能力而无法实现。赔偿金是一种物质载体，表明侵害人认罪伏法，对被害人造成的损失以经济赔偿的方式弥补，且需被害人本人同意，如果被害人不在家属同意也可，至于赔偿金的用途由被害人支配，被害人已享有赔偿金的所有权，别人无权干涉。

钱并不能解决一切问题，有钱并不一定能和解，无钱并不一定不能和解，一是关键看双方当事人的意愿，加害人与被害人如果有一方不愿意和解，其他任何人达成的和解均无效。即便加害人有钱，如果被害人不同意和解，再多的钱也起不到作用。二是建立国家专项基金制度，以避免因加害人无钱不能达成和解。国家应当对每一公民负责，以制度的形式加以保障。

这一案件具有标志性的意义，是适用刑事和解的范例之一，我们期盼法院的判决。

参考文献

一　中文著作

卞建林：《刑事起诉制度的理论与实践》，中国检察出版社，1993。

卞建林主编《刑事诉讼法学》，科学出版社，2008。

蔡国芹：《刑事调解制度研究》，中国人民公安大学出版社，2010。

陈光中、〔德〕汉斯·约格·阿尔布莱希特主编《中德不起诉制度比较研究》，中国检察出版社，2002。

陈光中、沈国锋：《中国古代司法制度》，群众出版社，1984。

陈光中：《陈光中法学文集》，中国法制出版社，2000。

陈光中：《刑事诉讼法学》（新编），中国政法大学出版社，1996。

陈光中等：《中国司法制度的基础理论问题研究》，经济科学出版社，2010。

陈光中主编《〈公民权利和政治权利国际公约〉批准与实施问题研究》，中国法制出版社，2002。

陈光中主编《〈公民权利与政治权利国际公约〉与我国刑事诉讼》，商务印书馆，2005。

陈光中主编《21世纪域外刑事诉讼立法最新发展》，中国政法大学出版社，2004。

陈光中主编《刑事司法论坛》第1辑，中国人民公安大学出版社，2008。

陈光中主编《刑事诉讼法》第5版，北京大学出版社，2013。

陈光中主编《刑事诉讼法实施问题研究》，中国法制出版社，2000。

陈光中主编《刑事再审程序与人权保障》，北京大学出版社，2005。

陈光中主编《中华人民共和国刑事诉讼法再修改专家建议稿与论证》，中国法制出版社，2006。

陈京春：《刑事和解制度研究：以刑事实体法为视角》，法律出版社，2014。

陈瑞华：《看得见的正义》，中国法制出版社，2000。

陈瑞华：《刑事诉讼的中国模式》，法律出版社，2008。

陈瑞华：《刑事审判原理论》，北京大学出版社，2003。

陈文曲：《民事诉讼当事人陈述理论重构——以哈贝马斯的交往理性为视角》，载程燎原、王人博《赢得神圣——权利及其救济通论》，山东人民出版社，1998。

陈晓明：《刑事和解原论》，法律出版社，2011。

陈兴良：《本体刑法学》，商务印书馆，2001。

陈兴良：《法治的言说》，法律出版社，2004。

陈兴良：《中国刑事政策检讨》，中国检察出版社，2004。

储槐植：《美国刑法》，北京大学出版社，2011。

慈继伟：《正义的两面》，生活·读书·新知三联书店，2001。

戴炎辉：《中国法制史》，三民书局，1966。

邓正来：《市民社会理论的研究》，中国政法大学出版社，2002。

狄小华、李志刚：《刑事司法前沿问题——恢复性司法研究》，群众出版社，2005。

杜宇：《传统刑事责任理论的反思与重构：以刑事和解为切入点的展开》，中国政法大学出版社，2012。

杜宇：《理解"刑事和解"》，法律出版社，2010。

范忠信：《中国法律传统的基本精神》，山东人民出版社，2001。

费孝通：《乡土中国·生育制度》，北京大学出版社，1998。

冯卫国：《行刑社会化研究——开放社会中的刑罚趋向》，北京大学出版社，2003。

冯象：《政法笔记》，北京大学出版社，2012。

冯友兰：《中国哲学简史》，赵复三译，新世界出版社，2004。

高放：《社会主义的过去、现在和未来》，北京出版社，1982。

高铭暄、马克昌：《刑法学》（第六版），北京大学出版社，2014。

葛琳：《刑事和解研究》，中国人民公安大学出版社，2008。

宫晓冰主编《外国法律援助制度简介》，中国检察出版社，2003。

龚佳禾主编《刑事和解制度研究》，中国检察出版社，2007。

龚群：《道德乌托邦的重构——哈贝马斯交往伦理思想研究》，商务印书馆，2003。

顾培东：《社会冲突与诉讼机制》，法律出版社，2004。

郭建安、郑霞泽：《社区矫正通论》，法律出版社，2004。

郭建安：《犯罪被害人学》，北京大学出版社，1997。

何增科编《公民社会与第三部门》，社会科学文献出版社，2000。

胡朴安：《中华全国风俗志·安徽合肥风俗志》，上海科学技术出版社，2008。

黄京平、甄贞：《和谐社会语境下的刑事和解》，清华大学出版社，2007。

黄宗智：《清代的法律、社会与文化：民法的表达与实践》，上海书店出版社，2001。

季卫东：《法律程序的意义——对中国法制建设的另一种思考》，中国法制出版社，2004。

季卫东：《法律社会学》，中国政法大学出版社，1999。

冀祥德：《控辩平等论》，法律出版社，2008。

江礼华、杨诚主编《外国刑事诉讼制度探微》，法律出版社，2000。

蒋石平：《刑事和解的法制化构建》，中国政法大学出版社，2015。

李建玲：《被害人视野中的刑事和解》，山东大学出版社，2007。

李力众：《刑法一本通》，法律出版社，2015。

李明、杨广学：《叙事心理治疗导论》，山东人民出版社，2005。

李心鉴：《刑事诉讼构造论》，中国政法大学出版社，1992。

李学军：《美国刑事诉讼规则》，中国检察出版社，2003。

梁漱溟：《中国文化要义》，学林出版社，1987。

梁治平：《清代习惯法：社会和国家》，中国政法大学出版社，1996。

林东田：《犯罪学》，台湾三民书局，2004。

林山田：《刑罚学》，商务印书馆，1975。

林钰雄：《刑事诉讼法》，元照出版有限公司，2004

刘路阳：《中外刑事和解之辩》，中国检察出版社，2013。

刘生荣：《犯罪构成原理》法律出版社，1997。

刘志伟：《刑事诉讼法一本通》（第 10 版），法律出版社，2015。

娄秋琴：《常见刑事案件辩护要点》，北京大学出版社，2014。

卢建平：《刑事政策与刑法》，中国人民公安大学出版社，2004。

吕世伦、文正邦：《法哲学论》，中国人民大学出版社，1999。

马静华：《刑事和解理论基础与中国模式》，中国政法大学出版社，2011。

马克昌：《近代西方刑法思想史略》，中国检察出版社，1996。

孟军：《艰难的正义：影响美国的 15 个行事司法大案评析》，中国法治出版社，2015。

潘金贵：《公诉制度改革研究：理念重塑与制度重构》，中国检察出版社，2008。

祁建建：《美国辩诉交易研究》，北京大学出版社，2007。

邱兴隆：《罪与罚讲演录》，中国检察出版社，2000。

沙莲香等：《社会学家的沉思：中国社会文化心理》，中国社会科学出版社，1998。

石慧芬主编《科学认知犯罪》，江苏人民出版社，2014。

宋朝武等：《调解立法研究》，中国政法大学出版社，2008。

宋英辉、李忠诚主编《刑事程序法功能研究》，中国人民公安大学出版社，2004。

宋英辉、孙长永、刘新魁等主编《外国刑事诉讼法》，法律出版社，2006。

宋英辉、袁金彪编《法律实证研究丛书：我国刑事和解的理论与实践》，北京大学出版社，2009。

宋英辉：《刑事和解实证研究》，北京大学出版社，2010。

宋英辉：《刑事诉讼目的论》，中国人民公安大学出版社，1995。

宋英辉主编《刑事和解制度研究》，北京大学出版社，2011。

宋英辉主编《刑事诉讼原理》，法律出版社，2003。

苏宏章：《利益论》，辽宁大学出版社，1991。

苏力：《法治及其本土资源》（第三版），北京大学出版社，2015。

孙春雨、王伟、朱超然：《刑事和解制度专题整理》，中国人民公安大学出版社，2015。

孙春雨：《刑事和解办案机制理论与实务》，中国人民公安大学出版社，2012。

孙勤：《刑事和解价值分析》，中国人民公安大学出版社，2009。

汤啸天、任克勤：《刑事被害人学》，中国政法大学出版社1989年版。

田成友：《乡土社会中的民间法》法律出版社，2005。

田涛、郭成伟：《明清公牍秘本五种》，中国政法大学出版社，1999。

田文昌、陈瑞华：《刑事辩护的中国经验：〈田文昌、陈瑞华对话录〉》（增订本），北京大学出版社，2013。

汪建成：《冲突与平衡——刑事程序理论的新视角》，北京大学出版社，2006。

汪建成：《理想与现实——刑事证据理论的新探索》，北京大学出版社，2006。

王平主编《恢复性司法论坛》（2005年卷、2006年卷），群众出版社，2006。

王守仁：《王阳明全集》（第3册），红旗出版社，1996。

王一俊：《刑事和解》，中国政法大学出版社，2010。

王义军：《从主体性原则到实践哲学》，中国社会科学出版社，2002。

王志详：《刑事和解制度的多维探究》，北京师范大学出版社，2013。

王志祥编《刑事和解制度的多维探究》，北京师范大学出版社，2013。

吴宗宪：《西方犯罪学》，法律出版社，1999。

武小风：《冲突与对接——刑事和解刑法制度研究》，中国人民公安大学出版社，2008。

袭佳禾：《刑事和解制度研究》，中国检察出版社，2007。

向燕南、张越编著《劝孝·俗约》，中央民族大学出版社，1996。

谢晖、陈金钊主编《民间法》（第1、2卷），山东人民出版社，2003。

谢晖：《价值重建与规范选择——中国法律现代化沉思》，山东人民出版社，1999。

谢佑平：《刑事司法程序的一般理论》，复旦大学出版社，2003。

熊秉元：《正义的成本：当法律遇上经济学》，东方出版社，2014。

徐昕：《论私力救济》，中国政法大学出版社，2005。

徐梓编注：《官箴——做官的门道》，中央民族大学出版社，1996。

许福生：《刑事政策学》，中国民主法制出版社，2006。

许章润：《犯罪学》，法律出版社，2004。

杨永华、方克勤：《陕甘宁边区法制史稿·诉讼狱政篇》，法律出版社，1987。

杨震：《法价值哲学导论》，中国社会科学出版社，2004。

于立深：《契约方法论——以公法哲学为背景的思考》，北京大学出版社，2007。

曾宪义、马小红主编《礼与法：中国传统法律文化总论》，中国人民大学出版社，2012。

张桂林：《西方政治哲学——从古希腊到当代》，中国政法大学出版社，1999。

张济民主编《青海藏区部落习惯法资料集》，青海人民出版社，1993。

张建伟：《刑事司法体制原理》，中国人民公安大学出版社，2002。

张晋藩：《中国法律的传统与近代转型》，法律出版社，1997。

张明楷：《刑法的私塾》，北京大学出版社，2014。

张明楷：《刑法学》第4版，法律出版社，2015。

张文显：《二十世纪西方法哲学思潮研究》，法律出版社，1996。

张跃进、陆晓：《公安刑事和解》，苏州大学出版社，2015。

张中：《刑事诉讼关系的社会学分析》，中国人民公安大学出版社，2006。

赵可等：《一个被轻视的社会群体——犯罪被害人》，上海人民出版社，2004。

赵晓华：《晚清讼狱制度的社会考察》，中国人民大学出版社，2001。

郑秦：《清代司法审判制度研究》，湖南教育出版社，1988。

中共中央编译局：《马克思恩格斯选集》第4卷，人民出版社，2012。

中国人民大学刑事法律科学研究中心、北京市检察官协会：《和谐社会语境下的刑事解学术研讨会论文集》，2006。

周长龄：《法律的起源》，中国政法大学出版社，1997。

周天游：《古代复仇面面观》，陕西人民出版社，1992。

卓泽渊：《法的价值论》，法律出版社，1997。

二 译作

〔澳〕亨德里克斯：《公民社会与协商民主》，郝文杰等译，载陈家刚选编《协商民主》，三联书店，2004。

〔德〕恩格斯：《家庭、私有制和国家的起源》，中共中央编译局译，人民出版社，1999。

〔德〕弗兰茨·冯·李斯特：《德国刑法教科书》，许久生译，法律出版社，2000。

〔德〕哈贝马斯：《交往行为理论》，曹卫东译，上海人民出版社，2004。

〔德〕哈贝马斯：《在事实与规范之间——关于法律和民主法治国的商谈理论》，童世骏译，三联书店，2003。

〔德〕汉斯·海因里希·耶塞克、托马斯·魏根特：《德国刑法教科书（总论）》，徐久生译，中国法制出版社，2001。

〔德〕黑格尔：《法哲学原理》，范扬、张企泰译，商务印书馆，1961。

〔德〕黑格尔：《逻辑学》下卷，商务印书馆，1981。

〔德〕康德：《道德形而上学原理》，苗力田译，上海人民出版社，1986。

〔德〕康德：《法的形而上学原理》，沈叔平译，商务印书馆，1997。

〔德〕克劳思·罗科信：《刑事诉讼法》，法律出版社，2003。

〔德〕克劳思·罗科信：《刑事诉讼法》，吴丽琪译，法律出版社，2003。

〔德〕考夫曼：《法律哲学》，刘幸义等译，法律出版社，2004。

〔德〕拉德布鲁赫：《法学导论》，中国大百科全书出版社，1997。

〔德〕威廉·冯·洪堡：《论国家的作用》，林荣远、冯兴元译，中国社会科学出版社，1998。

〔德〕托马斯·魏根特：《德国刑事诉讼程序》，岳礼玲、温小洁译，中国政法大学出版社，2004。

〔法〕伏尔泰：《风俗伦》下册，商务印书馆，1995。

〔法〕卢梭：《社会契约论》，何兆武译，红旗出版社，1997。

〔法〕卢梭：《论人类不平等的起源》，吕卓译，九州出版社，2007。

〔法〕路易·迪蒙：《论个体主义——人类学视野中的现代意识形态》，桂裕芳译，译林出版社，2014。

〔法〕孟德斯鸠：《论法的精神》，张雁深译，商务印书馆，1963。

〔法〕米海依尔·戴尔玛斯·马蒂：《刑事政策的主要体系》，卢建平译，法律出版社，2000。

〔法〕贝尔纳·布洛克：《法国刑事诉讼法》，罗结珍译，中国政法大学出版社，2009。

〔法〕卡斯东·斯特法尼、乔治·勒瓦索、贝尔纳·布洛克：《法国刑事诉讼法精义》下，罗结珍译，中国政法大学出版社，1999。

〔法〕米歇尔·福柯：《规训与惩罚》，刘北成等译，三联书店，1999。

〔法〕皮埃尔·勒鲁：《论平等》，王允道译，商务印书馆，1988。

〔法〕托克维尔：《论美国的民主》上、下卷，董国良译，商务印书馆，1988。

〔南非〕德斯蒙德·图图：《没有宽恕就没有未来》，江红译，上海文艺出版社，2002。

〔美〕阿伦·德肖维茨：《你的权利从哪里来?》，黄煜文译，北京大学出版社，2014。

〔美〕阿瑟·奥肯：《平等与效率》，王奔洲等译，华夏出版社，1999。

〔美〕爱伦·豪切斯泰勒·斯黛丽、南希·弗兰克：《美国刑事法院诉讼程序》，陈卫东、徐美君译，中国人民大学出版社，2002。

〔美〕安德鲁·冯赫希：《已然之罪还是未然之罪——对罪犯量刑中的该当性与危险性》，邱兴隆、胡云腾译，中国检察出版社，2001。

〔美〕波斯纳：《法理学问题》，中国政法大学出版社，1994。

〔美〕博西格诺等：《法律之门》，邓子滨译，华夏出版社，2004。

〔美〕伯尔曼：《法律与宗教》，梁治平译，中国政法大学出版社，2003。

〔美〕伯尔曼：《法律与革命——西方法律传统的形成》，贺卫方等译，中国大百科全书出版社，1993。

〔美〕大卫·弗里德曼：《经济学语境下的法律规则》，杨欣欣译，法律出版社，2004。

〔美〕达马斯卡：《司法和国家权力的多种面孔——比较视野中的法

律程序》，中国政法大学出版社，2003。

〔美〕戴维·波谱洛：《社会学》，李强译，中国人民大学出版社，1999。

〔美〕E. A. 霍贝尔：《初民的法律——法的动态比较研究》，周勇译，中国社会科学出版社，1993。

〔美〕E. 博登海默：《法理学法律哲学与法律方法》，邓正来译，中国政法大学出版社，1999。

〔美〕赫伯特·西蒙：《现代理性决策的基石》，北京经济学院出版社，1989。

〔美〕科塞：《社会冲突的功能》，孙立平等译，华夏出版社，1989。

〔美〕理查德·扎克斯：《西方文明的另类历史：被我们忽略的真实故事》，李斯译，海南出版社，2002。

〔美〕劳伦斯·M. 弗里德曼：《法律制度》，中国政法大学出版社，1994。

〔美〕乔治·费希尔：《辩诉交易的胜利——美国辩诉交易史》，郭志媛译，中国政法大学出版社，2012。

〔美〕罗伯特·考特、托马斯·尤伦：《法和经济学》，施少华、张军等译，上海财经大学出版社，2002。

〔美〕罗尔斯：《正义论》，何怀宏、何包钢、廖申白译，中国社会科学出版社，1988。

〔美〕罗纳德·德沃金：《至上的美德：平等的理论与实践》，冯克利译，江苏人民出版社、凤凰出版传媒集团，2008。

〔美〕罗伯特·C. 埃里克森：《无需法律的秩序——邻人如何解决纠纷》，苏力译，中国政法大学出版社，2003。

〔美〕路易斯·亨利·摩尔根：《古代社会》上册，杨东莼、马雍、马巨译，商务印书馆，1977。

〔美〕迈克尔·D. 贝勒斯：《程序正义——向个人的分配》，邓海平译，高等教育出版社，2005。

〔美〕诺内特、塞尔兹尼克：《转变中的法律与社会——迈向回应型法》，张志铭译，中国政法大学出版社，1994。

〔美〕乔·萨托利：《民主新论》，冯克利、阎克文译，东方出版社，1998。

〔美〕斯科特·普劳斯：《决策与判断》，施俊琦、王星译，人民邮电出版社，2004。

〔美〕约翰·W. 斯特龙主编《麦考密克论证据》，汤维建等译，中国政法大学出版社，2004。

〔日〕大谷实：《刑事政策学》，黎宏译，法律出版社，2000。

〔日〕兼子一、竹下守夫：《民事诉讼法》，白绿铉译，法律出版社，1995。

〔日〕棚濑孝雄：《纠纷的解决与审判制度》，王亚新译，中国政法大学出版社，1994。

〔日〕田口守一：《刑事诉讼法》，刘迪、张凌、穆津译，法律出版社，2000。

〔日〕西原春夫主编《日本刑事法的形成与特色》，李海东等译，法律出版社，1997。

〔日〕滋贺秀三等：《明清时期的民事审判与民间契约》，王亚新、梁治平译，法律出版社，1998。

〔苏〕K. A. 莫基切夫主编《政治学说史》上卷，中国社会科学院法学研究所编译室译，中国社会科学出版社，1979。

〔斯洛文尼亚〕卜思天·儒攀基奇：《刑法——刑罚理念批判》，何慧新等译，中国政法大学出版社，2002。

〔新西兰〕杰里米·沃尔德伦：《法律：七堂法治通识课》，季筏哲译，北京大学出版社，2015。

〔意〕贝卡里亚：《论犯罪与刑罚》，黄风译，中国大百科全书出版社，1993。

〔意〕恩里科·菲利：《实证派犯罪学》，郭建安译，中国人民公安大学出版社，2004。

〔意〕杜里奥·帕多瓦尼：《意大利刑罚学原理》，陈忠林译，法律出版社，1998。

〔意〕加罗法洛：《犯罪学》，耿伟、王新译，中国大百科全书出版社，1996。

〔意〕切萨雷·龙勃罗梭：《犯罪人论》，黄风译，中国法制出版社，2000。

〔英〕G. 埃利奥特·史密斯：《人类史》，李申等译，社会科学文献出版社，2002。

〔英〕安德鲁·瑞格比：《暴力之后的正义与和解》，刘成译，艺林出版社，2003。

〔英〕哈特：《法律的概念》，许家馨、李冠宜译，法律出版社，2011。

〔英〕哈耶克：《自由秩序原理》，邓正来译，生活·读书·新知三联书店，1997。

〔英〕哈耶克：《法律、立法与自由》（第2、3卷），邓正来等译，中国大百科全书出版社，2000。

〔英〕吉米·边沁：《立法理论——刑法典原理》，中国人民公安大学出版社，1993。

〔英〕马林诺夫斯基：《原始社会的犯罪与习俗》，云南人民出版社，2002。

〔英〕梅因：《古代法》，沈景一译，商务印书馆，1984。

〔英〕麦高伟、杰弗里·威尔逊：《英国刑事司法程序》，姚永吉译，法律出版社，2003。

〔英〕迈克·彭等：《中国人的心理》，邹海燕等译，新华出版社，1990。

〔英〕托马斯·霍布斯：《利维坦》，黎思复、黎廷弼译，商务印书馆，1995。

〔英〕约翰·亨利梅利曼：《大陆法系》，顾培东、禄正平译，法律出版社，2004。

〔英〕约翰·洛克：《政府论》，叶启芳、瞿菊农译，商务印书馆，1964。

〔英〕约翰斯通：《恢复性司法：理念、价值与争议》，郝方昉译，中国人民公安大学出版社，2011。

〔美〕米尔伊安·R.达马什卡：《司法和国家权力的多种面孔》，郑戈译，中国政法大学出版社，2015。

〔德〕克劳思·罗科信：《刑事诉讼法》，吴丽琪译，法律出版社，2004。

〔德〕约阿希姆·赫尔曼：《德国刑事诉讼法典》，李昌珂译，中国政法大学出版社，1995。

〔美〕P.诺内特·P.塞尔兹尼克：《转变中的社会与法律：迈向回应

型法》，张志铭译，中国政法大学出版社，2014。

三　论文类

鲍颖：《对我国未成年人犯罪适用刑事和解制度的模式选择》，《法制与经济》2014年第7（下）期。

卞建林：《我国刑事证明标准的理解与适用》，《法律适用》2014年第3期。

卞建林、张璐：《"排除合理怀疑"之理解与适用》，《国家检察官学院学报》2015年第1期。

曹宏、胡璇：《刑事调解之思考》，《中国刑事法杂志》2006年第4期。

曹佳：《认罪认罚从宽制度改革：理论商讨与制度展开》，《西部法学评论》2017年第4期。

陈光中、葛琳：《刑事和解初探》，《中国法学》2006年第5期。

陈光中、刘林呐：《尊重和保障人权：不仅仅是一项基本原则》，《检察日报》2012年3月19日。

陈光中、龙宗智：《关于深化司法改革若干问题的思考》，《中国法学》2013年第4期。

陈光中、罗海敏：《改革开放三十年的刑事诉讼法学》，《现代法学》2009年第1期。

陈光中、魏晓娜：《论我国司法体制的现代化改革》，《中国法学》2015年第1期。

陈光中、魏晓娜：《推进以审判为中心的诉讼制度改革》，《中国法律》2015年第1期。

陈光中、于增尊、卞建林：《我国刑事证明标准的理解与适用》，《法学家》2014年第1期。

陈光中、曾新华：《法治漫途中的进步与期待——评2007年新〈中华人民共和国律师法〉》，载崔敏主编《刑事诉讼与证据运用》第4卷，中国人民公安大学出版社，2008。

陈光中、赵琳琳：《国家刑事赔偿制度改革若干问题探讨》，《中国社会科学》2008年第2期。

陈光中：《改革完善刑事证据制度的重大成就》，《检察日报》2010 年 6 月 1 日。

陈光中：《司法改革须从政治体制改革入手》，《财经》2009 年 2 月 16 日。

陈光中：《完善的辩护制度是国家民主法治发达的重要标志》，《中国法律评论》2015 年第 2 期。

陈光中：《我国刑事审判制度改革若干问题之探讨——以〈刑事诉讼法〉再修改为视角》，《法学杂志》2011 年第 9 期。

陈光中：《刑事和解的理论基础与司法适用》，《人民检察》2006 年第 10 期。

陈光中：《刑事诉讼中公安机关定位问题之探讨——对〈刑事诉讼法修正案〉（草案）规定司法机关包括公安机关之质疑》，《法学》2011 年第 11 期。

陈光中：《认罪认罚从宽制度实施问题研究》，《法律适用》2016 年第 11 期。

陈国庆、王佳：《"两个基本"与我国刑事诉讼的证明标准》，《法制日报》2014 年 4 月 9 日。

陈岚：《西方国家的量刑建议制度及其比较》，《法学评论》2008 年第 1 期。

陈瑞华：《论量刑程序的独立性——一种以量刑控制为中心的程序理论》，《中国法学》2009 年第 1 期。

陈瑞华：《刑事诉讼的私力合作模式——刑事和解在中国的兴起》，《中国法学》2006 年第 5 期。

陈卫东、程晓璐：《当事人和解的公诉案件诉讼程序配套规定之评析与建议》，《中国刑事杂志》2013 年第 7 期。

陈卫东、杜磊：《刑事特别程序下的检察机关及其应对》，《国家检察官学院学报》2012 年第 3 期。

陈卫东：《新一轮司法改革的重点与展望》，《中国法律》2015 年第 1 期。

陈卫东：《刑事错案：由个案救济走向制度救济》，《检察日报》2013 年 5 月 10 日。

陈卫东：《刑事错案救济的域外经验：由个案、偶然救济走向制度、长效救济》，《法律适用》2013 年第 9 期。

陈卫东：《专家访谈：刑事和解的理论探讨》，《中国检察官》，2009 年第 1 期。

陈晓辉：《刑事和解与恢复性司法的比较与定位》，《湖北社会科学》2009 年第 8 期。

陈兴良：《宽严相济刑事政策研究》，《法学杂志》2006 年第 1 期、第 2 期。

陈学权：《论刑事诉讼中实体公正与程序公正的并重》，《法学评论》2013 年第 4 期。

初殿清：《检视刑事和解制度的平等性质疑》，《检察日报》2007 年 6 月 11 日。

储槐植：《再论劳动教养制度改革》，《检察日报》2013 年 3 月 8 日。

邓显祥：《法治是推进生态文明建设的基石》，《法制与社会》2015 年第 22 期。

邓勇：《论中国古代法律生活中的情理场——从〈明公书判清明集〉出发》，《法制与社会发展》2004 年第 5 期。

丁萧：《"赔钱减刑"现象的法社会学分析》，载徐昕主编《调解的中国经验》（《司法》第 5 辑专号），厦门大学出版社，2010。

董士昙：《刑事和解模式及其中国式构建》，《求索》2007 第 9 期。

杜宇：《"犯罪人—被害人和解"的制度设计与司法践行》，《法律科学》2006 年第 5 期。

杜宇：《刑事解纷方式的历史轮回——以"刑事和解"为观察脉络》，《江苏社会科学》2009 第 4 期。

樊崇义、王晓红、刘文化、赵培显：《河北检察机关新刑诉法实施调研报告》，《国家检察官学院学报》2014 年第 3 期。

封利强、崔杨：《刑事和解的经验与问题——对北京市朝阳区刑事和解现状的调查》，《中国刑事法杂志》2008 第 1 期。

冯卫国、张向东：《被害人参与量刑程序：现状、困境与展望》，《法律科学》2013 年第 4 期。

傅宏：《宽恕心理学：理论蕴涵与发展前瞻》，《南京师大学报》2003 年第 6 期。

高新华：《论刑事司法观念的现代化》，《金陵法律评论》2005 年秋季卷。

龚汝富：《中国古代健讼之风与息讼机制评析》，《光明日报》2002 年 7 月 23 日。

顾永忠：《关于"完善认罪认罚从宽制度"的几个理论问题》，《当代法学》2016 年第 6 期。

顾永忠：《"庭审中心主义"之我见》，《人民法院报》2014 年 5 月 16 日。

顾永忠：《捕后羁押必要性审查制度的理解与适用》，《国家检察官学院学报》2013 年第 1 期。

郭建安：《刑罚的历史趋势呼唤行刑体制改革》，《犯罪与改造研究》2000 年第 10 期。

郝金红：《刑事和解是不是花钱买刑?》，《政府法制》2015 年第 18 期。

何家弘：《诉讼制度的改良与刑事错案预防》，《法律适用》2013 年第 9 期。

胡进：《新〈刑事诉讼法〉背景下公安机关提请批捕面临的压力及对策》，《天津法学》2015 年第 2 期。

胡云腾：《解读〈最高人民法院关于适用刑事诉讼法的解释〉》，《法制日报》2013 年 1 月 16 日。

黄京平：《刑事和解的政策性运行到法制化运行》，《中国法学》2013 年第 3 期。

霍存福：《中国传统文化的文化性状与文化追寻——情理法的发生发展及其命运》，《法制与社会发展》2001 年第 3 期。

亢晶晶：《协同主义诉讼模式在刑事诉讼中的导入——兼谈我国控辩审关系的反思与重构》，《法律科学》2015 年第 3 期。

乐绍光、陈艳、曹晓静：《刑事和解制度在浙江的实践与完善——以修改后的刑诉法为契机》，《法治研究》2012 年第 8 期。

雷小政：《刑事和解配套制度的实证分析与立法完善》，《法学杂志》2009 年第 7 期。

李本森：《我国刑事案件速裁程序研究》，《环球法律评论》2015 年第 2 期。

李洪江：《刑事和解应缓行》，《中国检察官》2006 年第 5 期。

李会彬：《刑事和解制度的理论基础新探——以刑、民事责任转化原理为视角》，《法商研究》2015 年第 4 期。

李松、范玲莉、高雪松：《北京朝阳检察院对轻伤害案件相对不起诉：推行刑事和解满意率是 100%》，《法制日报》2006 年 1 月 17 日。

李卫红：《对被告人认罪认罚与刑事和解后的从宽处罚研究》，《山东警察学院学报》2018 年第 3 期

李卫红：《刑事和解的实体性与程序性》，《政法论坛》2017 年第 2 期。

李卫星：《刑事和解制度：借鉴与创新》，载龚佳禾主编《刑事和解制度研究》，中国检察出版社，2007。

李懿艺：《论认罪认罚案件中量刑建议的约束力》，《政法学刊》2018 年第 2 期。

梁根林：《死刑案件被刑事和解的十大证伪》，《法学》2010 年第 4 期。

林喜芬：《论量刑建议的运行原理与实践疑难破解》，《法律科学》2011 年第 1 期。

林子坚：《域外社区矫正制度辨析及对我国的启示》，《法学论坛》2015 年第 4 期。

刘宝霞：《我国检察机关量刑建议机制研究》，《天津法学》2012 年第 3 期。

刘东根：《论刑事责任与民事责任的转换——兼对法释〔2000〕33 号相关规定的评述》，《中国刑事法杂志》2004 年第 6 期。

刘方权：《恢复性司法：一个概念性框架》，《山东警察学院学报》2005 年第 1 期。

刘方权：《刑事和解与辩诉交易》，《江苏警官学院学报》2003 年第 4 期。

刘根菊：《刑事和解的模式及相关问题研究》，《法治论丛》，2008 年第 5 期。

刘凌梅：《西方国家刑事和解理论与实践介评》，《现代法学》2001 年第 1 期。

刘品新：《查明真相：刑事和解的必要前提?》，《检察日报》2006 年 7 月 26 日。

刘占勇：《认罪认罚从宽制度中量刑建议问题研究》，《中国检察官》2017 年第 11 期。

龙宗智：《"内忧外患"中的审判公开——主要从刑事诉讼的视角分析》，《当代法学》2013 年第 6 期。

龙宗智：《检察官客观义务与司法伦理建设》，《国家检察官学院学报》2015 年第 3 期。

陆而启：《简论刑事和解的中国特色——以当事人和解的公诉案件诉讼程序为中心》，《法治研究》2014 年第 6 期。

罗结珍：《法国刑事诉讼法中的刑事调解与刑事和解》，《法学杂志》2008 年第 3 期。

罗宇：《人民调解委员会调解的几点思考——基于刑事和解的视角》，《中共山西省委党校学报》2015 年第 4 期。

马长山：《社会资本、民间社会组织与法治秩序》，《环球法律评论》2004 年秋季号。

马静华、陈斌：《刑事契约一体化：辩诉交易与刑事和解的发展趋势》，《四川警官高等专科学校学报》2003 年第 4 期。

马静华：《刑事和解制度论纲》，《政治与法律》2003 年第 4 期。

孟祥仲、辛宝海：《中国古代思想家的平等与效率观》，《山东大学学报（哲学社会科学版）》2007 年第 5 期。

闵春雷：《以审判为中心：内涵解读及实现路径》，《法律科学》2015 年第 3 期。

彭文华：《刑法视野下认罪认罚从宽制度的理解与运用》，《上海政法学院学报》2018 年第 6 期。

钱春：《认罪认罚从宽制度的检视与完善》，《政治与法律》2018 年第 2 期。

邱启杰：《审查逮捕阶段适用刑事和解制度的困境和对策》，《广西政法管理干部学院学报》2015 年第 3 期。

饶冠俊：《检察机关量刑建议权的理论辨析与制度改进》，《学术交流》2014 年第 4 期。

萨其荣桂：《刑事和解制度的社会功能与政治功能及其结构》，《内蒙古大学学报（哲学社会科学版）》2010 年第 3 期。

石磊：《论我国刑事和解制度的刑事实体法依据》，《法商研究》2006

年第 5 期。

宋英辉：《刑事和解的实证分析与辩证考量》，《人民检察》2008 年第 24 期。

宋英辉等：《检察机关适用刑事和解调研报告》，《当代法学》2009 年第 3 期。

宋英辉等：《我国刑事和解实证分析》，《中国法学》2008 年第 5 期。

孙茂利：《〈公安机关办理刑事案件程序规定〉深度解读》，《法制日报》2013 年 3 月 20 日。

孙谦：《关于修改后刑事诉讼法执行情况的若干思考》，《国家检察官学院学报》2015 年第 3 期。

汤火箭：《我国未成年人刑事和解制度的构建与论证》，《人民检察》2004 年第 10 期。

汪海燕：《"立法式"解释：我国刑事诉讼法解释的困局》，《政法论坛》2013 年第 6 期。

汪海燕：《评关于非法证据排除的两个〈规定〉》，《政法论坛》2011 年第 1 期。

汪海燕：《刑事诉讼法解释论纲》，《清华法学》2013 年第 6 期。

汪建成、祁建建：《论诉权理论在刑事诉讼中的导入》，《中国法学》2002 年第 6 期。

汪建成：《论未成年人犯罪诉讼程序的建立和完善》，《法学家》2012 年第 1 期

汪建成：《刑事和解与控辩协商制度的衔接与协调》，《政法论坛》2012 年第 2 期。

汪建成：《量刑程序改革中应当转变的几个观念》，《政法论坛》2010 年第 2 期。

王帮民：《刑事被害人诉讼地位与诉讼权利保障略论》，《中外法学》1994 年第 2 期。

王洪宇：《法国刑事调解制度的法律适用及其评析》，《环球法律评论》2010 年第 2 期。

王敏远：《2012 年刑事诉讼法修改后的司法解释研究》，《国家检察官学院学报》2015 年第 1 期。

王晓、任文松：《量刑建议权理性基础之解析》，《内蒙古社会科学》

2010 年第 3 期。

王嫣：《浅论刑事和解制度》，《商界论坛》2015 年第 12 期。

王振生：《刑罚个别化问题再研究》，《政治与法律》2007 年第 2 期。

王峥征：《以案例探析侦查阶段刑事和解制度价值分析》，《商界论坛》2015 年第 14 期。

向朝阳、马静华：《刑事和解的价值构造及中国模式的构建》，《中国法学》2003 年第 6 期。

肖仕卫、马静华：《中国刑事和解的独特功能——以刑事案件"私了"问题之解决为起点的分析》，《中国刑事法杂志》2010 年第 2 期。

肖仕卫：《刑事法治的"第三领域"：中国刑事和解制度的结构定位与功能分析》，《中外法学》2007 年第 6 期。

谢锐勤：《天使还是魔鬼：揭开"赔钱减刑"的面纱——以治理为导向的刑事和解实践》，《法律适用》2014 年第 7 期。

熊秋红：《刑事辩护的规范体系及其运行环境》，《政法论坛》2012 年第 5 期。

熊秋红：《以念斌案为标本推动审判中心式的诉讼制度改革》，《中国法律评论》2015 年第 1 期。

徐静村、谢佑平：《刑事诉讼中的诉权初探》，《现代法学》1992 年第 1 期。

闫雨：《刑法事后自动恢复制度构建》，《社会科学家》2015 年第 7 期。

杨浩：《刑事和解制度的现实与重构》，《法学论坛》2014 年第 5 期。

杨雪：《刑事和解案件中刑事责任与民事责任的关系》，《青年时代》2015 年第 12 期。

杨宇冠、郭旭：《论提起公诉的证明标准》，《人民检察》2013 年第 8 期。

杨宇冠、王宇坤：《论我国刑事和解制度的完善》，《湖南警察学院学报》2015 年第 3 期。

姚显森：《刑事和解适用中的异化现象及防控对策》，《法学论坛》2014 年第 5 期。

叶青：《主审法官依法独立行使审判权的羁绊与出路》，《政治与法律》2015 年第 1 期。

易延友：《论无罪推定的涵义与刑事诉讼法的完善》，《政法论坛》2012 年第 1 期。

于志刚：《论刑事和解视野下中的犯罪客体价值——对误入歧途的刑事和解制度的批判》，《现代法学》2009 年第 1 期。

袁剑湘：《论刑事和解的主体与适用范围——以刑事和解的界定为出发点》，《法学评论》第 2010 第 3 期。

袁祥境：《论台湾地区刑事协商程序——以恢复性司法为视角》，《黑龙江省政法管理干部学院学报》2015 年第 4 期。

张光辉：《明代赎刑的运作》，《四川大学学报（哲学社会科学版）》2005 年第 3 期。

张寒：《中国历史上的刑事和解制度对今天的启示》，《长春教育学院学报》2015 年第 5 期。

张建伟：《观察与评价刑事诉讼法再修改的几个角度》，《法律适用》2012 年第 3 期。

张建伟：《刑事诉讼司法解释的空间与界限》，《清华法学》2013 年第 6 期。

张立文：《中国文化的精髓——合和学的考察》，《中国哲学史》1996 年第 1、2 期。

张凌、李婵媛：《公法契约观视野下的刑事和解协议》，《政法论坛》2008 年第 6 期。

张小玲：《论刑事诉讼中的"程序分流"》，《政法论坛》2003 年第 2 期。

赵丹、杨修庚：《刑事和解制度的历史解读》，《法学杂志》2009 年 6 月。

赵国华：《中外刑事和解实践之概要比较》，《江苏大学学报（社会科学版）》2009 年第 4 期。

浙江省温州市瓯海区人民检察院课题组：《社会效果视野中的轻罪和解机制研究》，《国家检察官学院学报》2006 年第 3 期。

甄贞、陈静：《建设和谐社会与构建刑事和解制度的思考》，《法学杂志》2007 年 6 月。

周永坤：《诉权法理研究论纲》，《中国法学》2004 年第 5 期。

朱景文：《解决争端方式的选择——一个比较法社会学的分析》，《吉林大学学报（社会科学版）》2003 年第 5 期。

朱孝清：《论量刑建议》，《人民检察》2010 年第 16 期。

朱孝清：《刑事诉讼法实施中的若干问题研究》，《中国法学》2014 年第 3 期。

左卫民：《从国家垄断到社会参与：当代中国刑事诉讼立法的新图景》，《清华法学》2013 年第 5 期。

四　英文文献

Christa Obold Eshleman, Victims' "Rights and the Danger of Domestication of the Restorative Justice Paradigm", Thomas J. White Center on Law & Government, 2004.

C. Perelman, *Justice, Law and Argument*, D. Reidel Publishing Company, 1980.

David M. Rasmussen & James Swindal (eds.), *Jurgen Habermas*, London: SAGE Publications, 2002.

David Schmidtz, *Robert Nozick*, Cambridge: Cambridge University Press, 2002.

Ellen A. Waldman, "Healing Hearts or Righting Wrongs: A Mediation on the Goals of 'Restorative Justice'", *Hamline Journal of Public Law and Policy*, 2004.

Franklin. E. Zimring: *The Great American Crime Decline*, New York: Oxford University Press, 2007.

FWM (Fred) Mc Elrea, "Restorative Justice-a New Zealand Perspective," a paper for the conference "Modernising Criminal Justice-New World Challenges", London, June 16-20, 2002.

Geprge Fisher, "Plea bargaining's Triumph", *Yale* L. J., 2000.

Gehm, John R., "Victim-Offender Mediation Programs: An Exploration of Practice and Theoretical Frameworks," *Western Criminology Review*, 1998. 1 (1).

Gorden Bazemore and Mark Umbreit, "A Comparison of four Restorative Conferencing Models," in Juvenile Justice Bullet, U.S. Department of Justice, 2002.

Howard Zehr, *The Little Book of Restorative Justice*, Good Books, 2002.

Ilyssa Wellikoff, "Victim-offender Mediation and Violent Crimes: On the Way to Justice", *Cardozo Online Journal Of Conflict Resolution*, 2004.

K. Daiy, "Conferencing in Australia and New Zealand: Variations, Research Findings, and Prospects", in A. Morris & G. Maxwell eds., *Restorative Justice for Juveniles: Conferencing, Mediation & Circles*, 2003.

Katherine Beaty Chiste, "The Justice of the Peace in History: Community and Restorative Justice", *Saskatchewan Law Review*, 2005.

Washington & Lee, "University School of Law", *Capital Defense Journal*, 2003.

Kathleen Daly and Hennessey Hayes, "Restorative Justice and Conferencing in Australia: Trends and Issues in Crime and Criminal Justice", Australian Institute of Criminology, 2001.

Mary Ellen Reimund, "Confidentiality in Victim-Offender Mediation: A False Promise?" *Journal of Dispute Resolution*, 2005.

MarkS. Umbreit, "Restorative Justice Through Victim-OffenderMediation: A Multi-Site Assessment", *Western Criminology Review* 1 (1), 1998.

MarkUmbreit, Howard Zebr, "Restorative Family Group Conferences: Differing Modelsand Guidelines for Practoce", in Eugene McLaughlin, Ross Fergusson, Gordon Hughes and Louise Westmarland, eds. *restorative Justice: Critical Issues*, Sage Publications in association with The open University, 2003.

PhilipBean, *Punishment: philosophical and criminological inquiring*, Oxford, Mautin Rebdson, 1981.

Paul Jeffery, *Reading Nozick: Essays on Anarchy*, State and Utopia, Rowan and Littlefield, Totowa, N. J., 1981.

Susan Sharpe, Retorative Justice, "A Vision for Healing and Change", *the Mediation and Restorative Justice Centre*, 1998.

Susan C. Taylor, "Victim-Offender Reconciliation Program—A New Paradigm toward Justice", 26 *U. Mem. L. Rev.*, 1996.

Susan M. Olson, Albert W. Dzur, "Revisiting Informal Justice: Restorative Justice and Democratic Professionalism", *Law and Society*

Review, 2004.

Thomas Trenszek, "Victim-Offender Mediation in Germany: ADR under the Shadow of the Criminal Law?" *Bond law Review*, 13 (2), 2001.

Tina S. Ikpa, "Balancing Restorative Justice Principles and Due Process Rights in Order to Reform the Criminal Justice System", *Washington University Journal of Law and Policy*, 2007.

Walter J. Dickey, Peggy A. McGarry, "The Search for Justice and Safety through Community Engagement: Community Justice and Community Prosecution", *Idaho Law Review*, 2006.

Weitekamp, Elmar G. M, "The History of the Restorative Justice, in Bazemore", in Gordon and Lode Walgrave (eds.) *Restorative Juvenile Justice: Repairing the Harm of Youth Crime*, Willow Three Press, 1999.

R. A. M. VanSchijndel: Confidentiality and Victim Offender Mediation, MAklu Apeldon IAntwerpen I Portland, 2009.

Schiff, M and Bazemore, G., "Restorative conferencing for juvenieles in the United States", in E. G. M. Weitekamp and H. J .Kerner (eds): *Restorsative Justice: Theoretical Foundation*, Cullompton, 2002.

MS. Umbreit, Jean Greenwood, "National Survey of Victim-Offender Mediation ProgramsintheUnitedStates", https://www. ncjrs. gov/ovc _ archives/reports/national_survey/welcome. html, laot visited on 2011-12-2.

后　记

一

本书是在我的博士论文基础上修订的。因此，博士论文的"致谢"应当成为本后记的第一部分。2015 年 10 月 18 日写成，放在这里一字未改，内容如下：

内心深处一直想读博士，2013 年 9 月我走进了中国政法大学的校门，荣幸之至地成为陈光中先生的论文博士生。两年半的生活让我在学生老师、老师学生的角色中穿梭，来往于海淀区西土城路 25 号和西三环北路 25 号，感受着勃勃生命的似水流年。

感谢逝去的美好岁月带给我的一切。先生于我山高水长、恩情似海，又怎一个"谢"字了得。他引我入刑事程序的殿堂，提升我的为人修养与为学涵养，助我实现博士梦想。师生好像有第六感，每当我惰性十足，过一天算一天时，先生的信息就到了，以含蓄平和的语言督促我上心论文，并多次邮件、信息指导，涉及重要的撰写内容时先生召我面谈，一共 3 次。第一次用了两个半小时，第二次也用了两个半小时，第三次一个半小时。潜意识中的追求极致与完美在先生指导学生时处处体现，先生自己意识不到。

先生对论文提出的修改意见主要有以下几方面。一是篇章结构，由原来的三章调整为七章，因为先生认为博士论文只有三章就不像博士论文。二是论文体系及逻辑关系，将放在论文末尾的"理论根据"部分调整到第三章和第四章，从逻辑的角度看论文整体更为顺畅。三是具体章节的内容，第一章的内容论证"刑事和解的蕴含"，先生认为刑事和解不是实体规范与程序规范的结合；第二章中对"古代及外国的刑事和解"的介绍不够，无法体现出题目所要说明的问题；第四章理论根据空话太多，主要应当针对刑事和解来论述。四是应当增强问题意识，发现立法及司法解释中的问题，然后提出具体的解决方案。五是要求我增加十八届四中全会《决定》中关于把法律援助扩展至刑事和解的部分。我完全按照先生的思路修改到今天论文的模样，当然文责自负。

感谢法大老师们的精心备课及传授给我刑事诉讼法学的精髓，他们帮我推开了一扇扇门窗，让我看到了迷人的风景，当我走进去后如醉如痴、流连忘返。他们是：樊崇义老师、卞建林老师、顾永忠老师、杨宇冠老师、刘玫老师、汪海燕老师、郭志媛老师。他们的人品及学品让我终身受益！感谢开题时先生和刘玫老师、汪海燕老师、卫跃宁老师对论文撰写的指导，他们开阔了我的学术视野，坚定了我写下去的信心！感谢我的同门肖沛权、于增尊、胡莲芳、薛向楠等师兄弟姐妹的无私帮助，我们亲如一家人，无论走到哪里，浓厚的情谊永在心底！感谢我的研究生们在我读博士期间为我的付出，师生携手共同前行美妙得无法言传！感谢家人的陪伴，个人与家庭的幸福美满是我所有努力和付出的归宿！

二

本书最早成型于 2010 年，书名为《刑事和解的实体精神》，曾经以它申请过国家社科后期资助项目，未遂。后以此申请中国政法大学的论文博士，由于读的专业是刑事诉讼法学，因此改为《论公诉案件的刑事和解》，内容以陈光中先生指导为准进行修改，2015 年 11 月顺利通过答辩，最后以优秀论文获得博士学位。2018 年末，在进一步修订并增加部分内容后申请"中国社会科学院创新工程学术出版资助项目"，幸而榜上有名，省去许多出版专著花钱操心费神之苦。本书经过十年的打磨，终于得到评委专家的肯定，感激感谢，无以言表。

在这十年里，每每深陷学术研究之中并自以为得"道"的时候，哲学或逻辑上的两难推理就来折磨人，许多怪异的问题不请自到。每一著书立说者都渴望自己印成铅字的学说为真知灼见，成为颠扑不破的真理。但是，真理的标准是什么？如果说，标准在于其客观性，那么，在使用这个标准前，人们必须已经知道了这个客观真理。然而，正是因为人们不知道它，所以才追求认识它。如果事先已知，则冉无认识的必要。更糟糕的是，这个事先已知的"客观真理"是不是真正的客观真理也尚且存疑，因为无人能对此进行证明，以至于得出极其让人悲观的结论：这个客观真理不管它是什么，人们根本没有能力认识它。比如，代数中以 0 为中点，左边是"-1，-2，-3，-4，…"，右边是"1，2，3，4，…"，左边及右边的终点在哪里呢？我数啊数啊并终日思考，求索答案的过程如大海捞针，一无所获。不知数学家如何解决，我这样的数学盲只能望数兴叹！

同样，我们每天跋涉于刑事法学的山山水水，探究刑事法学的真谛，却无法衡量其真伪与是非，我们所做的事情究竟还有什么意义？生命是否正在无谓地被消耗？百般无奈中或许可以聊以自慰的是，虽然我们不知代数的终极，但我们知道"-4，-3，-2，-1，…"和"1，2，3，4，…"的排列，-1 前面是"-2，-3，-4，…"，1 后是"2，3，4，…"。虽然我们不知我们现在的研究是否在真理的范畴之内，也不知法学的终级在哪里，但我们在尽力做排列，在通往真理的道路上脚踏实地地前行着。

文明的传承生生不息，智者圣贤功不可没。但是，他们也是人，他们也犯错误，也许还会犯些高级错误。如果我们对此不加以清理，不破除迷信而仅遵从伟人的习惯，则我们的知识传统有可能部分地陷入误区，那将是人类文明的曲折或悲剧。纵横阅读人类史，我们的进步无一不是从尊重到怀疑，再到背叛，最终到重新肯定一圈一圈地轮回。在此过程中，我们大多数人会从无意识的被动转换到有意识的主动。另外还有其他介入因素的干扰，例如，从某种意义上说，真理是权力的一种结果。当然，即便我们手中没有权力，我们的双手还是尽量攥着真理，以还原事物本来的运行轨道。

时间与空间以它自己的节奏主宰着万事万物，大浪淘沙后万事万物平静地归入永恒。所有的思想者及其认识的真理或谬误都是历史的沉淀，而非个人的自诩或是当时的炒作、流行及盛名。在时空隧道里的诸多停顿点上，世人驻足仰视、平视或俯视后惊叹，万世师表者的身后盛誉与过眼云烟者的现世荣华竟有着如此强烈的反差，或许这是苍天的另一种公平模板。如果两者兼而有之，那该是怎样的造化，实在是可遇而不可求。

理论上，理性的本质是概念思维。人们在经验中形成对周围事物的印象，进而加以分类，产生类、概念和范畴。这些类、概念和范畴反过来把经验整合统一，使之在思想上成为一种固定体系，调整人们生活中与周围环境的关系。① 本书就是基于理性的本质，沿着或约定俗成或自主原创的概念脉络进行梳理或评判，并以其内在的逻辑关系进行演绎，以便达到更高层次的理论创新；尽力清晰界定刑事和解的实体性与程序性，并对两者的关系进行系统论证；全面深入建立中国现代刑事和解的运行机制，对其发展前景进行大胆预测，试图形成一套完整的体系性创新理论，以期对司法实践具有积极的借鉴和参考作用。

　　风生水起的刑事和解已风靡全球，对其见仁见智的论证浩如烟海。本书的研究结论是：刑事和解具有实体性，其程序本性为恢复性司法，刑事和解与恢复性司法这一对实体与程序无法分离地并行，但现阶段其还要与三种司法模式匹配，这使得被害人及被告人在解决犯罪的过程中发生了从被动到主动的位移。当然，理论转化成制度必须有坚实且牢固的根基，那就是全球市场经济的发达一定会导致市民社会的兴盛，市民社会中每个理性人都会渴望并努力实现个人享有的最大权利，他们会迫使国家妥协让步，交出原来公权力的一部分来成全公民个人的意思自治。当然，更新的观念成为理论与制度的先导。其实，人类的制度设计大部分都出于人的自私本性，如果满足大多数人的自私目的，也就实现了利益最大化。当然，目前刑事和解仍处于探索阶段，其功能会受到种种限制，期望值过高或速度过快往往适得其反。本书中笔者试图透其肌理，揭示其蕴藏的点滴真实。

　　既然改变不了终级性的个人生存及认识的局限性，终级性的痛苦同样会顺其自然地时时相伴。纵使不想说理论研究过程的"内耗"与透支，写书者也会有深切的同感。整日离群索居、恬淡孤傲，精疲力竭、心脑俱空时，恨透了那些"劳什子"玩意儿，千逃万躲再也不想碰它，殊不知无论走多远，思想的脚步还是回归到那一点，梦里、饭里、课里、话里、电视屏幕上、乒乓球台边、良辰美景间，无时无刻。忽然瞬时的灵感将看似"八竿子打不着"、"驴唇不对马嘴"、"四六不靠"的信息和思绪经过某个联结点串联后，自己竟然有了些许的明白或感悟。虽然不敢奢望"灯火阑珊"处的清晰明了，却有登峰后的开阔与智性，或许这话也

---

① 　参见谢文郁《论理性和灵性》，《基督教文化学刊》1999 年第 2 期。

"大"了，因为问题意识、内在埋路、理论限度、研究路径等如此难以描摹，以至于外在或通畅或断裂的逻辑在隐晦游离的灵魂中也只能时隐时现。天真的乐观与睿智的悲观，究竟何者可取呢？自由的囚徒与心灵的枷锁二律背反的结果是习惯性的思维。

人生如打牌，大多数人不在乎输赢胜败是假，但其精彩之处在于能否在运筹帷幄后将手中的每一张牌发挥到极致，从而无悔地打出来并且打出来之后也不后悔。结果不是一个人决定的，还有其他因素，如运气、相互配合、对手水平的高低等，只要自己尽力了，应当再无奢求，享受过程并承受结果。实在不行就走向绝望，也许会换来意想不到的心平气和，重新洗牌，开始下一轮。

基于亘古不变的自私的人性，只要有人的地方，就有纷争，而解决纷争的最好办法就是和解。曾经的气节、内外的冷峻都会在堪与不堪、奈与无奈的现实面前土崩瓦解，最终冷静理性地回到当下生活里。正如人的面具后的本来面孔一样，刑事和解也有其真实的、自有的、由外而内的品质，简言之，它是质地优秀的一种制度：表面上为人说三道四，"花钱买刑"、"拿钱换命"等，其固有的精神却可以在自由、民主、平等等社会主义核心价值体系内滋养大多数人。其中心思想在于别拧着来，无论对他人还是对自己，拧着干的结果是两败俱伤、全无意义，大到国家，小到个人。南非、肯尼亚的种族和解，个别刑事案件的双方当事人和解，不仅仅是政治、经济等方面利益考量的功利结果，更是个人灵魂上的升华，放过自己，才能放过他人，同时也就放过了整个世界。在某种程度上言，刑事和解的精神，其终极意义在于自己与自己和解，这是幸福生活的方法之一。

三

这本书也是自己从教30周年的学术标志，是自己送给自己的最好礼物。好像一眨眼的工夫，日子嗖嗖嗖地穿梭，在大学讲堂已站立30年。上小学时，想当小学老师，觉得老师如同神一样永远崇高正确没有任何瑕疵！读中学时想当中学老师，尤其是高二考大学那年，杨村一中文科班都是"文革"前北师大等科班出身的名师，教得我痴迷所有的书籍，为考大学先得背历史、地理、政治等，高考完一猛子扎到文学历史中，浸泡在红楼三国里出不来，整天跟梦游似的！上北大后，湖光塔影各种思潮的冲撞让我毫不犹豫地改了主意，一定得当大学老师！然后读研，1989 年 8 月到烟大法律系（后来改为法学院）任教 13 个春秋，2002 年随夫调到北京工商大学法学院工作 3 年，2005 年来到中国青年政治学院法律系（后改为法学院）教学科研 12 年，直到团中央改革，被动地转到中国社会科学院大学政法学院，转眼又是两年，加起来整整 30 年。不管在哪儿，都是从这校门进那校门，教书匠一枚，谈不上传道授业解惑，但尽职尽责，至今无一起教学事故发生。

世间所有的良好互动关系都是相互成全，父母子女之间、夫妻之间、兄弟姐妹之间、朋友之间、师生之间，并不是谁给予谁的多，而是相互之间既有依托又独立自主，在互动中成为更好的那个自己。其中，师生关系尤甚，对我教过的学生，尤其是最初几届，每每与他们见面时，我总是说对不起啊，耽误你们了，要不你们会发展得更好。学生有时也戏称自己为实验田，可他们认为这实验很成功，这样说或许一是为安慰我，二是为安慰自己。

自己时常思考：从事 30 年的教育工作，那么，教育的真谛在哪里？德国哲学家雅斯贝尔斯说，教育的本质是：一棵树摇动另一棵树，一朵云推动另一朵云，一个灵魂唤醒另一个灵魂。这是平等主体之间的互动，其价值不容置疑。同时，我也觉得，教育的真谛在于发现、培养、保护具有个性的人，唯有具备个性的人，这个世界才可能丰富多彩地前行，个人独特的对世界细致入微的感知最为真实并有意义。归纳起来教育就是育个性、得真味。

只有个人强才能国家强，只有国家强，个人才可在全球范围内更有价值。而个人强必须具有自由的思想及独立的精神，这样独立思想、自由精神方可塑造国格或国家精神。从古至今，所有无可逃避的竞争不管是科技、经济、政治、方化等哪一方面，归根结底都是人的竞争，人的创造力、人的综合素质决定国家水平、民族精神，从来没有一个由奴性的臣民组成的国家在世界民族之林有一席之地，正如所有的精神领域主体都是人一样，动物可以构成物质世界的多样性，但不构成精神的多样性，精神只有人可以在吃饱喝足后探索并欣赏。在此过程中，人们一直在寻求真理，而真理是什么，没人知道，它存在于事实之上，权力不是真理，它只让没脑子的人服从，让有脑子的人屈从。科技无论发展到什么程度，人的真实情感也无法被替代。尊重个性、培养个性是人类魅力的前提条件，我们要培养的是旁若无人的精神巨人。人的局限在于理性永远不够，因为介入因素太多，世事繁杂，不能保证个人的判断就是对的，因此，需要辩论、需要实践，教育是为提升理性而设。否则，人类社会如死水一潭，早晚干涸。

个性不同所得的真味不同，无论物质、情感、精神、灵魂层面均不同。美食各有所爱，于己蜜糖于人砒霜，其他相同。你想出类拔萃，那就去励志奋斗；你想平凡，那就享受生活中的点滴：梁山伯与祝英台、罗密欧与朱丽叶家喻户晓，忠贞爱情的经典，日常百姓的生活恩爱细节，虽然琐碎得鸡毛蒜皮，却是自己珍贵的人生；鲜为人知的清末名将彭玉麟，与曾国藩、左宗棠、胡林翼并称"晚清中兴四大名臣"，九死一生的战功让其位高权重，后半生却唯一爱好画梅咏诗，原因是他青梅竹马初恋梅姑另作他人妇后死于难产，从此，彭大将军每晚挥笔画作，直到生命的尽头，十万支梅花穿墙透壁地展示了其高贵的情操，这也是一种生活方式；还有另一种，人们大多冠以俗不可耐的吃喝玩乐，享受即刻兑现的现实的感官快乐，如果自食其力在法律范围内不碍着他人的事儿，这也是一种得真味的选择，不是所有的人都会成为伟人，自己过自己的日子，明暗漂浮、笔歌墨舞、自我欣赏，美不胜收！我欣赏悲剧的深刻，但我愿生活在世俗的喜剧里，没有忧伤，只有欢乐。诗词歌赋丝竹管弦是美，肥甘厚味也是美，生活舒畅，地老天荒。甚至自己是谁于他人都不重要，只要有自己的存在感就成了，虽然有些时候个人还是逃不出人类的叙事诗、悲喜剧，那也认啦！

中国画最讲究留白，我理解那既是留给观赏的人，也留给画家自己。乍看起来一片空白，却为他人提供了更多的想象空间，当然更多的是给自己想象的空间，所以更绝妙。打球时我偏爱捡球，当别人作为负担时，我却觉得有更多的时间思考下一个球如何接发，以对手想象不到的战术出奇不意、攻其不备，打乱其方寸，最后在其迷糊郁闷状态下拿下一局。捡球也是留白，如国画中的留白，但有了些许的功利性，它给球员的时间空间点，在一局的胜负中不可或缺。我想也给自己的平凡留白，得空时咀嚼，不求耐人寻味，只有自我的会心与知足。

感谢远古基因的碰撞有了人类，感谢家族传承爹娘给我以生命，此后才有我热热闹闹的人间烟火、滚滚红尘，经历多了霁月难逢、彩云易散，依然觉得乐多苦少！感谢编辑李晨，她以渊博的学识、专业的视角、勤奋的努力为本书的出版付出了很多！

狂风落尽深红色，绿叶成荫子满枝。

2019 年 5 月 6 日于海淀香溪度寓所

李卫红识

图书在版编目（CIP）数据

刑事和解的精神 / 李卫红著. -- 北京：社会科学
文献出版社，2019.9
ISBN 978-7-5201-5160-3

Ⅰ.①刑…　Ⅱ.①李…　Ⅲ.①刑事诉讼-和解-研究
-中国　Ⅳ.①D925.214.4

中国版本图书馆 CIP 数据核字（2019）第 146144 号

刑事和解的精神

著　　者 / 李卫红

出 版 人 / 谢寿光
责任编辑 / 李　晨
文稿编辑 / 李　晨　严玉婷

出　　版 / 社会科学文献出版社·社会政法分社（010）59367156
　　　　　　地址：北京市北三环中路甲 29 号院华龙大厦　邮编：100029
　　　　　　网址：www.ssap.com.cn
发　　行 / 市场营销中心（010）59367081　59367083
印　　装 / 三河市龙林印务有限公司

规　　格 / 开　本：787mm × 1092mm　1/16
　　　　　　印　张：19　字　数：318 千字
版　　次 / 2019 年 9 月第 1 版　2019 年 9 月第 1 次印刷
书　　号 / ISBN 978-7-5201-5160-3
定　　价 / 69.00 元